KUWEI
酷威文化
图书 影视

U0897670

这个三国史很上头

张大可◎主编

四川文艺出版社

目录

第一编　军阀篇

第二编　曹魏篇

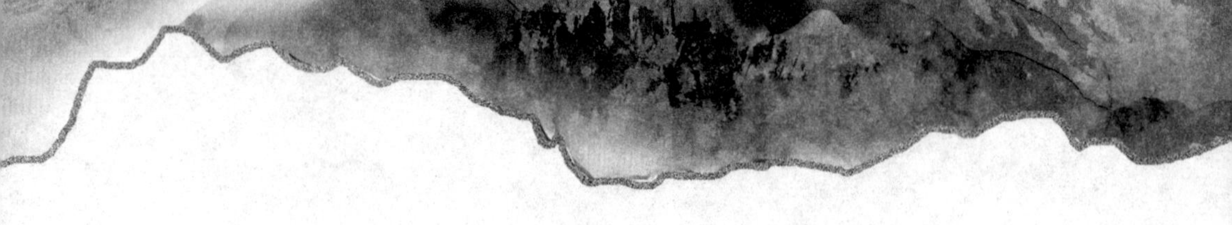

第四编　东吴篇

第一编

军阀篇

三国鼎立是东汉末年军阀混战、割据兼并的结果。而军阀混战则是豪强地主集团割据性的一种表现，同时它又是政治腐败的直接产物。因此，东汉豪强地主势力的发展、政治的极端腐败以及割据集团的形成是研究三国历史首先要讨论的问题。

从公元190年关东诸侯起兵讨董卓到公元208年赤壁之战，是汉末军阀大混战的时期，全国大小军阀数十个，小股武装不计其数。《三国志》记载了二十四个大军阀，不包括曹、孙、刘三家。逐鹿中原的大军阀有董卓、公孙瓒、袁绍、袁术、吕布五人。本编选评汉末军阀，二袁由袁绍代表，另加上典型的坐谈客刘表，共五位军阀。

董　卓

改朝换代的“清道夫”

董卓是东汉末年穷凶极恶的大军阀。公元 189 年，董卓带兵入洛阳，专断朝政，擅自废立，成为汉末军阀混战的导火线。公元 190 年，关东兵起，董卓焚洛阳，挟汉献帝西迁长安，东汉实际上名存实亡。

一、从行伍到执掌一方的太守

董卓字仲颖，陇西郡临洮县（今甘肃岷县）人。临洮为陇西郡南部都尉治，在西汉时是一个防御羌人的边陲重镇。这一带地理形势山高水险，本是羌中之地。这里的汉族居民与羌人交接，骑马弯弓，养成了勇武剽悍的习性。董卓就是在这样的地理环境和社会习俗中成长起来的一个雄略人物。

董卓出身于一个武官家庭。其父董君雅是颍川郡纶氏县县尉。县尉领县兵，维持地方治安。董卓生来力大体壮，有一副好身躯，粗猛有谋。史称他“膂力过人，双带两鞬，左右驰射，为羌胡所畏”（《后汉书·董卓传》）。他青年时游历羌中，尽与羌豪结交，精通羌胡事，被羌胡人视为豪侠好汉。董卓成为大军阀，他的基干队伍就是以羌胡人为主体的凉州兵。

东汉时西羌扰边是一个严重的边患。西羌就是游牧在青海高原广袤土地上的羌人，那时还是塞外民族，但和汉朝有密切的经济联系，称臣纳贡，时叛时服。归服汉朝的羌人被移居在凉州（今甘肃境内），称东羌。由于受腐败的东汉王朝官吏的压迫，安帝永初元年（107），东羌暴动，反抗朝廷。随后，东西羌联合扰边，直到灵帝建宁三年（170）才被凉州将段颎等人抚定。西羌扰边，长达三十六年，东汉政府支出的直接战费就达五铢钱320亿钱。兵锋祸及当今甘肃、山西、陕西及四川北部等广大地区。甘肃首当其冲，境内羌人也最多，战祸最烈。董卓盛壮之年，正是兵连祸结之时。他少年从军，从一个行伍武夫，升为中郎将、前将军，就是在羌汉战争中发迹的。

董卓兄弟三人，他排行第二。兄董擢早死，弟名董旻。董卓母池阳君公元192年卒，时九十岁。假定董卓母三十岁许生卓，可以大至推定董卓生于公元132年。董卓二十岁左右从军，积资被凉州刺史成就辟为从事，职衔凉州兵马掾。董卓巡守边塞，击破羌胡，斩获千计，立下了军功。公元162年，董卓三十岁，为并州刺史段颎推荐，入卫京师为羽林郎。公元167年，董卓升为中郎将张奂的军司马。这一年董卓与另一司马尹端共同作战，击败了侵扰关中的东羌、先零羌五六千骑。论功行赏，董卓拜郎中，迁广武令，历蜀郡北部都尉、西域戊己校尉。戊己校尉督护西域，是二千石的高级武职。灵帝建宁二年（169），张奂坐党狱被禁锢，董卓连坐免官。熹平元年（172），袁隗为司徒，段颎迁司隶校尉。董卓原是段颎故吏，得到段颎的帮助，被推荐给袁隗做了司徒掾。

公元 184 年，黄巾大起义，董卓被起用为东中郎将，与北中郎将卢植并击河北、山东黄巾。董卓兵败被免官。公元 185 年，西边凉州战事吃紧，又给董卓带来了东山再起的机运。当时，凉州韩遂趁黄巾起义的机会割据金城（今甘肃兰州），对抗朝廷。东汉政府派司空张温西征，董卓又被起用为破虏将军。汉军分兵六路，五路都吃了败仗，董卓独全众而还，屯驻在扶风，拜为前将军。公元 188 年，韩遂与凉州司马马腾联兵反汉，有众十余万，东犯关中，围陈仓（今陕西宝鸡）。灵帝派左将军皇甫嵩与董卓联兵进讨，击退了韩遂、马腾，董卓势力进一步膨胀。董卓应受皇甫嵩节制，但他骄纵抗命，朝廷深以为忧。公元 189 年，灵帝征董卓为少府，要他交出兵权，卓抗旨不就。灵帝无奈，只好改派他为并州刺史，调离关中，但董卓仍不交出凉州兵，以前将军头衔拥众驻河东观变。灵帝再一次姑息，就地委董卓为河东太守，使他成为执掌一方的大吏。这时董卓五十九岁，是东汉第一个恃众抗命的大军阀。

二、冠绝一时的雄韬武略

公元 189 年四月灵帝死，太子刘辩即位，年十四，史称少帝，朝廷大权旁落在外戚大将军何进手中。何进与袁绍谋诛宦官。何进无能，召董卓带兵入京相助，实际上是引狼入室。这给早怀异心的董卓创造了千载难逢的好时机。东汉京师在洛阳。董卓从凉州兵马掾到前将军带兵入洛，已经历了三十多年的行伍生涯，身经百战。当时东汉朝廷里，没有一个将军是他的对手。以镇压黄巾而负有盛名的两个中郎将皇甫嵩和朱儁都十分害怕董卓，被其玩弄于股掌之中。

董卓的雄韬武略冠绝一时，无论用兵打仗，还是玩弄权术，他都有一套。

先说用兵。董卓善用疑兵，瓦解对手的意志，颇有韬略。公元 185 年，追击韩遂的陇西之战，六军有五军皆败，董卓独全师而还，用的就是疑兵脱险。当时董卓率师三万进讨汉阳，讨伐支持韩遂的先零羌。董卓在望垣县（今甘肃秦安）北，被数万羌胡所围，粮食乏绝，进退迫急。董卓假装在渭水上筑堤捕鱼，迷惑敌人，而暗中从堤下渡过渭水撤退，然后决堤阻挡追兵，脱离了险境。羌胡又去抄董卓的退路，董卓早在进兵之前就留下一支精兵扼守要冲。羌胡不敢追击，董卓安全退军。

公元 189 年八月，董卓入洛，步骑不过三千。当时京师官兵甚盛。司隶校尉袁绍拥有西园八校尉禁军的指挥权，当时曹操是八校尉之一，任典军校尉。大将军何进被宦官杀了以后，何氏部曲为后将军袁术所控制。济北相鲍信又募来一支山东兵，执金吾丁原有骁将吕布。这些力量合起来十倍于董卓而有余。董卓觉察自己势单力弱，于是过四五天就将部众在夜里暗地拉出军营，天明又大张旌鼓而还，造成援军不断入京的假象。董卓这一手竟镇住了一时人杰袁绍、袁术、曹操等人，使他们纷纷逃出京师，禁军及何进部曲统归于卓。曹操欲刺杀董卓，卓防范严密，不得下手；董卓又离间丁原部曲，收买吕布为义子，使吕布杀丁原而并其众，于是董卓势力大盛。

董卓的政治手腕也不凡，且雄略过人。他进兵洛阳，冠冕堂皇发表清君侧诛讨宦官的表章，争取舆论支持。但是未等董卓入京，二袁已诛除了宦官。少帝派公卿去阻止董卓入京，董卓趁此威迫公卿大臣，堂而皇之施以强权。他对公卿大臣说，诸公大人不能匡正王室，致使国家倾危，有什么资格来阻止我进京！

董卓入洛之后，办的第一件事就是废了少帝，更立少帝弟陈留王刘协为献帝，控制皇权。当时献帝只有九岁，成为董卓任意摆弄的傀儡。他毫不手软地杀害何太后，拔掉了朝官和名士所凭籍的旗帜。与此同时，董卓外示宽柔，起用党人名士做朝官，外放大臣为牧、伯、太守，平反党人冤狱，“以从人望”（《后汉书·董卓传》）。周毖、伍琼、郑公业为尚书，何颙为长史、荀爽为司空，陈纪、韩融等染党锢者为列卿。外放尚书韩馥为冀州刺史，侍中刘岱为兖州刺史，孔伷为豫州刺史，张咨为南阳太守，张邈为陈留太守。对名将朱儁表面亲近而内心忌惮，表为太仆。董卓自为太尉，统掌兵权，以朱儁为副，但不让他掌握一兵一卒。

关西是董卓的根本。董卓“挟天子以令诸侯”，招抚了凉州的马腾、韩遂，又征召了关中潜在的政敌皇甫嵩和京兆尹盖勋。左将军皇甫嵩屯驻扶风，有雄兵三万。盖勋鼓动皇甫嵩起兵响应关东军夹击董卓。本来皇甫嵩的兵谋比董卓还高一筹，但其雄略不足以驾驭董卓，于是乖乖地交出兵权，到洛阳去做城门校尉。董卓为了使皇甫嵩屈服，先给了他一个下马威，逮捕皇甫嵩入狱，然后放出来用为御史中丞。盖勋孤掌难鸣，也只好接受征召，到洛阳去任越骑校尉。这样董卓就有了一个安定的后院。公元 190 年，关东诸侯起兵讨董卓，于是董卓挟持献帝，迁都到长安。

皇甫嵩和朱儁是朝廷倚为柱石的两位智勇双全的大臣，又手握重兵，但他们两位均被董卓压制，这一来满朝文武更拿董卓没有办法。董卓志骄意得，称太师，秽乱宫廷，是事实上的皇帝。

三、遗臭万年的祸国大盗

董卓完成废帝更立后，大权在握，自为相国，入朝时可以带剑穿鞋上殿，朝见皇帝也可以大摇大摆慢步行进。东汉两百年承平，京师贵戚宅地相望，金帛财物，家家殷实。董卓放纵士兵剽掳，随意抄没，淫掠妇女，处处“搜牢”——意思是牢固封藏的财物也要搜索出来。何太后合葬于灵帝文陵，董卓趁机掠取陵中随葬珍宝，又“奸乱公主，妻略宫人”，严刑胁众，公报私仇，国家法纪全被践踏。董卓公开宣言，“我的面相，无比尊贵”(《后汉书·董卓传》裴注引《魏书》)。由于关东兵起，董卓才未能篡逆。

董卓退出洛阳，挟帝西迁，更加暴露了他的凶残。他发掘诸帝寝陵及公卿冢墓，收其珍宝，是中国历史上最大的一个盗墓贼。董卓还把洛阳及其周围二百里内几百万居民驱赶入关中，将房屋烧光，鸡犬杀尽。被驱赶的人民，沿途缺粮，更遭野蛮的凉州兵的践踏和抢掠，死亡无算，积尸满路，史称“旧京空虚，数百里中无烟火”(《三国志·孙坚传》裴注引《江表传》)。东汉两百年政治、经济、文化中心的巍峨帝京，成了一片瓦砾场。

接着，董卓又把关中弄得残破不堪，他大肆搜刮，敲剥黎民，筑坞于郿县，高厚七丈，与长安城等，号曰“万岁坞”，积屯了三十年的军粮，珍藏黄金二三万斤，银八九万斤，绫锦绸缎堆积如山。董卓得意扬扬地声称：“事成，雄居天下；不成，守此足以毕老。”(《后汉书·董卓传》)足以看出，董卓把个人的荣辱完全建立在千百万人的尸骨上。

为了满足自己无止境的贪欲，董卓还椎破了秦时所铸的铜人、钟，毁坏了汉时流行的五铢钱，更铸小钱，造成物价飞涨，谷一斗至数十万。平民百姓又蒙受了一层灾害。

公元192年四月，司徒王允利用吕布与董卓的矛盾，谋杀了董卓，长安士女出卖衣装首饰，沽酒相庆，士卒皆呼万岁，百姓歌舞于道。董卓肥大的尸体被暴露在街头示众，守尸的士兵用草绳盘结在卓尸肚脐上，点燃作灯，光明达旦，一直到整个尸体成了一堆灰烬。一代穷凶极恶的祸国大盗，终于被钉在历史的耻辱柱上而遗臭万年。

四、剽悍凶残的凉州兵团

董卓是被王允用计谋杀的，所以董卓死后，祸患仍在继续，因为董卓的部曲凉州兵团未受损伤。所谓“凉州兵团”，是一支汉羌混合队伍。这支军队是董卓在长期对西羌作战中精心培植起来的部曲武装，它的基干是湟中义从和关中羌胡，有三万余人。董卓东出，招降纳叛，极盛时有十余万人。但董卓倚重的是凉州将、羌胡兵。董卓死后，扰乱长安的四大将都是凉州人：李傕，字雅然，北地人；郭汜，又名多，张掖人；张济，武威人；樊稠，金城人。四将中又以李傕、郭汜两人最为桀暴。

董卓挟帝西迁，凉州主力部署在潼关以东防范关东诸侯。董卓部将牛辅屯陕县（今河南三门峡陕州区），董越屯渑池（今河南渑池西），段煨屯华阴（今陕西华阴），张济屯弘农（今河南灵宝西）。牛辅为董卓女婿，部众最强。李傕、郭汜为牛辅的部将，凉州智士贾诩为牛辅的谋士。董卓死后，王允没有处理好善后之事，不赦宥董卓部曲。牛辅虽然被部将杀死，但众心不安，于是推李傕、郭汜为首，用贾诩的计谋，打着为董卓报仇的旗号，杀向长安。李傕、郭汜沿途收兵，与樊稠、张济等汇合，有众十余万。公元 192 年六月，凉州兵攻破长安，杀王允等公卿百官及长安人民一万余人。

公元 194 年，马腾、韩遂攻长安，又适值天旱大饥荒，谷一斗五十万，豆麦一斗二十万，人相食，白骨委积道路。公元 195 年，李傕、郭汜争权，连月相攻，死者万数。东汉盛时，关中户口有数十万，经过这场浩劫，“二三年间，关中无复人迹”。富庶的关中，遭凉州兵扰乱，一片荒残。

凉州兵剽悍凶残，战斗力强，破坏性大。凉州兵无论羌汉，都勇猛善战，这是在关西长期战乱中锤炼出来的。从公元 189 年八月董卓入洛，到公元 198 年四月李傕在长安覆灭，凉州兵在东汉末的历史舞台上活跃了近十年，给神州大地带来了极大的破坏。关中和中原的经济遭到严重摧残，人口死亡数百万。“白骨露于野，千里无鸡鸣。”（曹操：《蒿里行》）这就是凉州兵在两汉四百年繁华的西京制造的人间悲剧！当时传播文化的书籍是用手写的简策帛书，传播不广，京都所藏，极为珍贵。不知书的凉州兵，把珍贵的简策帛书毁坏，把文书缣帛制成帷囊，造成无法弥补的损失。

董卓和他的凉州部曲，都是一些杀人不眨眼的混世魔王。公元 190 年二月，正当社祭之时，董卓遣兵至阳城，杀尽祭社男子，掳掠妇女财物，将人头系在车辕上，诡称“攻贼大获”，高呼“万岁”，回到洛阳。董卓俘获了关东兵，用布缠裹，倒立于地，热膏灌杀之。董卓在长安，有一次去郿坞巡行，让公卿百官在长安西门外设宴送行，董卓杀数百降人助宴。被杀的人，先断其舌，次斩手足，然后挖去眼睛，最后投入滚烫的开水活活煮死。王允杀董卓，因王允是太原人，李傕、郭汜恨王允而迁怒并州人，不分青红皂白，把军中并州人男女数百全部斩首。董卓及其部将就是这般凶残。

李傕、郭汜和他们的主子董卓一样，愈是凶残，愈是加速自身的灭亡。他们在火并中自相残杀。樊稠为李傕所杀，郭汜为其部将所杀，张济在出关攻穰（今河南邓州）中战死。公元 196 年，原董卓部属关东将董承和河东将杨奉、徐晃等趁李傕、郭汜火并的空儿，奉献帝出关，东还洛阳。不久，献帝为曹操所挟迁都许昌。公元 198 年，曹操以天子名义命屯驻华阴的凉州将段煨讨伐李傕。李傕兵败，被夷三族，董卓的凉州兵也就随之消亡。贾诩和张济之侄张绣等后来归附了曹操。

五、董卓的凶残性是东汉末腐朽政治的产物

穷凶极恶的董卓和他的凉州兵团在汉末登上历史舞台，对社会进行了一场大劫掠，这并不是偶然，而是东汉腐朽政治的必然产物。

东汉后期腐败政治的集中表现是宦官专政。到了桓灵二帝时期，前有“五侯”，后有“十常侍”。五侯是桓帝封为县侯的五个宦官：单超、徐璜、具瑗、左悺、唐衡。十常侍是灵帝时乱政的十个中常侍：张让、赵忠、封谞、段珪、曹节、侯览、蹇硕、程旷、夏恽、郭胜。宦官专横达于极点，不仅杀逐外戚，而且屡兴党狱，打击朝官士大夫，“海内涂炭二十余年”（《后汉书·党锢列传》），宦官子弟党羽，布列州郡，祸害百姓，同盗贼一样。他们随意掠人妻女，夺人田宅，草菅人命，无恶不作，致使民怨沸腾，终于在公元 184 年爆发了黄巾大起义。

黄巾起义虽然失败了，但它动摇了东汉政权的统治。然而，灵帝依然故我，更加信用宦官，成为腐朽的宦官集团的支柱，从而加剧了统治集团内部的矛盾。冀州刺史王芬、南阳许攸、沛国周旌等联结豪强，图谋废除灵帝。凉州汉阳（今甘肃甘谷）人阎忠公然劝说皇甫嵩以兵威取汉自代，至于那些拥有强兵的方镇牧伯，更是心怀异志，等待时机，拥兵割据，董卓就是在这一背景下应运而生的大军阀。

董卓入洛之前，包括袁绍、袁术、曹操等人在内的多数朝官名士，还想挽救将倾的大厦。外戚与朝官士族联合反对宦官，企图用清君侧的方式来重整东汉朝纲。但是，何太后是依靠宦官之力得居正宫的，何进召董卓入京用强力胁迫太后，实际上是蔑视皇权，等于“倒持干戈，授人以柄”，给穷凶极恶的董卓创造了干政的机会，煽起他觊觎皇位的野心。

董卓入洛，杀了太后，废了皇帝，另立新君，等于把神圣的皇权打落在地，一方面遭到了拥汉派朝官士族的反对，另一方面又煽起了大大小小军阀的野心，东汉王朝就这样分裂了，瓦解了。董卓以极其野蛮的手段杀逐拥汉派的朝官士族，最后两者同归于尽。汉献帝回到洛阳，既无文臣，又无武将，成了一个空头皇帝，于是成了曹操的“手中玩物”。可以说，董卓乱政替曹氏代汉扫清了道路，也就是说董卓扮演了一个“改朝换代的清道夫”的角色。只是他的清除方式造成了社会的大破坏，开启了军阀混战的局面，使历史前进付出了沉重的代价。（王慧敏）

吕　布

有多勇武，就有多不受待见

东汉末年，吕布依仗自己武艺高强，聚集了一班人马割据兖州、徐州，成为与群雄角逐的劲敌。然而这个曾名噪一时的人物如今已被历史的风云席卷而去，留下的只有后人的责备与惋惜。

一、射技高超，膂力过人

吕布，字奉先，五原郡九原（今内蒙古包头西北）人。这里地处边塞，羌汉杂居，受游牧民族的影响，他很早便练就一身弓马骑射的硬功夫，而且膂力过人，手捉敌将，就像老鹰抓鸡一般。在他割据徐州时，有一次袁术派将军纪灵率步骑兵三万人攻打刘备，刘备此时人少力单，急忙向吕布求救。吕布担心刘备失败，袁术会乘胜北连泰山诸将，对自己形成包围圈，便极力撮合他们和解。他对纪灵说，玄德是我的拜把兄弟，他有难，我岂能见死不救？我这个人生来喜和不喜斗，这样吧，你们看我来射戟上的小枝，射中了就和，射不中随便你们去打。说完，吕布便让一名军吏在军营门口立起一只方天画戟，他在一百五十步之外搭箭、拉弓，只见弓如秋月，箭似流星，不偏不倚，一举中的。看的人都惊呆了，连声称赞："将军真是有神灵相助啊！"袁、刘两家仇敌见此情形，只好各自收兵回营。这便是有名的"辕门射戟"的故事。

由于吕布有这般超群的本领，时人都把他比作西汉的李广，称之为"飞将"。当时，社会上还流行这样一句谚语："人中有吕布，马中有赤兔。"（《三国志·吕布本传》裴注引《曹瞒传》）吕布的卓越本领深受各地军阀的器重，他们都想把他拉到自己身边，让他做自己得力的助手。吕布就在这种特定的历史条件下，逐渐显露头角，开始他的戎马生涯。

二、见利忘义，反复无常

吕布武艺出众，使他成为群雄争取的对象；而他见利忘义的本性又使他逐渐丧失人心，变成了孤家寡人。

早年，他投靠并州刺史丁原，任主簿。丁原待他格外亲近，他为了报答丁原的知遇之恩，也着实卖了不少力气。汉灵帝驾崩那年，丁原带兵入洛阳，拜执金吾。董卓废少帝、立献帝，丁原坚决反对，董卓对他恨之入骨，本想立刻除掉，就是因为吕布在其身边做保镖，才未敢动手。后来，董卓派人以珠宝、赤兔马贿赂吕布，吕布经不住物质的引诱，居然杀了丁原，投靠董卓，认董卓为"义父"。董卓得到吕布，简直喜出望外，立刻任命他为骑都尉；不久又将他提升为中郎将，封都亭侯。

初平三年（192），司徒王允欲诛董卓，找吕布商量，开始他还有点犹豫，但经过王允的再三诱导，吕布又倒向王允一边，做了王允的内应，在董卓入未央殿面见天子时，亲自“手刃刺卓”。事后，他当上了奋武将军，假节，仪比三司，进封温侯，与王允“共秉朝政”。

吕布杀董卓，这是他一生中干的一件大好事，但究其原因，并非完全出自为民除害的目的，主要是因为他在董卓面前“尝小失意”，董卓毫不客气地“拔手戟掷布”，使他暗怀怨恨，再加上他和董卓的侍婢私通，“恐事发觉，心不自安”，才与王允合谋。董卓死后，卓的部将李傕率兵攻长安，吕布等人抵挡不住，仅带领几百名骑兵逃出武关（今陕西丹凤东南），从此便在各地到处奔波。先是投靠袁术。董卓当太师时曾杀死袁术的亲属二十多人，吕布杀董卓，自以为有恩于袁术，袁术一定会像欢迎大恩人一样接待他，想不到却吃了闭门羹，“术恶其反覆，拒而不受”。于是，吕布又北投袁绍，袁绍接纳了他，和他一起袭击常山的张燕。吕布凭着他的骑射功夫，冲锋陷阵，打得张燕溃不成军。在胜利面前，吕布趾高气扬，不可一世，甚至认为“擅相置署，不足贵也”（《三国志·吕布本传》裴注引《英雄记》）。他要求袁绍给自己增加军队，返回洛阳；他手下的兵将还在袁绍的地盘内大肆抢掠。袁绍憎恶极了，表面答应送他去洛阳，暗中却布置了人马，待到半夜时分突然袭击吕布的军帐，幸亏吕布预先有所察觉，提前离开，才幸免一死。

后来，在张邈、陈宫等人的拥戴下，吕布占据曹操的兖州，做了兖州牧。不久，曹操带兵杀了回来，收复失地，吕布又不得不投奔刘备。经过这段朝秦暮楚、损兵折将的日子之后，吕布本该醒悟过来，汲取教训。但江山易改，本性难移，投奔刘备时，他的老毛病又复发了。刘备当时正任徐州牧，吕布初见刘备，酌酒饮食，称兄道弟，极尽奉承之能事。而事隔不久，袁术为破坏吕刘联盟，答应给吕布二十万斛军粮，兵器战具也将陆续运来。利欲熏心的吕布在袁术的诱惑下，果然调转枪头，趁袁术与刘备在淮上对阵之机，向刘备的后方下邳（今江苏睢宁西北）发动突然袭击，打得守将张飞措手不及，连刘备的老婆、孩子也没保护住，成了吕布的俘虏。事后，袁术又以未捉到刘备为借口，答应的条件不予兑现。吕布一怒之下又来了个一百八十度大转变，“乃具车马迎备，以为豫州刺史，遣屯小沛。布自号徐州牧”（《后汉书·吕布传》），与刘备言归于好。

袁术见分化吕刘联盟之计失败，又以为子求婚为理由，跟吕布拉关系，并派韩胤前来接新娘子。吕布夫妻深知袁术正准备称帝，倘若把女儿嫁过去，将来很有可能当后妃，荣华富贵，享乐无穷。于是，吕布再次答应袁术的要求，匆匆忙忙把女儿打扮好，便让她跟韩胤上路。沛相陈珪见吕布又倒向袁术，担心“徐、扬合从，将为国难”，便别有用心地劝说吕布：“曹公尊奉天子，辅弼朝政，恩威布满天下。将军您应该与曹公同心协力，稳坐江山。如今竟和袁术结成儿女亲家，蒙受不义之名，一旦袁术失败，岂不要受到连累？”听了陈珪这番话，吕布的心又活动了，他想起当初刚逃出洛阳，袁术“拒而不受”的冷酷情形，于是心一横，又倒向曹操，马上派人把已在路上的女儿追回，宣布断绝与袁术的婚姻，还把迎亲的韩胤戴上枷，送往许都，曹操将胤枭首示众。狡诈的曹操见吕布上钩，心中大喜，一面派使者安抚吕布，拜他为左将军；一面大大犒赏陈珪，增秩中二千石，又拜其子陈登为广陵太守，嘱咐他“阴合部众以为内应”，早晚干掉吕布。

建安三年（198），吕布又与刘备反目，倒向袁术，并且派将军高顺进攻刘备的驻地小沛，刘备的老婆、孩子第二次当了俘虏。曹操为救刘备亲自出征，把下邳团团围住。吕布向袁术求援，无奈袁术的援军刚出来就被曹军打败，他只好退保城池，不敢出兵。下邳被曹操围了整整三个月，又引沂水、泗水灌其城，吕布军心动摇，众叛亲离，他见大势已去，只好宣布投降，旋即被曹操处死。

三、勇而无谋，不听劝谏

曹操的谋臣程昱有一次对范城令靳允说：“陈宫叛变，拥立吕布，许多城市都响应他，似乎大有可为，但请您看一看，吕布是什么样的人。他粗鲁不近人情，自负不讲礼义，不过是匹夫之雄罢了。陈宫等人只是看他有势力，才暂时进行联合，这对您不可能有什么帮助。他们兵虽然不少，但最终一定会失败。”这番话表明，程昱对吕布是了如指掌的。一个刚愎自用、勇而无谋的人是成不了大事业的。这种人只能供人驱使、利用，正如曹操所说：“譬如养鹰，饥则为用，饱则扬去。”在曹操眼里，吕布不过是只鹰犬，只能严加控制，让它乖乖地听使唤；绝不能满足它的欲望，让它轻易背叛主人。吕布对自己的弱点并未察觉，相反，还把自己估计得很高，认为自己是当今数一数二的英雄，除了曹操，别人都不在话下。直到被曹操擒获，他还毛遂自荐道："您所忧虑的不就是我吕布吗？现在我投降了，其余的人都不值得担心。您带领步兵，让我来率领骑兵，那么统一天下就不成问题了。"这个末路英雄，死到临头，还幻想得到曹操重用，哪有一点自知之明！

吕布本人缺乏谋略，但身边毕竟还有几个有远见卓识的人物，倘若能听取他们的意见，取彼之长，补己之短，也不至于失败得那么惨。陈宫就是一个胸有韬略的人。兴平元年（194），曹操征陶谦，他趁机联合张邈叛操迎布，可以说对吕布极尽赤胆忠心。但对这样的人，吕布依然不放心，而是听老婆的话，拒绝接受陈宫的合理建议。曹操包围下邳时，陈宫建议吕布率步兵、骑兵屯驻城外，自己率余众闭守城内。曹操若打吕布，陈宫就率军攻其背；若攻打城池，吕布就在城外援救，不过十天，曹军粮食吃光，势必退兵。在曹军远来疲惫的情况下，这个方案不失为上策。可惜吕布的妻子以"孤军远出，若一旦有变，妾岂得为将军妻"为理由，坚决不让吕布出城，吕布对妻子百依百顺，只好龟缩孤城，被动挨打。陈宫临死前还愤慨不平地说："这是你（指吕布）不接受我的意见才败到这个地步，若听我的话，结局什么样，还很难说呢！"

高顺也是一个勇于作战、长于思考的人。建安三年（198），吕布进攻刘备，曹操派夏侯惇援救，未遂，刘备的老婆、孩子第二次被俘，这次作战就是高顺指挥的。他"为人清白有威严，少言辞，将众整齐，每战必克"（《后汉书·吕布传》）。他对吕布的弱点看得很清楚，常常规劝吕布说："大凡亡国的君主，并不是没有英明智慧的忠臣，只是有忠臣而不重用罢了。将军您的一言一行，不肯认真思考，突然之间就办错事，动不动就说错话，犯的错误简直数不过来了。"这是多么推心置腹的批评！任何人听了都不可能没有触动，而吕布却"知其忠而不能从"（《后汉书·吕布传》），高顺的一番苦心付诸东流。主帅失误，兵将遭殃，陈宫和高顺都被曹操枭首，做了吕布的牺牲品。（宋怀仁）

公孙瓒

从白马将军到笼中困兽

公孙瓒是东汉末年割据幽州的一个大军阀。他顽悍乐杀，正面之敌有袁绍，背后有鲜卑、乌桓，腹背受敌而败亡。在军阀混战中，公孙瓒长期牵制住袁绍，致使袁绍不得南向渡河逐鹿中原。直到公元 199 年，公孙瓒才早于袁绍被灭，而此时袁军已被拖得筋疲力尽，故而间接影响了官渡之战袁军一方的局势。所以，公孙瓒是关乎汉末时局的重要军阀之一。

一、白马义从，声震北疆

公孙瓒，字伯珪，辽西令支（今河北迁安西）人。他虽然出身于二千石的名门望族，但因其母身世卑贱，故青年时只做了郡丞书佐（秘书）的小官，很不得意。但他聪慧锐敏，又是一表人才，因此得到辽西郡侯太守的赏识，做了侯门女婿。侯太守介绍公孙瓒到涿郡大名士卢植门下读经，在那里结识了刘备。两人同窗，情同手足。这一渊源对于两人后来的经历，都有极大的影响。

公孙瓒完成学业后归郡做了郡吏。汉末清议盛行，士人注重名节。公孙瓒的顶头上司刘太守坐事下狱，在押送京师洛阳途中，公孙瓒亲自驾车护送。刘太守被判充军日南（今越南北部），公孙瓒具办酒食，在洛阳北芒山下为太守饯行，替他祭祀祖先，慷慨激昂，于是获得好名声，被举为孝廉，提升为辽东（今辽宁南部、东部）属国长史，带兵御边。

公孙瓒颇有勇力，敢于冲锋陷阵。一次巡行边境，他率数十骑与数百鲜卑骑兵狭路相逢，只得退入空亭中。他向左右大呼："我们若不一鼓作气冲出去，那就全都要困死在这里。"他带头向胡骑猛冲，重创数十人，杀开一条血路，突围而去。自此，鲜卑不敢轻易入塞侵扰。事后，公孙瓒被提升为涿（今河北涿州）县令。

在征伐塞外少数民族时，公孙瓒常骑着浑身雪白的高头大马，身先士卒，奔驰于草原。他每战必胜，久而久之，乌桓、鲜卑都尝到了骑白马者的厉害，互相转告："若有骑白马者追来，一定赶快避开，否则性命难保。"既然乌桓、鲜卑害怕白马，公孙瓒为了加强对他们的威慑作用，专门精心挑选白马数千匹，由剽悍骑士组成一支战斗力极强的骑兵队伍，号曰"白马义从"。每次征战，一声令下，沉寂的塞外高原喊声震天，尘土飞扬，白压压一片铺天盖地而来。乌桓、鲜卑兵士闻风丧胆，逃之夭夭。于是，公孙瓒威名大振。

中平四年（187），乌桓首领丘力居同东汉叛将张纯、张举结成同盟，举兵南犯。他们洗劫了蓟城（今北京大兴区），先后杀掉乌桓校尉公綦稠、右北平（今河北平泉）太守刘政、辽东太守阳终。叛军气焰嚣张，拥兵十万余众，驻扎肥如（今河北卢龙）。张举自称天子，张纯自称弥天将军、安定王。叛军分兵侵扰青、徐、幽、冀四州，所到之处，官军望风披靡，青、徐黄巾也趁势复起。形势紧急，东汉朝廷下诏命公孙瓒率兵征讨，诏发南匈奴兵阻击。中平五年（188）

十一月，双方激战于石门山（今辽宁朝阳东南）。公孙瓒的“白马义从”似一片飞云从天而降，杀得叛军落荒而逃。张纯连妻子也顾不得，出走塞外。公孙瓒乘胜追击，孤军深入，反被丘力居围困于辽西管子城达二百余日。一无援兵，二无粮食，兵将纷纷逃散，士卒死者十之五六。在严峻的形势下，公孙瓒毫不气馁，沉着应敌，迫使丘力居撤兵离去。由于“石门之役”，公孙瓒被提升为降虏校尉，封都亭侯，兼领属国长史之职。这时，朝廷派宗室刘虞为幽州牧，镇抚北疆。刘虞遣使与乌桓、鲜卑结和，乌桓杀张纯，并送首级于刘虞。朝廷拜刘虞为太尉（虚衔），封襄贲侯。公孙瓒志在灭乌桓，而刘虞力主同乌桓结和，二人政见不合，于是成为仇敌。公孙瓒是刘虞下属，他只得咽下这口怨气，等待时机。

二、并灭刘虞，割据幽州

初平二年（191），青、徐黄巾三十万众进入渤海（郡治在今河北南皮），攻杀郡吏，火攻官府，并且积极向河北起义军黑山军靠拢。公孙瓒率步骑二万前往镇压，这给他带来了扩张势力的机会。公孙瓒军在东光县（今河北东光）南，以逸待劳阻击黄巾军。尽管黄巾军英勇奋战，但终敌不过训练有素的公孙瓒军，牺牲三万余人，只得弃其辎重，奔走渡河。公孙瓒又趁黄巾渡河时发起猛攻，俘获六七万人，夺得车甲财物不可胜数。朝廷闻捷，升迁公孙瓒为奋武将军，封蓟侯。这时，公孙瓒实力已在刘虞之上。

刘虞为政，“务存宽政，劝督农植”（《后汉书·刘虞传》）。他又在边地开互市，在境内整顿盐铁生产，一时幽州各民族呈现一派和睦太平景象，吸引青、徐二州许多流民迁入幽州。刘虞在民众中的声望日增，这更引起了公孙瓒的嫉恨。

瓒、刘矛盾的公开化，由刘虞勤王事件而爆发。刘虞子刘和在朝廷任侍中，汉献帝在长安想挣脱董卓的控制，派刘和偷出武关（今陕西丹凤东南），绕道回幽州，令刘虞率兵勤王。刘和在南阳被袁术扣留，只好写信给刘虞望急速发兵救天子。公孙瓒认为书从袁术处来，另有意图，阻止发兵。刘虞救天子心切，不听公孙瓒话，发兵数千骑。公孙瓒思谋袁术怨恨报复，于是使出一箭双雕的花招。表面上，他也派从弟公孙越率千骑到袁术处，合兵奉迎天子；暗中却怂恿袁术逮捕刘和，兼并刘虞兵马。刘和闻讯，星夜逃亡，被袁绍收留。而公孙越却被袁术派去攻打袁绍，战死。这样，不仅刘、瓒矛盾激化，仇怨益深，而且公孙瓒与袁绍又起了矛盾，情况更加复杂。

刘虞眼看公孙瓒桀骜不驯，如此发展下去，要危及自己的权位，因而采取相应措施，加以制止。于是，刘、瓒之间的控制与反控制的斗争更为激烈。公孙瓒要攻打仇敌袁绍，刘虞不准，并且从军备供应上卡住其手脚。公孙瓒当然不会俯首听命，于是处处同刘虞作对。刘虞要安抚塞外乌桓、鲜卑，公孙瓒却经常派兵追歼；刘虞要保护百姓利益，公孙瓒部下却每每侵扰，百姓叫苦连天。更使刘虞头痛的是公孙瓒多次派兵在半路抄夺刘虞赏与乌桓的财货，使民族关系甚为紧张。刘虞无可奈何，只得向朝廷上奏陈述公孙瓒的暴掠之罪。公孙瓒得知，马上反咬一口，也上奏章诬刘虞不能按时供应军粮。双方相互诋毁，势如水火，而东汉朝廷软弱无能，只好从中调和，不能决出是非曲直。刘、瓒之间最后摊牌只是时间问题了。

公孙瓒为防备刘虞吃掉他，在蓟城东南筑小城，伺机发难。刘虞本想和解，数次请公孙瓒相会议事，瓒托病推辞。刘虞气愤不已，决心诉诸武力，除掉这心腹大患。东曹掾魏攸对刘虞说：“现今天下以你最和人心，但你手下也离不开谋士武将，否则缺乏足够的力量。况且公孙瓒文武双全，即使有小恶，也应容忍才是。”魏攸虽然暂时打消了刘虞的想法，但不久他就死去，于是刘虞消灭公孙瓒的想法无人再行劝阻。初平四年（193）冬，刘虞认为矛盾无法调和，箭在弦上，不得不发，他趁公孙瓒的部曲属下放散在外，势单力薄的机会，亲率各部兵众十万讨伐公孙瓒。刘虞军蜂拥而至，将公孙瓒的小城围得水泄不通。虽然州从事公孙纪事先已向公孙瓒通风报信，但为时已晚。公孙瓒见来势凶猛，知道凶多吉少，打算从城东掘地道逃走，可是他很快发现了刘虞军的短处。原来久经沙场的公孙瓒发现刘虞兵马虽多，但很多士兵未真正打过仗，加之指挥不力，似乌合之众。公孙瓒又发现刘虞过于迂腐，本来只要火攻，小城当即拿下，但刘虞命令不准焚烧，再三告诫：“无伤余人，杀一伯珪而已。”公孙瓒当即征募勇士数百，命顺风势纵火，径直向刘虞军队冲杀。刘虞军本系临时拼凑，哪能抵挡得住？于是阵脚大乱，士兵纷纷溃逃，刘虞逃到居庸（今北京昌平），公孙瓒乘胜追击，攻破居庸，俘虏了刘虞和他的全家老小，然后班师回蓟，尽有幽州。适逢董卓死，天子遣使者段训前来宣诏：增置刘虞封邑，督六州事；并任瓒为前将军，封易侯，假节督幽、并、青、冀四州。此时，公孙瓒趾高气扬，哪肯依顺？他正欲独霸幽州，将刘虞置于死地而后快。于是，他诬刘虞曾与袁绍联络，欲称尊号，夺幼主之位，理应处死。在公孙瓒百般威胁利诱下，段训别无他法，只好眼睁睁看着刘虞被斩杀。刘虞死后，公孙瓒马上上表委段训为幽州刺史，自置并、青、冀州官职。由此，公孙瓒与袁绍的矛盾急剧上升。

三、困守易京，兵败自焚

关东诸侯，蚕食鲸吞。袁氏兄弟觊觎皇帝之位，以致手足分离。袁术嫡出，袁绍庶出。袁绍为盟主，袁术极不心服，公开贬称袁绍为“婢使”之子。当时，袁术割据淮南，户口数百万，兵甲充足，野心勃勃欲称帝，北结公孙瓒对抗袁绍。当初，袁绍用计，联公孙瓒取冀州，逼冀州牧韩馥让位。事成，袁绍独占冀州，公孙瓒与袁绍反目。当袁绍击杀公孙越后，两家誓不共戴天。公元 192 年，公孙瓒在灭刘虞之前，乘战胜黄巾之威，进军磐河（今山东临邑东北），誓报杀越之仇。公孙瓒上表朝廷，历数袁绍罪恶，列十大罪状，声称：“绍之罪戾，虽南山之竹不能载。”（《三国志》本传注引《典略》）当时，袁绍在冀州立脚未稳，惊恐不已，为了和解，他将所佩渤海太守印绶让与公孙瓒从弟公孙范。哪知公孙范到任后，却发动渤海兵助瓒。公孙瓒又任命部将严纲为冀州刺史，田楷为青州刺史，单经为兖州刺史。河北郡县纷纷响应。袁绍组织反攻，两军大战于界桥（今河北威县北）南二十里。瓒步兵三万余人为方阵，骑兵两翼各五千余骑，“白马义从”为中坚，亦分作两校，左射右，右射左，全军士气高昂，威风凛凛，旌旗盔甲，光照天地。公孙瓒见袁绍兵少，非常轻视，命大将严纲率军冲锋。袁绍令将领麹义引八百弓手皆伏于藤牌下，纹丝不动。严纲鼓噪呐喊，冲将过去，距离绍军十多步时突然万弩同发，纲急转身，被斩于马下。瓒军伤亡数千，慌忙后退，绍军穷追不舍，一直追到界桥。公孙瓒喘息未定，马上集合残军试图反击，又被麹义打散。麹义一鼓作气，攻杀到公孙瓒军营，拔掉瓒军大旗。公孙瓒抱头鼠窜，幸被常山赵云相救，才突围而去。

界桥战后，公孙瓒全力经营幽州，并了刘虞，增强了实力，袁绍则讨伐黑山农民军，巩固了冀州，并且把势力扩张到青州，除去了公孙瓒所署青州刺史田楷。双方正酝酿着更大的战争。但公孙瓒并了刘虞，却并没有解除后顾之忧。

刘虞部下幽州从事鲜于辅等联结乌桓、鲜卑及州兵数万，从北线发起了进攻；袁绍又遣将北进，夹击公孙瓒。公孙瓒两面受敌，穷于应付，连战败北，退守易京（今河北雄县西北）。当时有民谣说："燕南垂，赵北际，中央不合大如砺，唯有此中可避世。"（《后汉书·公孙瓒传》）公孙瓒于是以易京为根据地，筑城屯田，广结粮谷。袁绍则将易京四面死死围困，但公孙瓒并不以为忧。他自认为积粮丰富，营垒坚固，楼观数十，就可高枕无忧。他自鸣得意道："昔日我把叛胡驱逐于塞外，又在孟津（今河南孟津）扫灭黄巾，当时天下兵起，我以为唾手而决。如今战事又起，我知道自己不能主宰，倒不如休兵耕战，渡过灾年。兵书上讲'百楼不攻'，现在我的军营楼橹千里，积粮三百万斛，就凭这些，就足以等待天下的大变。"此时，公孙瓒还压根儿没感到自己已危在旦夕。

建安三年（198），袁军攻伐笃急，公孙瓒欲出兵决战。长史关靖献策："现在上下军心不稳，我们之所以能守御，是因为大家都顾恋老人小孩，并且想倚仗将军。如果我们能坚守旷日，或者能使绍军自退。假如不这样，而出城迎战，后无依托，易京危险万分自不待言。"公孙瓒再三思忖，采纳了关靖意见，下令筑三重营自固。

建安四年（199），袁绍加紧围攻易京，势危急。公孙瓒遣其子求救于黑山张燕。张燕率三十万大军，兵分三路，前来救应。公孙瓒以为稳操胜券，遣人送信与其子，约定"刻期兵至，举火为应"，打算里应外合，夹击袁军。谁知此信半路被袁军截获，机密泄漏。如期，城内公孙瓒见城外起火，以为救至，率兵将倾巢而出，喊声、鼓角声震耳欲聋。突然四周旌旗林立，伏兵四起。公孙瓒知大事不好，大惊失色，左右奋力砍杀，方得退守城中，军马已折其大半。公孙瓒坚固的中城和小城也被袁军"掘地为道，穿穴其楼下，稍稍施木柱之，度足达半，便烧所施之柱，楼辄倾倒"。公孙瓒自知穷途末路，大势已去，便残忍地将家小全部缢死，然后引火自焚。割据幽州的军阀公孙瓒就这样败亡了。（杨代欣）

袁 绍

小气量失大天下

公元190年，袁绍发难讨董卓。他振臂一呼，天下英雄云集响应，因而名噪一时。他不仅凭借四世三公之资，而且本人有姿貌威容，折节下士，士多归附。他为支撑汉室这一将倾的大厦，曾也不遗余力地做过一番贡献。诛宦官，抗董卓，横刀长揖出京门，这都是其英雄之举。袁绍灭公孙瓒以后，成为雄冠中原的军阀，拥有统一天下之势。然而，他外宽内忌，好谋而无断，有才而不能用，闻善而不能纳，废嫡立庶，使诸子相斗，是一个量小无大器的人。他统一河北，鹰扬河朔，只不过是替曹操开辟了道路。

一、出身显宦，坐作声价

袁绍，字本初，汝南汝阳县（今河南上蔡西南）人。袁氏一门世代显贵。高祖袁安，曾祖袁敞，祖父袁汤，叔父袁逢，都官至司徒、司空等职。叔父袁隗，两任司徒，后任太傅，与大将军何进参录尚书事。“四世居三公位，由是势倾天下”。

袁绍就是在这个显宦家庭中成长起来的。

袁绍凭借世资，步入仕途，可说是平步青云。但是，他不甘领受恩荫，而另有所图。东汉重孝行名节，袁绍便从此做起。他二十岁时当了濮阳长，喜交名士，颇有清名。不久母亲死了，他服丧三年，然后又补行为父守丧三年。袁绍初生时，其父去世，而过继于伯父袁成。这时袁绍补行父丧三年，显然是故作声价。六年礼毕，袁绍隐居洛阳，不妄通宾客，非海内名士不肯相见。又好游侠，与张孟卓（张邈）、伍德瑜（伍琼）等交游，不应辟命。袁绍的这些举动引起了中常侍赵忠的注意。赵忠对诸黄门说：“袁本初坐作声价，好养死士，不知此儿终欲何作？”（《后汉书·袁绍传》）叔父司徒袁隗知道后责备袁绍：“难道你想让袁氏灭门吗？”这样，袁绍才又出来做官。果然仕途亨通，从大将军府掾直线上升，历侍御史、中郎将、中军校尉，至司隶校尉，灵帝中平元年（184）又拜大将军。

袁绍坐作声价，为何引起宦官注目？因为桓灵二帝信用宦官，发动钩党之狱，骚动天下，引起士大夫官僚的极端不满，便与外戚联合起来反对宦官。他们发动清议抨击宦官，以隐居为清高。这本是东汉一代风气，在与宦官的斗争中，这一风气更受时人好评。所以像袁绍这样的显宦子弟作此举动，当然被宦官视为非常之举。

二、鹰扬河朔，虎视中原

袁绍一旦厕身于朝臣之间，便全力为维护皇帝的地位与权力而奋争。他巧妙地利用各个政治集团的矛盾，扩充自己的实力，迅速崛起，组建起天下数一数二的政治集团，显示了非凡的政治才能。

灵帝死后，袁绍决心诛灭宦官。他派说客张津去游说何太后之兄大将军何进，要他对黄门、中常侍动手。此事正合何进之意，他便找袁绍商量具体行动计划。不料事机泄露，中常侍、黄门前往何进处谢罪求饶。袁绍认为这是斩草除根的好机会，再三劝谕何进就此动手。何进缺乏举大事的决断和魄力，临事犹豫，不愿下手，到头来宦官抢先发动，何进被杀。而袁绍此时临危不乱，先是矫诏斩杀宦官所署司隶校尉樊陵、河南尹许相；接着，率领家兵百余人，捕杀中常侍赵忠；又关闭北宫门，“捕诸阉人，无少长皆杀之。或有无须而误死者，至自发露形体而后得免”“死者二千多人”（《三国志·袁绍传》）。可见其决心之大，手段之果断决绝。中常侍段珪劫持少帝及帝弟陈留王逃往小平津，袁绍穷追不舍。后护卫皇帝回京，立了大功。这一行动，大大提高了袁绍的政治地位。

董卓率关西军进入洛阳，要废掉少帝刘辩，恐众心不服，找来商量大事的也是袁绍，为的是借重袁氏的影响以控制朝野内外。袁绍坚决反对废立之事，声言：“今上富于春秋，未有不善宣于天下。若公违礼任情，废嫡立庶，恐众议未安。”（《后汉书·袁绍传》）他这样做，一方面是恪守臣子之节义；另一方面是别有深意，昭示天下袁氏敢于抗强横，捍卫皇室。于是，袁绍与董卓发生冲突，毅然横刀长揖出走京师。董卓立了九岁的汉献帝，颐指气使，但仍惧于袁氏势力，为利用袁绍，拜其为渤海太守，封邟乡侯。

公元 190 年春正月，后将军袁术、冀州牧韩馥、豫州刺史孔伷、兖州刺史刘岱、河内太守王匡、渤海太守袁绍、陈留太守张邈、东郡太守桥瑁、山阳太守袁遗、济北相鲍信等十路人马同时而起，结为联军，共同推举袁绍为盟军领袖，口号是反对董卓废立皇帝。董卓因此而尽杀袁氏一族在洛阳和长安者，太傅袁隗以下五十余人皆下狱死。董卓残忍地对待袁氏家族，反使袁绍更有号召力，“当是时，豪侠多附绍，皆思为之报，州郡蜂起，莫不假其名”。天下人都以袁绍为旗帜，把他看作反对董卓擅自废立的领袖。袁绍凭借这种政治优势，不失时机地夺占地盘，扩充实力。

公元 191 年，袁绍听纳部下谋臣逢纪之计，首先巧取冀州。冀州牧韩馥生性胆小怕事，虽然参加了关东盟军，却从中作梗，不满意袁绍为盟主。袁绍对此怀恨在心，照逢纪计策行事，写信给公孙瓒，要他领兵南下，威逼冀州。公孙瓒兵临城下时，袁绍派外甥高干同荀谌劝诱韩馥拱手交出冀州。袁绍兵不血刃就轻易得到了这个战略要地，“带甲百万，谷支十年”，进可争天下，退可守一隅，可以说是逐鹿中原最具战略意义的根据地。

冀州是农民起义军活跃的地区。袁绍残酷地镇压了农民起义军，黑山起义军领袖于毒及部下一万多人被杀害。又相继镇压了左髭丈八、刘石、青牛角、黄龙、左校、郭大贤、李大目、于氐根等农民起义军，杀害数万人之多。同时，他大量收编投降的农民起义军，扩大自己的武装，争取和招徕坞堡首领及地主自卫武装，充实自己图王称霸的实力。

公元 199 年，袁绍并灭公孙瓒，兼有青、幽、并、冀四州之地，成为北方最大的割据者。至此，他已积聚了争天下的优势。首先，是政治资本。周毖等人说："袁氏树恩四世，门生故吏遍于天下。"（《三国志・袁绍传》）沮授说："将军累叶辅弼，世济忠义。"（《三国志・袁绍传》）荀谌说袁氏"世布恩德，天下家受其惠""宽仁容众，为天下所附"（《后汉书・袁绍传》）。其次，袁绍比公孙瓒、袁术、吕布、刘表等人的智慧和谋略都要高一着。同时，他的宽仁待人也聚集了一批人才，其中不乏忠实而智勇双全的干将：文才如沮授、审配、王修、韩珩，武将如颜良、文丑。袁绍所据四州，农业发达，物产丰富，单冀州就可征发精兵三十万人，这是地利资本。另外，"抚有三郡乌桓，宠其名王而收其精骑"，既无后顾之忧，又可借为外援，专心南向以争天下。这些就是袁绍在官渡之战前的实力。正由于此，袁绍在并灭公孙瓒后，不顾士卒疲劳，不听田丰、沮授劝谏，迫不及待地要跨过黄河，入据中原。于是，在公元 200 年发动了官渡之战。

三、官渡对峙，袁军覆败

官渡之战是袁、曹势力消长的转折点。当时袁强曹弱，而交战结果，袁败曹胜。曹操此役以少胜众，在中国战争史上写下了辉煌的一笔。

袁绍之败，双方谋士在战前都有分析。有远见的智士都认为袁绍必遭覆败。其中原因很多，而根本原因是失在政治谋略不当和人心向背上。至于袁、曹之间的个人器识，也是一个重要因素。

在政治上，汉室虽然倾危，但正如袁绍自己在反对董卓废立时所说："汉家君天下四百许年，恩德甚渥，兆民戴之来久。"汉天子还是人心所系的一面旗帜。在天下纷扰、互不统属的群雄对峙中，谁能挟天子以令诸侯，谁就能在政治上占有制高点。公元195年，汉献帝逃出长安，到了曹阳，距袁绍的根据地邺城很近，沮授提议迎接献帝，假其旗号“号令天下，以讨未复，以此争锋，谁能敌之”，郭图也要袁绍“挟天子而令诸侯，畜士马以讨不庭”，田丰同样劝说袁绍迎天子。三位谋士提出的谋略是有政治远见的，但袁绍另有考虑，坚决不予采纳。他的考虑借淳于琼等人的话说，就是“若迎天子以自近，动辄表闻，从之则权轻，违之则拒命，非计之善者也”（本传裴注引《献帝纪》）。郭图警告他，在这件事上不可优柔寡断，“若不早图，必有先人者也”。果然，曹操很快劫持了汉献帝，并且远远地迁到许昌，使袁绍可望而不可即。这一着棋袁绍走输了，故牵动全局走向被动。

袁绍失了汉献帝，追悔莫及。他胁迫曹操迁都于鄄城，以便自己劫夺，然曹操不肯就范，于是袁、曹关系破裂。等到袁绍并灭了公孙瓒，他就迫不及待地向曹操兴师问罪。袁绍自恃人多势大，能战胜曹操，然而人心向背，竟至于连士卒也不愿拼死效命。

在个人器识上，袁绍更不能与曹操匹敌。曹操对袁绍了如指掌，对他的评价是：“志大而智小，色厉而胆薄，忌克而少威，兵多而分画不明，将骄而政令不一。”又说：“虽有大志，而见事迟。”（《三国志·武帝纪》）程昱说：“袁绍据燕、赵之地，有并天下之心，而智不能济也。”（《三国志·程昱传》）杨阜说：“袁公宽而不断，好谋而少决，不断则无威，少决则失后事，今虽强，终不能成大业。”（《三国志·杨阜传》）桓阶、田豫、臧洪、贾诩等人也都有相似的评价。这说明袁绍虽一时强盛，但器量狭小，不能成就大事。事实也正是如此。袁绍的小气表现在许多方面。在人才问题上他好贤而不能用，终致荀彧、郭嘉等离他而去；袁绍外宽内忌，任人而疑其心，不信任田丰、沮授这样的忠谋之士；刘备在山东发难，他辞以小儿有疾而不予救援，不能顾全大局，这都是小气的表现。

袁绍的小气，导致他用人不专，刚愎自用，这个弱点，在官渡之战中充分暴露了出来。首先是沮授反对过早地与曹操进行主力决战。他说：“师出历年，百姓疲弊，仓庾无积，赋役方殷，此国之深忧也。”（《后汉书·袁绍传》）沮授建议修整甲兵，以逸待劳，“三年之中，事可坐定”。袁绍对此建议非但不愿考虑，反而对沮授起疑，分其所统军为三都督。官渡之战中，沮授一谏，指出颜良不可独任；二谏“屯留延津，分兵官渡”；三谏提出应坚壁固守，打持久战；四谏提议要防范曹操抄袭运粮队伍。绍均不从。田丰也反对仓促南下，主张致力于增强实力，“不及二年，可坐克”曹操，绍仍不从。田丰苦谏，袁绍竟大怒，“以为沮众”，将田丰下狱。官渡战败，事实证明田丰的意见是正确的，绍竟然因羞见田丰而把他杀害，可见气度之浅狭。张郃本是袁绍手下勇将，也劝其重兵护粮，袁绍不纳，而结局却恰如张郃所料。张郃深为自己不幸言中而恐惧，预感到会有厄运加在自己头上，为躲避杀身之祸，便投降了曹操。

战争中谁胜谁负的转折点常常是看似偶然，而实则必然。官渡之战“相持百余日，河南人疲困，多畔应绍”，曹操处于极度困难之中。这时，许攸进计掩袭曹军后方许昌，“绍又不能用”。许攸深感不得志，投奔了曹操，操“闻许攸来，跣出迎之”，又听纳其袭击袁绍运粮军的计策，果然大胜。同是一个许攸，在袁绍之下才无所展，到曹军中却建立奇功。这是袁绍器量狭小、用人不专的必然结果。曹操紧紧地把握了这个关键，促成了官渡之战的转机。

西晋史学家陈寿对袁绍的评价是：“绍外宽雅，有局度，忧喜不形于色，而内多忌害。”（《三国志·袁绍传》）这是对袁绍官渡失败从个性上所做的分析。

公元 200 年，袁、曹官渡相持，从二月到八月，达半年之久。曹操阻滞了袁军推进的势头，然后挫其锐气，抓住战机，一举成功，袁军几乎全军覆没。

四、兄弟相残，渔人得利

袁绍的生年，史无明载。但从他弱冠二十为濮阳令，随后守丧六年，归隐洛阳，举为大将军掾的事迹推断，官渡之战袁绍四十二三岁，与曹操年龄相当。袁绍辟为大将军掾年约二十六七，最早只能在公元 184 年，因这一年何进为大将军。依此上推，袁绍生于公元158年前后，比生于公元155年的曹操小二三岁，或者比曹操大一二岁，总之年纪相若，正是步入不惑的盛壮之年。可是，官渡战后只两年袁绍就吐血而死。这是因为官渡失败，注定了袁绍政治上的彻底覆灭。袁绍虽死，而祸犹未已。袁谭、袁尚兄弟不睦，互相攻杀，给曹操分化瓦解、各个击破提供了可乘之机。

袁绍有四个儿子：谭、尚、熙、买，外甥高干。绍留小儿在身边，却把其他几个儿子放在外任，各据一州。长子袁谭为青州刺史，而留次子袁尚在冀州，偏爱之情益显，造成军中各有彼此，以谭、尚为首分裂为两派。审配、逢纪矫绍遗命，奉尚为冀州牧，郭图、辛评拥护袁谭以长争位。兄弟火并，曹操坐收渔人之利。公元 205 年，曹操灭谭；公元 206 年，破冀州；公元 207 年，北征乌桓，迫使辽东太守公孙康斩袁尚。至此，袁氏家族便彻底覆灭了。（徐兴海）

刘　表

乱世之中，不进则退

刘表出身于皇室。东汉末年，他盘踞大江南北，在中原兵戈交锋、风云变幻的岁月里，处于举足轻重的地位。可惜，由于他缺乏远见，徘徊观望，不图进取，坐失良机，终于被曹操鲸吞覆灭。

一、从“八俊”到荆州刺史

刘表，字景升，山阳高平（今山东鱼台东北）人，西汉鲁恭王刘余的后代。东汉后期，宦官专政，正直的人遭受排挤，邪恶的势力甚嚣尘上。一些知名人士出于对社会风气的不满，不与世俗同流合污，往往喜欢互起名号，标榜清高。一时间，社会上出现了许多大名士，什么“三君”“八俊”“八顾”“八及”“八厨”，等等。刘表身材魁伟，气度不凡，又是皇室同姓，颇能赢得人们的青睐，因此时人便把他和另外七位知名人士合称为“八俊”。“俊者，言人之英也。”（《后汉书·党锢列传序》）意思是号称“八俊”的人，都是人中的英杰。这些人经常在一起批评朝政，对宦官擅权尤为不满。宦官对他们也恨之入骨，便在汉灵帝建宁二年（169）大兴党锢之祸，李膺、杜密、范滂等二百多人惨遭杀害。当时，刘表也在逮捕名单之中，只因为事前得知消息，逃亡外地，才幸免于难。

党禁解除后，他被大将军何进征召，做了他手下的北军中侯。初平元年（190），荆州刺史王睿被长沙太守孙坚所杀，朝廷任命刘表为荆州刺史，当时江南“宗贼”蜂起，袁术又在鲁阳（今河南鲁山）陈兵，虎视眈眈，长沙太守苏代、华容长贝羽等也都阻兵作乱。刘表初上任，面临这种险恶的形势，苦于应付，便只身骑马到宜城（今湖北宜城），向南郡人蒯越和襄阳人蔡瑁请教。蒯越，字异度，荆州豪族，颇有名气。据说曹操平荆州时，曾给荀彧写信说：“得到荆州我并不怎么高兴，高兴的是得到异度。”足见蒯越的声望已非寻常可比。蒯越见刘表求教，便精辟地论述道：“太平时节治理国家，首先要推行仁义；动乱时节治理国家，首先要研究权谋。兵不在多少，关键看是否得到人才。袁术勇猛而不善于决断；苏代、贝羽大兵出身，都不值得忧虑。唯有‘宗贼’贪婪残暴，是当今的大害。我们派人到他们那里，用利加以引诱，他们肯定会带一帮人来降服。那时您再杀掉坏头头，安抚录用有才能的人。大家都希望安居乐业，听到您有这样的恩德，前来投奔的人一定会接踵而至。您兵多将广，南凭江陵，北守襄阳，荆州八郡不费多大气力就可平定，袁术即使想来捞一把，也是徒劳的呀！”刘表听了十分高兴，便请蒯越派人引诱“宗贼”，一共来了五十五个，全杀掉了。随后，又击败他们的军队，把他们编入部曲之中。“宗贼”只剩下张虎、陈生还占据着襄阳，刘表又派蒯越与庞季只身前往劝降，二人见大势已去，只好归附。至此，江南“宗贼”都平定了，许多郡守县令见刘表如此强盛，纷纷扔下官印，逃之夭夭。荆州八郡完全被刘表控制，蒯越也因功做了刘表的大将。

荆州是南北交通的要冲，土地肥沃，百姓富足，南北军阀都对它垂涎已久。先是袁术曾联合孙坚攻打荆州，刘表初战失利，孙坚围攻襄阳，在这万分危急的时刻，刘表的将领黄祖前来援救，孙坚被流矢射中身死，余众败逃，袁术只好暂时打消夺取荆州的念头。接着占据长安的李傕、郭汜为了壮大自己的实力，也前来拉拢刘表，封给他一大串显赫的头衔：镇南将军、荆州牧，封武成侯，假节，等等。但这种封官许愿还没等刘表答复，李、郭就垮台了，汉献帝被曹操迎往许昌，曹操挟天子以令诸侯。老于世故的刘表为了保存实力，一面向朝廷进贡，一面又与袁绍勾结，采取了骑墙的态度。建安元年（196），骠骑将军张济又引兵入荆州界，攻打穰城（今河南邓州），刘表再次面临危机。不料，在这紧急关头，张济也中箭身死，荆州又一次转危为安。张济身亡的消息传来，荆州大小官员都来向刘表祝贺。刘表为了笼络张济的部下，竟假惺惺地说："张济是因为走投无路才来的，我们身为主人，没有接待好人家，还使双方打了起来，这不符合我的本意。现在我只能接受吊唁，不接受祝贺。"刘表耍的这一招果然奏效，张济的部下听了以后，消除了顾虑，一个个都归顺了刘表。

外围的敌人刚刚被击败，辖境内的割据势力又反叛了。长沙太守张羡平时桀骜不驯，刘表常感厌恶。张羡怀恨在心，他依仗自己在江、湘一带有一定影响，于建安三年（198）率领零陵、桂阳、长沙三郡发动叛乱，刘表围攻几年都未取胜。后来张羡病死，他的儿子张怿继父之业，刘表再次发动攻势，一举拿下长沙，接着又收复了零陵、桂阳。从此，刘表"南接五岭，北据汉川，地方数千里，带甲十余万"（《后汉书·刘表传》），成为长江中游地跨大江南北，实力雄厚的大军阀。

二、不图进取，坐以待毙

刘表平定四境后，在"政绩"上也下了些功夫，他曾"起立学官，博求儒士"（《后汉书》本传）；又延聘学者綦毋闿、宋忠等撰立《五经章句》，影响所及，关西、兖州、豫州一带的学者都慕名而来。刘表的文治武功使荆州一度出现相对安定的局面。

在这有利的形势下，假如他能审时度势，利用矛盾，积极进取，统一北方的功劳说不定能有他一份。但后期的刘表逐渐丧失了早年的锐气，他满足于荆州这块暂时太平的天地，只想坐观虎斗，不在发展中求生存，结果一次又一次丧失了良机。

建安五年（200），曹操与袁绍相持于官渡，袁绍曾派人向刘表求援，此时刘表如果全力支持袁绍，战局有可能改观，刘表的势力也会扩展到北方。但他临事不决，态度暧昧，“许之而不至，亦不佐太祖，欲保江、汉间，观天下变”。从事中郎韩嵩、别驾刘先见刘表徘徊观望，一致劝说他早拿主意，或者发挥自己的优势，在两雄之间“乘其弊”；或者看清形势，量力而行，择其善者而从之，千万不能把两雄都得罪了。他们认为当今只有曹操深孚众望，因此主张归附曹操，说这是“长享福祚，垂之后嗣”的“万全之策”（《三国志·刘表传》）。归附之后，刘表真能“长享福祚，垂之后嗣”吗？这显然是不可能的。韩嵩、刘先等人只看到其有利的一面，没有看到其不利的一面。但他们批评刘表“见贤而不能助，请和而不得，此两怨必集于将军，将军不得中立矣”，这些见解还是非常中肯的。此时的刘表哪怕是在策略上暂时与一方联合，也比“安坐而观望”强得多。但刘表并未认真思考这个建议，只是决定派韩嵩到曹操那里探听一下虚实。韩嵩追随刘表多年，深知他“外貌儒雅，心多疑忌”，临行前心怀不安地对刘表说：“我这次去京师，天子很可能任命我官职，那样一来，我就成了皇上的臣子，不再是您的现职官吏了。做皇上的臣子就得听从皇上的命令，也就不能再为您效死了。请您三思。到那时候，千万不要怨恨我。”刘表以为他是害怕出使才这么说，便强令他去。不出所料，韩嵩到了京师，汉献帝果真拜他为侍中，迁零陵太守。回来向刘表报命，“深陈太祖威德，说表遣子入质”（《三国志·刘表传》）。刘表大怒，怀疑韩嵩有贰心，召集群僚，要当众杀他。幸亏刘表的妻子蔡氏极力劝阻，再加上拷问随行人员，并未发现韩嵩有什么背叛行为，才收回杀机，但仍把韩嵩囚禁狱中。

建安十二年（207），曹操杀了袁谭，占领冀州，为了追歼袁熙、袁尚，亲自率领大军北征乌桓。这对刘表来说，又是一次扩展实力的好机会。刘备建议他乘虚而入，袭击许都；曹操的部下们也都担心刘表会派刘备抄后路。但曹操的谋士郭嘉早把刘表的弱点看透了，他一针见血地说：“表，坐谈客耳，自知才不足以御备，重任之则恐不能制，轻任之则备不为用，虽虚国远征，公无忧矣。”

（《三国志·郭嘉传》）曹操也赞同这个看法，说“我攻吕布，表不为寇，官渡之役，不救袁绍，此自守之贼也，宜为后图”（《三国志·武帝纪》裴注引《魏书》），于是曹操放心大胆地远征去了。刘表果然没有接受刘备的建议，待到清醒过来时，曹操已挥戈南下，直奔荆州来了。

刘表不但遇事迟疑不决，而且对杰出的人才心存疑忌。刘备本来与刘表有亲属关系，称他为兄长。初投荆州时，刘表还亲自到郊外迎接，待之以上宾之礼，并且拨出一些军队，让他驻扎新野（今河南新野），看守荆州的北大门。可是，当他看到荆州豪杰纷纷结交刘备时，又产生疑心，竟暗中提防刘备，当然更谈不上什么重用了。

刘表既然疑忌人才，自然也就不能广泛地发现人才。诸葛亮辅佐刘备前居住于襄阳城西的隆中，他所结交的朋友崔州平、徐庶等也都居住在荆州，对于刘表来说他们都是难得的人才，可惜他视而不见，听而不闻，让宝贵的人才白白埋没。只有刘备慧眼识英雄，一到新野便发现了他们，千方百计挖了去。

刘表曾规劝袁谭兄弟不要自相残杀，可是他在儿子继承问题上却又重蹈袁绍的覆辙。本来刘琦是长子，又非常“慈孝”，继承荆州刺史是理所当然的，但少子刘琮“娶其后妻蔡氏之侄，蔡氏遂爱琮而恶琦，毁誉之言日闻于表”（《后汉书·刘表传》）。而刘表又非常宠爱蔡氏，对蔡氏言听计从，因而决定废嫡立庶。建安十三年（208），曹操大举进攻荆州，刘表背上长疽早已瘫在床上，又吃这一惊吓，一命归天。十四岁的刘琮承继了荆州牧，刘琦被排挤到外地，做了江夏太守。

刘琮刚一上台，身边的蒯越、韩嵩、傅巽等人便怂恿他归附曹操。在一片主和声中，刘琮无计可施，只好举州投降。后来，曹操又把他调离荆州，做了青州刺史。刘琦则跟随刘备南征，赤壁之战结束后病死江南。至此，统治荆州近二十年的刘表，终于被曹氏所取代。（宋怀仁）

第二编

曹魏篇

汉末战乱，各色人物出场表演，君择臣，臣亦择君。士族多智士，寒门多武将。曹操出身寒门豪族，而跻身世家大族，加之雄才大略，对人才兼收并蓄，手下谋臣如雨，猛将如云。曹操的事业有两大成就：其一，完成了对北方的统一；其二，为曹丕代汉奠定了坚实的政治基础。曹操事业的成功，除了他个人才干出众，在紧要关头谋士武将们也起了重要作用。三国鼎立，曹氏得天下三分之二，曹操聚拢的英才也占天下三分之二，可见曹魏人才之盛。

曹　操

英雄、枭雄还是奸雄？

汉、魏之际，群雄角逐。曹操始以“兴义兵，诛暴乱”为旗帜，继而“挟天子以令诸侯”，用武力翦灭一个又一个强敌；同时推行一系列有效的经济和政治措施，巩固地盘，经三十多年艰辛征战，一统北方，开创了魏国基业。他雄才大略，功绩赫赫，是杰出的政治家、军事家、文学家。

一、初露头角

曹操，字孟德，小名阿瞒。沛国谯县（今安徽亳州）人。祖父曹腾，以宦官之身历仕安、顺、质、桓四帝，官至中常侍大长秋，封费亭侯。父亲曹嵩，是曹腾养子，官至太尉，但“莫能审其生出本末”，不知为何家之子，有人说来自曹腾本家，有人说过继自夏侯家。曹操祖辈世居高位，家族中“父子兄弟，并据州郡”，在政治上、经济上颇有势力。

曹操幼时就机敏聪颖，但任侠放荡，不务正业，为一般人所看不起。而太尉桥玄却独具慧眼，称他是“命世之才”，济国安天下者。名士许劭也说他是“治世之能臣，乱世之奸雄”。名人的赏识，使曹操受到士人的看重。

他二十岁时受州郡推荐，以孝廉为郎，不久，任洛阳县北部尉。上任后，他造五色棒十多根，悬于尉廨门左右，“有犯禁者，不避豪强，皆棒杀之”。皇帝宠爱的宦官蹇硕之叔，犯令夜行，被曹操乱棒打死。从此，京城中无人敢犯禁令。

熹平三年（174）曹操调任顿丘（今河南清丰）令，不久入朝为议郎。为议郎时，他曾上书灵帝，为“党锢”中被杀害的大将军窦武、太傅陈蕃鸣不平。

黄巾农民起义爆发时，曹操任骑都尉，随皇甫嵩、朱儁领兵镇压颍川的农民军，因军功升济南相。济南辖十县，县吏多阿附权贵，贪赃渎职，鱼肉百姓。曹操上奏朝廷，罢免了八个县的贪官污吏。同时，“禁绝淫祀”，取缔不合礼制规定的祭祀，捣毁祠庙。于是，济南地区政治清明，社会安定。

中平四年（187），朝廷任曹操为东郡太守。曹操不愿迎合权贵，并且多次触犯豪强，引起嫉恨。他怕因此遭祸累及全家，托病不去就职，归乡里隐居。第二年，朝廷成立西园新军，征曹操为典军校尉。能够成为皇室核心部队的大将，这使曹操重新燃起政治热情，便又去洛阳赴任了。

二、讨董卓受挫

公元 189 年，灵帝死，少帝继位。外戚何进欲诛宦官，曹操参与密谋。袁绍主张尽诛宦官；曹操却主张只惩办首恶。他说：“阉竖之官，古今宜有。但世主不当假之权宠，使至于此。既治其罪，当诛元恶，一狱吏足矣。”召外将入京，事情扬出去将招杀身之祸。果然，何进被宦官所杀，董卓入京后擅权乱朝。董卓想拉拢曹操，表举他为骁骑校尉。曹操拒绝合作，改名换姓，逃出洛阳，奔向陈留（今河南开封）。

陈留郡太守张邈是曹操好友，曹氏又有家财在此。曹操便在陈留变卖家产，招兵买马，纠集宗族，组织队伍，起兵讨伐董卓。

当时，关东（今潼关或函谷关以东）地区州牧纷纷兴兵讨卓，他们推袁绍为盟主，主持讨卓大事。曹操代行奋武将军之职，屯兵酸枣（今河南延津）。

在关东诸军的压力下，董卓挟持汉献帝迁都长安，曹操认为，董卓破坏东都，劫持天子，举国震动，罪大恶极，正是歼灭他的好时机，提议就此出击，可一战而定天下。但是，关东诸军各存私心，互相观望，不肯出战。曹操便领自己的五千士兵向前推进。在荥阳（今河南荥阳）、汴水一带，与董卓部将徐荣的大军遭遇。由于众寡悬殊，曹军失利，伤亡惨重。曹操自己也被乱箭射中，坐骑受伤，幸赖堂弟曹洪相救，才趁夜逃脱。

曹操回到酸枣，见诸军将领仍是饮酒作乐，不思进兵，于是气愤地责备他们，并且建议分兵讨伐，为之谋划，但张邈等人竟不予理会。曹操兵少，无可奈何，就同亲信夏侯惇、曹洪等人分头去徐、扬地区招募兵士。得数千人后，独立成军，投河内郡直接受盟主袁绍指挥。

关东诸军本各存扩大势力之心，在一起不久，就不断发生摩擦，进而互相火并，争夺地盘。后来，联军就此溃散，各回本州郡去了。在关东诸将内争之时，冀州的黑山农民军和青州的黄巾军迅速发展起来，威胁着地方豪强。袁绍命曹操前去围剿。曹操正想借机扩大势力，乐于听命前往。在淮阳（今河南周口淮阳区），他镇压了黑山军白绕部，被袁绍任命为东郡太守，从此曹操有了一块立足的地盘。

三、立足兖州

初平三年（192），青州黄巾军向兖州推进，杀刺史刘岱，一时州中无主。曹操故友鲍信及州吏万潜到东郡，迎请曹操到兖州主事。曹操出任兖州牧后，领兵于寿张（今山东东平）攻击农民军。农民军奋力抵抗，杀死鲍信，但损失过重，不得不向济北（今山东济南长清区）撤退。曹操纵兵穷追，黄巾军战败投降。曹操得降兵三十余万，男女百余万众。他选拔其中精锐，号为“青州兵”，发展壮大了自己的武装力量。

曹操在兖州还未喘过气，朝廷委派的兖州刺史金尚来就任。曹操毫不客气，派兵迎击。金尚奔南阳，求救于袁术。袁术联合公孙瓒，向曹操和袁绍进攻。袁绍先击败公孙瓒，初平四年（193）春，曹操也击败袁术，在兖州站稳了脚跟。这年秋天，他挥戈徐州，准备向东发展势力。

徐州牧陶谦曾助公孙瓒威胁兖州，其部将张闿又将曹嵩杀死，并且抢去大批财物。曹操以替父复仇为名攻入徐州，连下十多个城池，屠杀百姓数十万，直抵彭城（今江苏徐州）。由于军粮不济，于兴平元年（194）春退兵回兖州。同年夏天，他又领兵征徐州，连得五城，“所过多所残戮”。进至下邳（今江苏睢宁西北）时，遭徐州军堵截。此时兖州发生内乱，曹操闻讯，急速撤军而回。

曹操征徐州，以荀彧、程昱留守兖州。陈留太守张邈对曹操任州牧，位居自己之上心中不悦。陈宫也因兖州名士边让被曹操借故杀害而心存疑惧。二人串通，利用自己在兖州的影响，趁曹操东征、内部空虚之机，举兵反曹，迎吕布来兖州作州牧。一时间，“郡县皆应”，仅鄄城（今山东鄄城）、范（今河南范县）、东阿（今山东东阿）三地在曹操手中。曹操回军，同吕布战于濮阳，攻入城后，巷战不利，险些被吕布骑兵抓住。他骑马冲出火阵，手被烧伤。两军相持一百多天后，均因军粮用尽，各自退兵。曹操战场失利，兖州地盘大半丧失，军队乏食，处境艰难。

兴平二年（195）春，曹操经过休整，着手收复兖州失地。他袭击定陶（今山东菏泽定陶区）未破，恰逢吕布领兵来救，便击败吕布，转而攻打钜鹿（今山东巨野），大败吕布，杀其将薛兰。吕布、陈宫又领兵来战，曹操兵少，设埋伏用奇兵，挫败吕布，进而攻占定陶，然后分兵平定周围反叛郡县，吕布逃奔徐州。张邈跟随其后，被部下杀死。曹操重新控制了兖州，巩固了自己的地盘。这年十月，朝廷任命曹操为兖州牧。

四、迎帝都许

董卓逼迫汉献帝到长安后，不久为王允、吕布所杀。董卓部将李傕、郭汜又拥兵作乱，杀死王允，赶跑吕布，控制了献帝和公卿大臣。这批凉州军将领把持朝政后争权夺利，相互厮杀。杨奉从中斡旋，几经周折，又将献帝和公卿护送回洛阳。

汉室天下虽已如大厦将倾，但献帝作为国家最高权力的象征，仍有影响。谁能把皇帝控制在手，谁就有发号施令的主动权。当时，不少人都看到这一点。谋士荀彧、程昱劝曹操迎献帝，取得政治上的优势。曹操欣然同意，马上派曹洪去洛阳护驾，表示忠心。

献帝到洛阳后，朝中当权人物杨奉、董承、韩暹等人仍有矛盾。曹操利用他们的矛盾，通过杨奉，得拜镇东将军，袭父爵为费亭侯。然后，他领兵进京，赶跑韩暹。在朝见献帝后，他被授节钺，任司隶校尉，录尚书事。

当时洛阳残破，守将各怀异心，不听从调令。董昭建议曹操将天子迁往许昌，并献策稳住杨奉，使之不从中阻拦。曹操大喜，依计而行，迁献帝去许昌。杨奉得知，领兵半道抢夺献帝，结果被打败。献帝到许昌后，改元建安元年（196），以曹操为大将军，封武平侯。

曹操权势剧增，袁绍极为不满。其时，曹操实力远不如袁绍，不得已让出大将军一职给袁绍，以缓和与袁绍的矛盾，自己任司空，行车骑将军事。但是，他以荀彧为侍中，守尚书令，掌管宫中机要，以控制中央大权。从此，曹操取得了“挟天子以令诸侯”的有利地位，征伐异己，令出于天子，名正言顺。

迁献帝于许昌后，曹操一方面重建宗庙社稷及各种祭祀制度，另一方面采纳枣祗、韩浩等人的建议，实行屯田，恢复和发展生产，解决军粮问题。

五、攻占徐扬

建安二年（197）正月，曹操向外扩张势力，首先向南攻宛城张绣，张绣不战而降。由于曹操纳张绣叔母为妾，并且派刺客行刺张绣，张绣怨恨叛曹，突然对曹操发动攻击。曹军措手不及，死伤甚众，曹操长子曹昂、侄子曹安民被杀，典军校尉典韦据守营门，保护曹操，力战而死。曹操仓皇逃命，左臂受伤，几乎丧命。后张绣战败又降，曹操不计前仇，重用张绣。张绣在以后的征战中立下不少战功。

在与张绣战后，曹操又讨伐袁术。袁术于建安二年正月在寿春（今安徽寿县）称帝。曹操领兵征讨时，袁术经过与吕布的交战，力量已被削弱，和曹军一交手便不堪一击，败退到淮水之南去了。曹操又回兵向东，攻徐州的吕布。

徐州在陶谦死后，由刘备任州牧。吕布被曹操逐出兖州后投奔刘备。不久，他借故袭夺徐州，赶走刘备，刘备只得投奔曹操。建安三年（198）十月，曹军攻取彭城（今江苏徐州），进围下邳。吕布固守，曹操久攻不克，打算退军。荀攸、郭嘉劝他决泗河、沂河堤岸，引水灌城。依此计行，下邳城内外一片汪洋，曹操获得成功。吕布部将陈宫请降，吕布也被迫投降。曹操在下邳城白门楼上处死吕布、陈宫，收降了张辽、臧霸等人。

袁术当时龟缩扬州，不敢妄动。后来势穷力竭，想北投袁绍，又为曹军所阻，于建安四年（199）四月呕血而死。

刘备于曹操攻灭吕布后不久反曹，杀曹所置徐州刺史车胄，袭夺下邳。曹操得知消息，置袁绍于不顾，亲率大军东征刘备。一些将领对此举不甚理解，曹操说："夫刘备，人杰也，今不击，必为后患。"刘备被击败，逃往河北袁绍处。

曹操在消灭吕布、降服张绣、赶跑刘备、击溃袁术之后，新得徐、扬二州，控制了黄、淮之间大片地区，实力增强，便拉开了和袁绍决战的架势。

六、官渡大捷

袁绍兼四州之地，拥兵十万，实力远在曹操之上，曹军"诸将以为不可敌"。荀彧、郭嘉详细分析了双方的短长，曹操也激励众将说：袁绍"志大而智小，色厉而胆薄，忌克而少威，兵多并分画不明，将骄而政令不一"，是能够战胜的。由此，曹操集团才增强了决战的信心。

建安四年（199）八月，曹军进至黎阳（今河南浚县），九月，退守官渡（今河南中牟县）。次年正月，袁绍发布讨曹檄文，二月，大军开进黎阳。同时，派大将颜良渡过黄河，围白马（今河南滑县），攻曹东郡太守刘延，曹操听从荀攸分兵声东击西之计，领兵自官渡北向延津（今河南延津），佯装去抄袁绍后方。袁绍中计，分兵增援延津。曹操便掉头轻骑兼程直奔白马，颜良仓促应战，被杀，白马之围遂解。袁绍闻讯派兵追赶。曹操将辎重沿路弃置，诱袁军争抢，趁乱出击，大败袁军，斩大将文丑。然后，胜利回师官渡。

袁绍败了两阵，不听谋士劝说，急于求战，进军至官渡，"依沙埏为屯，东西数十里"。曹军也分营对峙，交战失利后，坚壁不战。袁绍利用自己人力、物力的优势，堆土山，居高用箭射击曹军。曹兵在营中往来都必须用盾牌护身。于是，曹操命工匠造“霹雳车”，发射石块打击袁军。袁军又暗中挖地道，企图通入曹营。曹军便在营内挖长沟，破坏袁军地道。两军如此兵来将挡，攻战一月多，不分高下。

曹操兵少粮缺，士卒疲惫，与袁军对抗难以坚持。他打算撤兵，写信去许昌问荀彧。荀彧说，不能后退，只要坚持，胜利有望。于是，曹操坚守官渡，寻找战机。

袁绍大军屯官渡，战线过长，粮食从后方运来，粮秣供给不足。曹操看到袁军这一弱点，用荀攸计，趁袁绍运粮车快到官渡时，派徐晃截击，将袁军几千车军粮一火焚光。袁绍又重新从河北运粮一万多车屯于官渡大营北面的乌巢（今河南延津）。

袁绍谋士许攸屡建良策，不为袁绍所用，反遭忌恨，因而弃袁投曹。曹操听说许攸来奔，高兴得连鞋子也顾不上穿就迎了出去。许攸受到器重，便把袁绍在乌巢屯粮的情报告诉曹操，建策偷袭乌巢，烧毁军粮。荀攸、贾诩也劝曹操依计行事。曹操当机立断，亲率步骑五千，乘夜赶到乌巢，攻寨烧粮。

袁绍得知曹操袭乌巢，执意只派少数人去援救，而以重兵去劫曹军大营。曹操得报后，并不急于回马大营，而是奋力击溃乌巢袁军，将积粮全部烧光。攻打曹营的袁军在曹军的顽强抵抗下，未能获胜，又听说乌巢积粮被毁，无心恋战。此时，张郃、高览等大将受谋士排斥诬陷，投奔曹操，袁军军心动摇。曹操乘机发动全面攻势，袁军一败涂地。袁绍留下大量辎重，狼狈逃回河北。他的八万多将士被俘投降，遭曹操残酷坑杀。

在缴获的文件中，有不少是许昌和曹军中人士暗中与袁绍往来的信件。有人建议以此追查，曹操不同意，说：“那时袁绍强大，我且不能自保，何况众人！”他当众烧掉所有信件，解除属下疑惧，表现了他的宽宏和狡诈。

曹操精通兵法，善于听取部属意见。在官渡之战中，他从黎阳退守官渡，诱敌深入，先取得白马一役的胜利；然后坚壁以待战机，出奇兵烧乌巢之粮，动摇敌人，制造混乱，再全线出战，击溃十万袁军，取得了以少胜多的辉煌战绩。官渡大捷，消灭了袁绍主力，曹操得以统一北方。

七、治理河北

袁绍退回邺城，于建安七年（202）五月病死，他的儿子袁谭、袁熙、袁尚及外甥高干分任青州、幽州、冀州和并州刺史。官渡之战后，曹操马不停蹄进剿袁氏势力。他利用袁氏兄弟的矛盾，赶跑袁尚，于建安九年（204）攻下邺城。次年，杀袁谭，得青州；接着，北下幽州。袁熙、袁尚逃往乌桓，部将投降。建安十一年（206），出兵攻高干，得并州，很快占据了河北。

曹操在夺取青、冀、幽、并四州的过程中，陆续在经济、政治、军事等方面采取措施，安定河北，发展生产，巩固自己的胜利。

他在夺取冀州后，曾下令："黄河以北的百姓长期遭受袁氏蹂躏，特令免除今年的赋税。"同时，他颁布《抑兼并令》，打击豪强，抑制兼并，明文定出百姓今后交纳的田税和人头税的具体数目，申明"他不得擅兴发，郡国守相明检察之，无令强民有所隐藏，而弱民兼赋也"。

为了"兴仁义礼让之风"，使先王之道不疲，他下达《修学令》，"令郡国各修文学，县满五百户置校官，选其乡之俊造者而教学之"。

曹操下令整饬冀州的社会风气。他在《整齐风俗令》中写道："结党营私，为古代圣贤所痛恨。而冀州的风俗，父子分派，互相诽谤。"这种歪风邪气，必须根除。同时赦免那些追随袁氏做过坏事的人，允许他们改恶从善。还明令不准报私仇，禁止厚葬。

并州太原地区在冬至后有三天不生火、吃冷食的习俗，曹操下令废除。他说，北方寒冷，如此则"老少羸弱，将有不堪之患。令到，人不得寒食"，若犯令，将受罚。雷厉风行地革除不良旧俗。

曹操还从军队中选拔一批有战功、有才干的将士充任新得州郡的地方官。有人反对道："军吏虽有功能，德行不足堪任郡国之选。"曹操以《论吏士行能令》批驳这种言论。他明确提出："明君不官无功之臣，无赏不战之士；治平尚德行，有事赏功能。"在战乱时期，有战功、有能耐的人理当受赏封官。

他还进一步严明赏罚，颁发《封功臣令》，激励将士奋勇杀敌，并且针对当时只赏不罚罪的情况，下达《败军抵罪令》。命令说："自我派将出征以来，只赏功而不罚罪，这不符合国家大法。现在命令，诸将出征，败军者抵罪，失利者免官爵。"

曹操的这一系列措施，收到显著效果，稳定了河北地区的统治秩序，缓和了阶级矛盾，恢复和发展了社会生产。他看中了这块沃土，建安九年九月，自任冀州牧，把势力从兖、豫移到河北。从此他常住邺城，以为据点。邺城是魏郡治所，所以曹操进位称魏公、魏王，以及曹丕建国号魏，即本于此。

八、北征乌桓

乌桓，也写作乌桓，是当时我国北方的一支少数民族。汉光武帝时，曾分封其首领为侯王，设护乌桓校尉管理。东汉后期，乌桓分为上谷、辽西、辽东、右北平四大部。后来，辽西、辽东、右北平三部联合，称“三郡乌桓”，由辽西部贵族蹋顿统领。袁绍攻打公孙瓒时，曾借蹋顿之力，获胜后借献帝名义封蹋顿为单于，赢得其欢心。袁尚、袁熙兄弟战败后，逃奔乌桓，河北军民相从者十余万。二人联合蹋顿，继续与曹操抗衡，企图卷土重来。

建安十二年（207），曹操听从郭嘉之言，出兵远征乌桓。用兵前，他组织人力在河北地区开凿平虏渠和泉州渠，以解决军粮运输问题。这年五月，军行至易县（今河北雄县），郭嘉又进言速进。于是，曹操留下辎重，轻装至无终（今天津蓟州区）。他原拟傍海，取道今山海关，杀向蹋顿大本营柳城（今辽宁朝阳）。但是，阴雨连绵不绝，道路泥泞，曹军行动困难，陷入了困境。

此时，曹操得到了无终豪族田畴的帮助。在田畴的带领下，曹军改道上徐无山（今河北玉田），从卢龙塞（今河北迁安喜峰口），跨过白檀（今河北滦平），经平冈（今河北平泉），抄小路登上白狼堆（即今白鹿山，在辽宁喀喇沁左翼蒙古自治县东境）。此时，离柳城仅两百多里了。蹋顿这才得知曹军到来，慌忙领兵出战，大败，被杀。袁氏兄弟逃往辽东，后被公孙瓒所杀。曹操大获全胜，汉族及少数民族归降者逾二十万。

曹操率得胜之师回朝，经渤海碣石（在今河北昌黎），写下《观沧海》一诗，途中又写下《龟虽寿》一诗，抒发豪情。“老骥伏枥，志在千里”，北方的割据局面荡平了，他壮心不已，志在一统天下。

九、进军关陇

建安十三年（208）初，曹操回到邺城，准备南下翦灭孙、刘。七月出兵，荆州刘琮闻风而举州投降。刘备南逃，在当阳溃败，奔夏口。曹操占领江陵，收编荆州部队，沿江而下，要与孙、刘决一雌雄。不料在赤壁惨败，他领残兵败将从华容（今湖北监利）逃回江陵，留下曹仁、徐晃守卫，自己退回北方。不久江陵失守，曹军退守襄、樊。

赤壁之战后，孙、刘势力增强，曹操只得对他们采取守势，因而把兵力转向关陇、汉中，以便进窥巴蜀。

建安十六年（211），曹操出兵关中。关中各路军阀以马超、韩遂为首，立即联合起来，屯据潼关，阻击曹军。

曹操把军队集结在一起，吸引住马、韩，两军夹潼关而阵。暗中却派徐晃、朱灵领兵北去，从蒲阪津（今山西永济）渡过黄河，在河西筑起营塞。然后，他把大军从潼关北调，与徐晃军会合，并且占据有利地形，向南推进至渭水北，巧妙绕过天险潼关进入关中。马、韩只得弃关退兵，把防线设在渭水南的渭口（今陕西华阴）一带。这时，曹操又设疑兵迷惑敌人，派兵偷渡渭水，并且架起浮桥，夜里分兵去渭水南岸扎营。马超得知，连夜攻营。曹操设伏兵迎击，马超惨败。

这年九月，曹军全部渡过渭水。马超数次挑战，曹军坚壁不出，马、韩便请求割地，送人质求和。曹操用贾诩之言，佯作允许，背地却设计离间关中诸将的关系。他利用与韩遂父亲的旧情，始和韩遂并马亲切交谈，继而送去涂改了的信，使马超等人怀疑韩遂，产生不和。计成之后，曹操约马超会战。交战时，曹操先以小股部队应付，然后用猛骑前后夹击。马、韩相疑，诸将不能协力同心，被曹军打败。马、韩逃向凉州，其他将领有的被杀，有的投降。韩遂后来被部下杀害。马超到凉州后无法立足，又去汉中，最后投降刘备。关中、凉州先后归入曹操辖地。

关中平定后，曹操曾向将士解释他的用兵谋略：集兵潼关，是为了吸引敌人兵力，造成河西空虚，便于徐晃过河；徐晃过河后，又作为潼关之军渡河的掩护力量，敌人便奈何不得；我军渡河后坚壁不出，麻痹敌人，然后以“疾雷不及掩耳”之势出击，因而获胜。的确，在渭南一战中，曹操处处掌握作战的主动权，表现出不凡的军事才干。

十、遭逢人杰

曹操平定关中，解除了西顾之忧，建安十七年（212）十月，领大军征伐孙权。行前，他去信软硬兼施，诱迫孙权降服，没有结果。次年正月，曹军至濡须口（今安徽无为），与东吴军交战，攻破吴军长江西岸营地，俘获其都督公孙阳。孙权即率七万大军迎战。曹军一部夜间乘船到一沙洲，孙权派军包围，三千多曹兵被杀，数千人落水而死。曹军受挫，不再轻易出战。

孙权几次挑战，曹操不理，孙又两次亲自乘船观看曹操大营，曹操仍不敢出击。当他看到孙权军队整肃时，禁不住发出“生子当如孙仲谋”之叹。两军相持一月多后，各自退军。此后，曹操几次对孙权用兵都没有多少战果。

建安十九年（214），刘备夺得益州。曹操视刘备为天下英雄，怕他进窥汉中，威胁关中，决定先对汉中下手。次年，曹操调遣十万大军攻汉中张鲁。张鲁出降，曹操势力伸向巴中一带（今四川嘉陵江、渠江上游地区）。

刘备受到侵扰，派兵出击。张飞战败张郃，曹军退到南郑（今陕西汉中南郑区）。曹操调夏侯渊镇守汉中，自己抽身回中原。

建安二十二年（217），刘备进军汉中，曹操领军至长安声援。刘备进展顺利，斩大将夏侯渊，汉中曹军危急。曹操领兵从长安出斜谷，赴汉中，与刘备对阵。两军僵持，曹操不能夺回汉中。汉中成了“食之无味，弃之可惜”的鸡肋。不得已，曹操于建安二十四年（219）五月放弃汉中，还洛阳，把战线收缩到陈仓（今陕西宝鸡）一带。

此时，关羽向襄、樊发起进攻，曹操利用孙、刘间的矛盾，解除了樊城之围。建安二十五年（220）正月，曹操领兵从摩陂（今河南郏县）回到洛阳，不几天就病逝了，终年六十六岁，后被追尊为太祖武皇帝。

曹操临死前一月，孙权上书劝他当皇帝，他的部属听说后，以陈群、夏侯惇为首也纷纷进言，劝他顺天应民，代汉称帝。曹操却回答：“若天命在吾，吾为周文王矣。”他认为即使当皇帝的条件已具备，时机已成熟，自己也不当，而让自己的儿子去当。果然，不到一年，其子曹丕代汉称帝，建国号魏。中国历史正式进入了三国时期。

十一、一代“奸雄”

自建安元年曹操迎献帝都许后，初任司空，即开始控制朝政。其后，任相国，封魏公，晋爵魏王，一步步把持国家的军政大权，刑罚赏庆完全掌握在手中。他立儿子为王太子，女儿皆称公主，定邺城为王都，设置御史大夫、尚书令、侍中等一整套官吏。在名义上，他比皇帝低一级，而这一切设置在形式上已经和皇帝没有区别了。

曹操“挟天子以令诸侯”二十四年，把皇帝当傀儡，不能不遭到刘氏王室势力的反抗，但每一次反抗都被他毫不留情地镇压下去了。国舅董承等人受献帝衣带密诏，诛杀曹操。曹操发觉后，杀董承等人，并“夷三族”。董承之女为皇妃，有身孕，献帝再三请求免死，结果也遭残杀。伏皇后“与父完书，言曹操残逼（董妃）之状，令密图之”（《资治通鉴》卷六十七）。后来，事情败露，伏后及所生二皇子均被处死，并累及兄弟宗族一百多人被杀。

为什么曹操要牢牢把国家大权抓在手里呢？在《让县自明本志令》中他曾坦言：“我身为丞相，作为臣子，地位的尊贵达到了顶点，已超过了我的愿望。假如国家没有我，真不知会有多少人称帝，多少人称王啊！我是没有称帝野心的。我想放弃兵权，学前贤，表忠心，而实际又不可能。因为放弃兵权，就会被人谋害，已败则国家倾危，所以不能因慕虚名而遭受实祸。我大权在握既是替子孙打算，也是为国家着想。”

曹操的这番话，道出了当时的实情，他不集大权于一身，就会遭杀身之祸，国家也将陷入更长久的分裂混战。曹操说他没有“不逊之志”，则是出于当时政治斗争的需要。“帝自都许以来，守位而已，左右侍卫莫非曹氏之人者。”（《资治通鉴》卷六十七）曹操把持朝政，为儿子代汉创造了一切条件，他实难逃“篡汉”之责。不过，不能以所谓“篡汉”来否定曹操，这只是他一生中的一个事件。曹操的一生，是军事家、政治家、文学家的一生。

曹操生当战乱之世，一生主要在战场上度过。他亲自参加了大大小小近五十次战役，征战足迹遍及大半个中国。他很会用兵打仗，“行军用师，大较依孙、吴之法。而因事设奇，谲敌制胜，变化如神”。在战争中，他不仅能充分发挥自己的军事才干，还善于采纳众人之谋，正确分析敌我形势，制定战略战术，变被动为主动，以弱胜强，取得官渡之战、柳城之战、渭南之战等很多战役的胜利，不愧为我国历史上杰出的军事家。

他注重研究古代兵法，学习古人的战争经验。他整理注释了《孙子》十三篇，流传至今，极有价值；又写了大量军事著作，“自作兵书十余万言”，对古代军事理论做出了贡献。可惜他的兵书亡佚殆尽。

在从政和征战过程中，曹操抑制豪强，移风易俗，澄清吏治，革除弊政，推行了一系列有益于社会的措施，不失为我国封建社会一位杰出的政治家。特别是在用人上，他大胆革新，一反东汉重名节的原则，主张“唯才是举”。他三次下令求贤，提出“举贤勿拘品行”“取士勿废偏短”，即使是“不仁”“不孝”，但有治国用兵之术的人，都当加以起用。有的人出身微贱，或者“负污辱之名，见笑之行”，但只要有才，他就予以提拔，用其所长。他“拔于禁、乐进于行阵之间，取张辽、徐晃于亡虏之内，皆佐命立功，列为名将；其余拔出细微，登为牧守者，不可胜数”。因而吸引了一大批智士猛将，成就了统一北方的大业。

曹操重视农业生产。他在《置屯田令》中说：“夫定国之术，在于强兵足食。秦以急农兼天下，孝武以屯田定西域，此先代之良式也。”因此，他广泛推广屯田，兴修水利，调整赋税，打击豪强。他恢复盐铁官营，发展手工业生产。这些措施，对社会生产的恢复和发展有积极意义。（谭良啸）

荀　彧

因反对曹魏代汉而死的曹操首席谋士

荀彧，字文若，颍川颍阴（今河南许昌）人，是曹操智囊团的领袖，三国时第一流的政治家和谋略家。他比曹操小八岁，投奔曹操时既没带过兵，也没打过仗，但曹操却能慧眼识英雄，引为军师，让他参决机要，喻之为汉高祖刘邦的张良。荀彧亦感知遇，不仅勤于政事，出谋善画，还替曹操推荐了大批人才，如荀攸、钟繇、戏志才、郭嘉等。但是，他反对曹操谋篡汉室，被曹操逼迫而死。真是成也萧何，败也萧何。具有超人智慧的荀彧，在乱世中维护正统，终于成为一个悲剧人物。

一、避乱择主

颍川荀氏是一个世家大族。荀彧祖父荀淑，曾任朗陵（今河南确山西）令，在汉顺帝、桓帝之时，有名当世。荀彧父荀绲，济南相，叔父荀爽，官至司空。荀绲、荀爽兄弟共八人，皆是名士，也称“八龙”。绲、爽两人最贤明。荀彧生活在这样一个大家族中，门第书香的熏陶，使他有很高的文化素养，在少年时就受到南阳名士何颙赏识，称他有“王佐之才”，而远近闻名。

荀彧二十六岁时举孝廉，拜守宫令。这一年正是公元 189 年，董卓入京，京师大乱。荀彧请求外出补吏，做了亢父（今山东济宁）县令。荀彧并不到任，他回到故乡对父老们说：“颍川是四战之地，赶快离开这个地方，天下将要大乱了。”人们并不相信，依然怀恋故土，不肯离乡。荀彧只好带领全家投奔河北冀州牧韩馥去了。不久关东兵起，董卓西迁，派部将李傕等掳掠颍川、陈留等地，荀彧的乡人大多遭杀害，这才认识到荀彧有先见之明。在冀州，袁绍把韩馥赶下了台，把荀彧奉为上宾。但荀彧经过一段观察，看出袁绍只是布衣之雄，“终不能成大事”，毅然离开袁绍，投奔了曹操。这时曹操在兖州，正在网罗人才，思贤若渴，见了荀彧只恨相见甚晚。曹操欣然说，“我的子房来了”，立即任用他为司马，这一年荀彧二十八岁，时为公元 191 年。

二、挫败张陈之变

兴平元年（194），兖州牧曹操第二次东征，陶谦、荀彧留后。陈留太守张邈和曹操的另一谋士陈宫，两人合谋发动叛乱，秘密迎接寄屯在河内的吕布偷袭兖州。兖州很快落入吕布之手。与此同时，豫州刺史郭贡也引数万兵奔袭鄄城。荀彧时在鄄城（今山东鄄城），他与程昱一起商量，沉着应付这一突如其来的变故。荀彧连夜调来驻在东郡的夏侯部，果断地杀掉了鄄城内谋叛的几十名士吏，稳定了军心。他自己则不顾个人安危，亲到郭贡军中陈以利害，郭贡兵退。与此同时，程昱到范县（今河南范县）、东阿（今山东东阿）稳定军心。就这样，荀彧与程昱等人终于保住了这三座县城，等待曹操回军。这一场危及曹操生存的张邈、陈宫之变被荀彧挫败了。

张邈、陈宫都是曹操的好朋友。他们为何背叛曹操呢？有两个原因。一是陈留名士边让讥刺了曹操，曹操杀了他，激起了兖州士族的不满。二是曹操军打仗滥杀无辜。他的父亲曹嵩曾为太尉，搜刮了许多财宝；董卓之乱，避难琅邪，被陶谦的部下掠杀。曹操于是东伐，向徐州百姓出气。曹操连年攻打徐州，残杀数十万，“泗水为之不流”，庄园颓败，鸡犬不留，激起人民的反抗。张邈、陈宫叛乱，一夜之间兖州丧失。从此以后，曹操在荀彧的劝导下改变了滥杀无辜的政策，对士族也取妥协态度，因之势力日渐壮大，于公元 199 年并灭了吕布。

三、七出奇计

曹操倚重荀彧，视为心腹和左右手，荀彧视曹操为明主，尽心辅佐，知无不言，言无不尽。他们两人经常纵论时局，制定战略。单是《三国志·荀彧传》中就记载了七次大的献策，均被曹操采纳，使曹军连获大胜。

第一次，公元 194 年，陶谦死后，曹操打算再次兴兵东征，夺取徐州。荀彧说：“前两次讨伐徐州，杀戮过多，徐州人民切齿痛恨，必定坚决抵抗，一时攻打不下，吕布将在背后作难，我们将腹背受敌。当前的首要任务，是先灭吕布，后平徐州。”曹操允诺，专力攻打吕布，收复了兖州。

第二次，公元 196 年，汉献帝东还洛阳，荀彧建议曹操迎献帝都许，挟天子以令诸侯，这是一着高棋。从此，曹操在政治上居高临下，天下无敌。

第三次，曹操迎献帝都许后，袁绍不服，写信恐吓曹操。这使得曹操又气又恼，想与袁绍决一死战，又恐敌不过，十分心焦，举动都有些失常。荀彧深知曹操内心，劝谏说，应先灭吕布，后平河北。荀彧还把曹、袁两方做了一番对比，指出袁绍外强中干，外宽内忌，优柔寡断，军法不严；曹操恰与之相反，明达不拘，刚毅果断，信赏必罚。曹操在度、谋、武、德四个方面都胜过袁绍，不愁抗不过袁绍，更要紧的是等待时机。曹操豁然开朗。

第四次，公元 200 年袁、曹官渡之战，两军相持半年之久，处于僵持状态。曹军乏粮，使得曹操丧失了信心，打算退兵。荀彧写信给曹操说：“楚汉相争，对峙成皋，谁也不肯先退。因为谁先退，谁的士气就瓦解了。你应当用奇兵打破僵局。我还料定袁绍军中不久会发生内讧，因为他们被你仅及十分之一的力量扼制在官渡，欲进不能，欲退不忍，意志已经沮丧了。”果然不出荀彧所料，不久，袁绍谋士许攸投奔曹操。曹操奇袭乌巢袁军屯粮，赢得了官渡之战的胜利。

第五次，官渡之战以后，曹操欲南下袭刘表。荀彧说："袁绍惨败，正好乘胜追击，如果让他喘息养力，卷土重来，岂不前功尽弃？"于是曹操重新屯兵黄河，趁袁绍病死，袁谭、袁尚不和之机，扫荡了河北，统一了北方。

第六次，公元 204 年，曹操打破邺城，领冀州牧，听从趋炎附势之徒的建议，准备恢复古代九州制度，扩大冀州地域，使天下臣服。荀彧进谏说："如果实行古制，河东、冯翊、扶风、西河、幽州、并州等都包括在冀州境内，夺人之地众多，将引起关西诸将的疑心，如果袁尚、袁谭趁机钻空子，恐怕天下要纷乱了。当前的首要任务是乘胜平定河北，然后南下讨刘表，待到天下安定，再议古制也不晚。"曹操因之改变了主意。

第七次，公元 208 年，曹操已平定塞外乌桓，灭了袁尚、高干，再无后顾之忧，决定大举南下，问计于荀彧。荀彧说："显出宛叶，间行轻进。"就是大造声势，从宛叶进兵；而实际上，用奇兵从空虚之处迅速插入，迫降荆州。曹操从其计，果然兵不血刃下荆州。

以上七计，仅举其大要。荀彧从公元 191 年到公元 212 年，前后二十二年在曹操营垒中出谋划策，主持政务，举荐贤才，所立功勋，卓越无比。曹操曾高度评价荀彧的功劳，说："天下之定，彧之功也。"（本传裴注《别传》）

四、荀彧之死

荀彧替曹操出谋献策，共事二十余年，亲密无间。两人结成了儿女亲家，曹操女安阳公主是荀彧长子荀恽的妻子。但是，荀彧与曹操思想意趣有很大差异。荀彧出身世家大族，他佐曹操征伐，是希望这位曹丞相兴复汉室；曹操则是蓄谋异志。随着曹操逼宫步骤的加紧，两人逐渐产生了裂痕，甚至矛盾公开化。《献帝春秋》曾记载了当时的民间传说。据说伏后与其父伏完书，指责曹操杀董承，要伏完除掉曹操。荀彧知情不举。后事败露，曹操深恨之，就命荀彧去杀伏后，荀彧不从，于是自杀。《三国志》本传载，建安十七年（212），曹操讽喻董昭等建言晋爵为魏公，加九锡。荀彧表示了不同意见，他认为曹操"本兴义兵以匡朝宁国，秉忠贞之诚，守退让之实；君子爱人以德，不宜如此"。曹操很不满意。正好曹操出征，荀彧便留守京师，这次特地要他出京劳军，荀彧觉得十分意外，感到了曹操对他的不信任。荀彧怀着不安的心情出京，到了寿春，曹操又不让他到前线濡须去劳军。荀彧恐慌，不知所措，忧愁而死。《魏氏春秋》则说，曹操赠送点心给荀彧，打开一看是空的，示意一场空，荀彧就抑郁而死。

这些不同的记载都说明荀彧死得突然，内情隐秘。荀彧死时五十岁，正当年富力强之时，怎么会突然死去呢？无论是忧愁而死，还是吞药自杀，总之与曹操晋爵魏公的事有直接牵连。荀彧死后不久，曹操就晋爵为魏公。荀彧之死，没有改变曹操进逼汉室的野心。但是，荀彧不同于孔融。孔融旗帜鲜明地反对曹操；而荀彧却是曹操的首席谋士，因此荀彧之死给曹操代汉带来很大的心理影响。所以，曹操只好做周文王，而让其子曹丕来登基了。（赵全聪 张德芳）

郭 嘉

“郭嘉不死，卧龙不出”

郭嘉是曹操最得力的谋士之一。他通晓事理、足智多谋。在曹操与北方割据势力长期的战争中，他屡出奇计，“动无遗策”，为曹操集团由弱变强，先后击败吕布、袁绍父子及平定乌桓，最终统一黄河流域，做出重大的贡献。对于郭嘉的功劳，曹操曾由衷地评赞道：“平定天下，谋功为高。”

一、善择明主

郭嘉字奉孝，颍川阳翟（今河南禹州）人。年少时郭嘉就胸有大志，并且很有远见。他见天下将要大乱，自二十岁左右便隐居匿迹以待时日，同时秘密地与英俊之士结交往来，虽然并不为一般人所知，但见识高超的人对郭嘉的优异才干都十分赞叹，非常看重他。

郭嘉最初入仕，曾北上归附当时实力最强的袁绍。袁绍对郭嘉很敬重，并给予礼遇。但郭嘉与袁绍相处了数十日后，见袁绍不善用人，优柔寡断，绝非能消除战乱、统一天下的人，便毅然离袁绍而去。这时，曹操正由于心腹谋士戏志才之死而深感“莫可与计事者”，荀彧就向曹操推荐了郭嘉。曹操召见郭嘉并与他议论天下大事，询问攻打心腹之敌袁绍，有无胜利把握。郭嘉胸有成竹，侃侃而谈，从道义、用人、执法、用兵、决策等十个方面，把曹操与袁绍做了充分的分析和对比，认为曹操有十胜而袁绍有十败。郭嘉断言，虽然袁曹双方实力对比暂时是悬殊的，但就像刘邦与项羽争斗的结果一样，最后失败的必将是“虽兵强”却失道寡助的袁绍。曹操听后大笑，嘴里虽谦虚了几句，但内心却十分折服郭嘉的精辟议论。

接着，郭嘉又向曹操建议乘袁绍正攻打公孙瓒之时，先出兵攻打吕布，这样既可以扩大曹操集团的实力，又避免今后袁、曹决战时，吕布为支援袁绍从侧翼威胁曹军。曹操听完郭嘉这番话后，很赞叹他见解的精深，同时更赞赏他直抒胸臆的忠心，十分感慨地说：“使孤成大业者，必此人也。”郭嘉对曹操礼贤下士、虚心听取部下建议的做法，也留下了深刻的印象，当他走出曹操的府第时，大喜过望地说：“真吾主也。”从此，郭嘉便担任了曹操参谋军事之官——军师祭酒，为曹操的四方征战出谋献策，忠心效力。

二、计破吕刘

建安三年（198）九月，曹操采纳郭嘉之谋进攻吕布。曹军首战便攻破了吕布的重镇——彭城（今江苏徐州），俘获了彭城相侯楷；接着曹军进至下邳（今江苏睢宁西北），在下邳城郊与率骑兵前来迎战的吕布交锋，大败吕布，俘获了吕布的骁将成廉。吕布率军退入下邳城中，曹军乘胜围困攻城。吕布见势不妙，自率千余骑准备去袁术处求援，曹军再次击败吕布，粉碎了他突围请援的企图。吕布败后，缩回下邳城中坚守不再出战。曹操久攻不下，便想退军。郭嘉等人竭力劝说曹操继续攻城。郭嘉分析说："吕布虽骁勇但无智谋。现在他三战皆败，锐气已衰，三军本以将为主，但陈宫的主意一向来得慢，如今正好乘吕布的锐气尚未恢复、陈宫的主意尚未拿定之时，进军急攻，必定可以彻底打垮吕布。"曹操听后觉得很有道理，便一面挥军攻城，一面引来沂水和泗水灌淹下邳。同年十二月，曹军果然攻克了下邳，擒杀了吕布和陈宫。

建安四年（199），战胜了公孙瓒的袁绍已"兼四州之地，众十余万"，准备进军攻许（今河南许昌东）。同年十二月，曹操亲率大军屯驻官渡（今河南中牟东北），以便阻止袁军南下。这时，被刘表击败的袁术，将率败军经过下邳。曹操便派刘备率军到下邳邀击袁术。郭嘉听说后大吃一惊，赶紧阻止曹操，说："绝不能让刘备率军外出，一旦他外出必定会发生变乱。"这时，刘备已领军出发，曹操悔之不及。不久，刘备果然在下邳杀了曹操的徐州刺史车胄，屯兵于沛（今江苏沛县）反曹。曹操两面受敌，便打算迅速出军击败刘备，以便随后能全力对付袁绍，而部下的将领们都怕出征刘备时，袁绍乘机挥军从背后进攻。曹操沉吟难决，便向郭嘉问计。郭嘉分析说："袁绍向来优柔寡断，并且又多疑，必定不可能迅速做出反应进攻我军。刘备刚刚拥兵反叛，众心尚未收服，立足未稳，迅速进攻，他必败无疑，这样就能飞快地结束战斗，回师全力对付袁绍。这是改变决战前夕腹背受敌的困境，决定存亡的机会，绝不能失去。"曹操坚定了信心，于建安五年（200）正月从官渡挥军东征刘备，一举击败了刘备并"获其妻子"，生擒刘备的大将关羽，夺回了下邳。情况确如郭嘉所料，当曹军东征时，袁绍的谋士田丰竭力劝袁绍出军偷袭曹军之后，但袁绍没有采纳。

三、计斗二袁

《三国志·郭嘉传》称誉他"深通有算略，达于事情"。曹操每次出征，郭嘉都随从参谋军机，行军时总是与曹操并辔而行，议事时又与曹操同席而坐。每逢大家一起讨论军国大事，各种意见议论纷纷，郭嘉总能提出恰当的策略，并且从无失算。最可贵的是，他能保持自己独立的见解，绝不因违背众意便轻易放弃。这一优点，在征袁谭、袁尚之战中体现得比较充分。

官渡之战后不久袁绍病死。曹操乘胜进攻袁谭、袁尚，在黎阳（今河南浚县）大破二袁，曹军“连战皆克”，将领们都主张趁势彻底扫荡二袁。这时，郭嘉却力排众议，独建奇策。郭嘉为曹操分析了袁尚、袁谭之间的矛盾，认为二袁兄弟各拥重兵，又各有谋臣，彼此互不相容。如果对他们进攻得急，形势必然会迫使他们联合起来共同抵御；如果暂缓进攻，二袁必然内讧，使争夺继承权的斗争白热化。因此，郭嘉建议曹操回军南向，装作要进攻荆州的刘表，“以待其变”，等到二袁争斗两败俱伤时，再挥军进攻，“可一举定也”。曹操十分赞许郭嘉之计，便回军南进至西平（今河南西平西）。二袁果然为争夺冀州大打出手，袁谭被袁尚击败后，假意投降曹操借以为援。曹操立即乘势挥军北攻，各个击破，袁尚败后逃入辽西乌桓，袁谭则被擒获斩首。由于郭嘉的妙计，这一仗既轻松又顺利并大获全胜。至此，曹操完全平定了袁家势力的根据地——冀州。郭嘉由于建策有功，被封为洧阳亭侯。

四、荡定乌桓

征乌桓是曹操平定北方的最后一场大战。郭嘉在平定乌桓之战中，更是奇策伟略，神机妙算，大建功勋。

乌桓是古代居住在我国北方的一个少数民族。东汉末年，居住在今辽宁省西南部和河北省东北部的乌桓贵族，趁内地战乱之机，不断兴兵向内地骚扰，而北方的各路割据者都想利用乌桓作为混战中兼并对手的资本。例如：袁绍进攻公孙瓒时“连战不决”，难分胜负，而乌桓君长蹋顿“助绍击瓒”后，袁绍很快大破公孙瓒军。袁绍控制了黄河以北的整个地区后，更是竭力拉拢乌桓。袁尚败后逃到乌桓，便利用袁绍在这里的影响，企图依靠乌桓的力量卷土重来，恢复袁氏在黄河以北的旧有势力。

建安十二年（207），曹操准备率军北征乌桓。曹军将领都认为袁尚不过是“亡虏”而已，毫不足惧；且大军出攻乌桓，后方空虚，刘备必定会策动刘表派军袭击许都，“万一有变，事不可悔”（《资治通鉴》卷六十五）。在众议一致的反对声中，郭嘉再次独具慧眼，用透辟的分析阐明了平乌桓之役的可行性和重大意义。郭嘉首先指出乌桓远距中原，对曹军的远征必然毫无防备，而曹军乘其不备猝然进攻，可以稳操胜券。接着，郭嘉指出了及时远征乌桓，对于巩固曹军刚攻占的黄河以北地区具有重大的意义。他说：“袁绍长期统治黄河以北，积极拉拢乌桓贵族，河北吏士久受袁氏的恩惠。只要袁尚等袁绍的后人还在，对这一地区的稳定就存在着潜在的威胁。现在，我们刚攻占青、徐、幽、并四州，立足未稳，便丢开四州去南征，袁尚必然会凭借乌桓的兵力，卷土重来，这样的话，我们辛辛苦苦打下的青、冀等州恐怕就不再是我们的了。”最后，针对大家惧怕刘表偷袭的心理，郭嘉又分析了刘表与刘备之间的矛盾：“刘表不过是坐而论道之人。他知道自己驾驭不了刘备，委派刘备重任则怕制约不了他，轻任刘备又不会卖力替他干。这就决定了刘表的偷袭是实现不了的。现在，我们虽倾力远征，曹公也完全不必忧虑刘表。”

曹操听了郭嘉的分析后，坚定了进攻乌桓的决心，便迅速率军出征。大军行至易县（今河北雄县西北）时，郭嘉又建议说：“兵贵神速。现在我军千里奔袭敌人，携带的辎重多，这样是很难获胜的。况且敌人听到消息后，必定会防备。不如留下辎重，轻装倍道前进，乘其不备而袭取。”曹操立即采纳了郭嘉这一正确的策略，率轻兵出卢龙塞（今河北迁安喜峰口一带），劈山开路前进，直逼乌桓君长所居的柳城（今辽宁朝阳）。曹军距柳城仅一百多里时，乌桓君长这才发觉，仓促之间拼凑了数万骑兵来与曹军交锋，结果大败，乌桓君长蹋顿等被斩，“胡、汉降者二十余万口”；袁尚等逃奔辽东，不久也被辽东太守公孙康斩首。征乌桓一役大获全胜，这使曹操终于彻底清除了袁氏的残余势力，平定了北方，统一了黄河流域。

五、曹郭相知

郭嘉一向不甚遵从封建礼法，行为不太检点，大臣陈群等曾因此非议抨击郭嘉，并且屡次上告到朝廷。郭嘉对这些抨击和告状置若罔闻，依旧我行我素，泰然自若。郭嘉以其超群的智谋被曹操重用，也只有曹操这种雄才大略，才敢于使用郭嘉这类蔑视礼法的人。郭嘉很感激曹操对自己能尽才而用，对曹操统一中国的大业也竭尽忠诚。曹操对郭嘉也格外信任，甚至把比自己小二十多岁的郭嘉引为“相知”。鉴于身边亲信的谋士大都与自己年龄相仿，曹操对年轻的郭嘉寄予了无限的厚望，打算在平定天下之后，把身后的治国大事托付给郭嘉。

建安十二年，郭嘉随曹操平定乌桓之后，从柳城返军回中原。半路上，郭嘉不幸患病，病情迅速转重，曹操不断派人去探视，“问疾者交错”。不久，郭嘉病死。曹操亲自到灵堂去吊丧，悲痛万分。曹操用诗一般精练的语句道出了自己的无限哀伤和惋惜：“哀哉奉孝！痛哉奉孝！惜哉奉孝！”（本传裴注《傅子》）

郭嘉死后不久，曹操特地上表朝廷追赠郭嘉封邑。表中对郭嘉的功绩进行了全面的回顾，写道：“故军祭酒郭嘉，忠良渊淑，体通性达。每有大议，发言盈庭，执中处理，动无遗策。自在军旅，十有余年，行同骑乘，坐共幄席。东禽吕布，西取眭固，斩袁谭之首，平朔土之众，逾越险塞，荡定乌桓，震威辽东，以枭袁尚。虽假天威，易为指麾；至于临敌，发挥誓命，凶逆克殄，勋实由嘉。”（本传裴注《魏书》）曹操把这么多功劳都归于郭嘉，绝不过分。应该说，曹操之所以用兵如神，“仿佛孙吴”，其中像郭嘉这样的智谋之士为他运筹帷幄，起了很重要的作用。（李兆成）

程　昱

一位比武将还彪悍的谋臣

程昱，史称“世之奇士”。他多谋善断，是曹操的主要谋士。因保全兖州三城而被曹操视为心腹之臣；又以劝曹操据三城，绝袁绍，以图霸业而功著群僚。他在曹操势力发展的关键时刻，曾起过关键作用。

一、明察世事，敏于决断

程昱，字仲德，东郡东阿（今山东东阿）人。年轻时闲居乡里。黄巾起义时，县丞王度反叛响应，烧毁仓库，县城陷于混乱。县令无能，越城逃走，吏民纷纷出奔。王度见是一座空城，也弃城驻扎在西郊。程昱派人探知，便对县中大姓薛房等人说："王度没有坚甲利兵，势力不大，反叛闹事，不过是要掳掠财物而已。如今他弃城在外，我们何不回城据守？城墙高厚，多积谷米，找回县令，共同坚守。王度等乌合之众必不能持久。"薛房等人十分赞同这一主张，但是多数吏民担心遭到袭击，不肯回城。程昱便心生一计。他和薛房商定，秘密派人骑马到山上，举旗晃动，薛房等人就大喊"乱贼来了"，百姓必定惊慌逃跑，然后趁机把吏民带回城去。计行果然如此。回城后，他们找到县令，部署守城。王度看到吏民回城，就领人来攻。久攻不下，打算退兵。程昱趁其不备，领兵开门出击，杀得王度落荒而逃。东阿县因此保全。

初平二年（191），兖州刺史刘岱召辟程昱，程昱不愿出仕为官。当时，刘岱与袁绍、公孙瓒结亲，袁绍把他的妻子送到刘岱处居住，公孙瓒也派遣从事范方领骑兵来帮助他。后来，袁绍与公孙瓒发生冲突。公孙瓒击败了袁绍，就遣使告诉刘岱，令他送还袁绍妻子，断绝与袁绍的关系，而且还威胁说，如果刘岱不听从，他就调回骑兵，"将加兵于岱"。刘岱连日召集群下议计，不知如何是好。别驾王彧说："程昱有谋，能断大事。"于是，刘岱召见程昱，询问计谋。程昱首先分析了袁绍离东阿近而公孙瓒远，认为不应弃近援而求远助，然后指出，公孙瓒不是袁绍的对手，虽然暂时打败了袁绍，然而终将为袁绍所擒获。因此，如果取一时之利而不考虑长远之计，"将军终败"。刘岱于是拒绝了公孙瓒的要求。不久，袁绍果然在界桥打败了公孙瓒。刘岱非常赏识程昱，表他为骑都尉，而程昱称病谢绝了。

二、保全三城，功著群僚

初平三年（192）刘岱被黄巾军击杀。曹操入兖州，召辟程昱，程昱欣然应命。临行，同乡友人不解，问他："前拒后从，如此不同，何也？" 程昱笑而不答。曹操见到他，交谈后大喜，授以寿张（今山东东平）令一职。

曹操东征徐州时，程昱、荀彧等留守鄄城（今山东鄄城）。当时，张邈、陈宫等反叛曹操而迎吕布入主兖州。兖州郡县纷纷响应，只有鄄城、东阿、范（今河南范县）三县未动。为了夺取兖州全境，陈宫领兵去取东阿，同时派氾嶷取范城。荀彧得知消息，慌忙对程昱说："今叛乱遍及兖州，只有这三城在我们手中。若陈宫重兵围城，三城军心浮动，将被攻破。君，民之望也，去东阿和范县鼓动人心，大概可以稳定军心。"局势十分危急，荀彧要借重程昱在东阿一带的威望，遏止叛乱继续蔓延，稳住三县阵脚。

程昱到了范城，见到县令靳允，向他晓以守降的利害。程昱说："方今天下大乱，英雄并起，然而必定会有命世之才，来平息混乱。"自古至今，得主者昌，失主者亡。他希望靳允认清形势，选择良主而依。谁是良主呢？程昱指出：吕布"粗而少亲，刚而无礼，匹夫之雄也"；陈宫等人，更不足为伍。他们目前兵将虽众，终将失败，无所成就。而曹操"智略不世出，殆天所授！君必固范，我守东阿，则田单之功可立也"。如追随叛乱，违忠从恶，将家破人亡。何去何从，"愿君详虑之"！靳允听后，流涕曰："不敢有二心。"于是，杀掉来劝降的氾嶷，坚守城池。

程昱又到东阿，东阿令枣祗正率领吏民据城坚守。程昱就与兖州从事薛悌同心协力，多方谋划，保全了三城。兖州是曹操在军阀混战中拼力厮杀夺来的一块立足之地，倘若兖州全部丧失，他将无地依存，流离失所。所以，当曹操从徐州归来，得知还保全了三城，便拉着程昱的手，感叹道："不借助程公之力，我将没有地方可以去了！"于是，表程昱为东平（治所在今山东济宁南阳湖东岸）相，住在范县。

程昱小时，常常梦见自己登上泰山，双手捧着东升的红日。他很惊异，曾把此事告诉荀彧。当兖州叛乱，他全力保住了三城后，荀彧就把他双手捧日的梦告诉了曹操。曹操听后，明白程昱辅佐自己就如同双手捧日，高兴地说："卿当终为吾腹心。"程昱原名立，曹操就在"立"字上加一个"日"字，更名为昱。从此，程昱就成了他的正式名字。

曹操失去兖州大部，仅居三个小县，兵少粮缺，陷于困境。袁绍想趁机并吞他，就以"连和"为名，要曹操"迁家于邺"，受制于他。曹操进退维谷，便答应了袁绍的要求。程昱听说后大惊，他没想到曹操遇到困境就产生惧怕，竟然做出如此缺乏远见的决定，便去见曹操。他先问曹操："齐国的后裔田横，据千里之地，拥百万之众，曾南面称孤。后来汉高祖得天下，若他愿为降虏，你以为怎样？”曹操回答说：“此诚大丈夫之至辱。”程昱因此借题发挥道：“我愚昧，不识大旨。但我以为将军之志，不如田横。田横，齐国的一位壮士，犹羞为高祖之臣，守节而死。今闻将军欲遣家往邺，将北面而事袁绍。夫以将军之聪明神武，而反羞为袁绍之下，窃为将军耻之！”一席话，说得曹操面红耳赤，哑口无言。接着，程昱指出，袁绍占据燕、赵之地，早有兼并天下的野心，只是智力不逮，难以成功。他问曹操：“将军自己揣度，能够在他之下吗？”最后，程昱说：“今兖州虽然残破，尚有三城在手，能征惯战的将士，也有上万。以将军之神武，加上荀彧、我等谋士，再招贤征兵，是可以成就王霸之业的。愿将军重新考虑做出的决定！”曹操这才如梦初醒，于是放弃了投奔袁绍的所谓连和，重新振作，开拓基业。

三、劝操除备，料事如神

建安元年（196），曹操迁献帝于许，程昱为尚书。是时兖州尚未完全安定，曹操又以他为东中郎将，领济阴太守，总督兖州事务。不久，刘备来投奔曹操。程昱认为，“刘备有雄才而甚得众心，终不为人下”，劝曹操趁他羽翼未丰，及早除掉。曹操欲示天下宽仁，没有采纳。后来，曹操派刘备领兵去击袁术。程昱和郭嘉同时加以阻止，他说，刘备有异心，不杀则罢，但不可放走。曹操听后，很后悔，但已经来不及追回刘备了。刘备一走，就斩将叛曹。

官渡之战前，程昱领七百兵卒守鄄城。曹操担心他兵少，被袁绍攻破，打算派兵两千增援。程昱不要。他说：“袁绍拥兵十万，自以为所向无前，他见我兵少，便不放在眼里，也不会轻易来攻打。如果增兵，反而会引起他的注意而派兵攻城。攻而克之，白白地损兵失地。因此，愿主公不必忧虑！”曹操没有给程昱增兵，袁绍果然也不去攻鄄城。程昱的见识胆气，令曹操佩服不已。在袁绍兵败身死后，程昱收降逃兵，招兵买马，得精兵数千。然后领去与曹操会于黎阳，攻打袁谭、袁尚。打败袁谭、袁尚后，他官拜奋武将军，封安国亭侯。

曹操征荆州，刘备溃逃到孙吴的夏口。当时众将吏纷纷议论，认为孙权会趁此将刘备杀掉，以除后患。唯独程昱不以为然。他认为孙权年幼，在位不久，目前在海内的威名还不够。而曹公无敌于天下，又得到荆州，威震大江上下，孙权虽有谋略，却无法单独以一方的力量来抵挡。刘备素有英名，兼有虎将关羽、张飞，孙权必定会借助他们来对抗。因此，他预料将出现交战双方打得难分难解的局势。而到那时，刘备借机扩大了势力，孙权要杀他又不可能了。后来，事态的发展果然完全如程昱所预料的那样。

四、善处人际，功成身退

曹操征马超时，曹丕留守，令程昱参军事。其时，河间地区发生了田银、苏伯等人的叛乱。曹丕令将军贾信领兵讨伐。大军到后，叛军有一千多人请降。不少人主张按旧法一律斩首。程昱不同意。他说："过去诛杀降贼，是在天下混乱之时。包围叛贼，然后把出降的斩首，是示威于下，以使叛贼在不被包围时就投降。而今天下安定，叛乱又在邦域之内，他们只有投降一条路，杀了降人起不到震慑叛乱的作用，因而以前诛杀降贼的意义已经没有了。"他认为，即使要诛杀这批降贼，也当事先禀告曹操。众人不服，以为曹丕既然受命行事，有权做主，不用禀告。曹丕一时不能决断，又专门请教程昱。程昱说："在危急紧迫之时，可以专权行事，而此事不急，故老臣不愿将军如此专断行动。"曹丕认为，程昱的分析和考虑很周全，立即将此事禀告曹操。果然，曹操不同意诛杀降人。当曹操从关中回来，听说了事情的全部经过，很高兴，对程昱说："君不仅明于军计，而且善处人父子之间。"对他不挑动曹丕擅作主张，让他处好父子关系的态度很满意。

程昱认定曹操是一代明主，应当以自己的才策谋略，尽心辅佐，曾在曹操处境困难、情绪沮丧之时，替他分析形势，指明前途，建策图霸。曹操统一北方后，一天，拊着程昱的背说："当兖州反叛，我一败涂地之时，若不是君劝我绝于袁绍，哪里会有今天啊！"程昱在曹操集团处于关键时刻所起的作用，连曹操也不得不承认。

但是，程昱性情刚直，脾气乖戾，与同僚相处，往往不和。因此，他晚年知足而退。一天，他召集族人，大摆酒宴，然后说："知足不辱，吾可以退矣。"于是，自己上表曹操，归还兵权，从此闭门不出。

曹丕即帝位，仍以他为卫尉，并进封安乡侯，增邑三百户，加上以前的共八百户，还分封他的儿孙为列侯。就在这年，他以八十岁的高龄辞世，文帝为之痛哭，追赠车骑将军，谥曰肃侯。（谭良啸）

贾　诩

一个成功的“投机主义者”

贾诩是三国鼎立形成时期著名的谋臣，先后任董卓将牛辅、李傕、郭汜、张绣和曹操、曹丕的谋士。由于贾诩是凉州姑臧（今甘肃武威）人，所以最初委身于凉州军阀董卓部下，可谓投身非所。但他审时度势，不失时机地归附了曹操，参决谋议，不离左右，辅佐曹操统一了北方，做出重大的贡献。陈寿《三国志》把贾诩与荀彧、荀攸合传，给予了高度评价，称誉为“良、平之亚”。

一、随机应变，说绣归操

贾诩字文和，年少时就聪敏过人，有识之士称他有王佐之才。贾诩被地方举孝廉为郎，因病辞官归乡里。东汉一朝，凉州、关中长期闹羌人暴动，很不平静，后来被凉州大将段颎讨平，段颎因之做了太尉。贾诩回乡行至关中阳县（今陕西千阳）界，遭遇暴动的氐人擒拿，同行三十多人都将被处死。贾诩灵机一动，计上心来，伪称是太尉段颎的外孙，还说，如果放了他，氐人可以得到很多钱财，有什么要求，他可代为转达朝廷。暴动的氐人畏惧段颎，也要替自己留条后路，于是与贾诩结拜为兄弟，还护送他过陇山。其余的人全都遭到杀害。

公元 184 年，黄巾大起义，动摇了东汉的统治。凉州边章、韩遂趁机起兵反汉，割据了凉州。朝廷派司空张温督中郎将董卓往讨，于是贾诩投身董卓部下。公元 189 年董卓入洛，自官太尉，拜贾诩为太尉掾，迁平津都尉。关东兵起，又迁贾诩为讨虏校尉，佐助牛辅屯陕（今河南三门峡陕州区）拒关东军。王允诛杀董卓，不赦凉州将，一时凉州兵将乱成一团，牛辅被乱兵杀死。李傕、郭汜、张济等人也无主张，打算散伙去当强盗。贾诩说，如果散了凉州兵，一个乡间亭长就能抓获你们。与其让人抓获，还不如激励士众为董卓报仇，杀向长安，死中求活。李傕、郭汜等采纳了这一计谋，果然攻下长安，杀王允，劫持汉献帝，把持了朝政。贾诩被拜为尚书，典选举。贾诩运用这一要职，保护了不少汉官，起用了不少智能之士。由于李傕、郭汜争权，在长安交兵，自相残杀，凉州兵瓦解了。这时贾诩追随张济到了荆州。张济在荆州战死，这支凉州兵由张济侄儿张绣统率，贾诩做了张绣的谋士。

张绣在南阳与刘表连合，谋取许昌，成为曹操的心腹之患。建安二年（197），曹操南下亲征张绣。贾诩劝张绣降操。张绣对贾诩言听计从，降了曹操。贪淫好色的曹操见张济妻貌美，就纳为婢妾，因而激怒了张绣。贾诩又替张绣谋划偷袭曹营，杀得曹操大败亏输，亲军都尉典韦阵亡，折了长子曹昂，亡了侄儿曹安民。曹操本人伤了右臂，也差点失了性命。次年，曹操再次起兵亲征，围攻张绣。两军交战正难分难舍之时，袁绍打算南下偷袭许昌。曹操急忙退兵，又被贾诩用计让张绣追杀了一阵。

建安四年（199）冬，袁绍发动官渡之战，派使者联络张绣，并且致书贾诩。

贾诩却在宴会上公然对使者说："回去替我道谢袁本初，自家兄弟不能相容，怎么能容得下天下的国士呢？"贾诩的这番言论，杜绝了张绣投袁的去路，并说绣归操。张绣大惊道："袁强曹弱，我和曹操又有深仇大恨，怎么能去投他呢？"贾诩说："正因为袁强曹弱，才是归操的时机，曹操用人，你必得重用。他有王霸之志，必不计较个人私怨。"张绣听计，率众归操。曹操举行盛大宴会欢迎，与张绣握手言欢，结为儿女亲家，替二十二子曹均娶绣女为妻。张绣在官渡之战中立了功勋。曹操对贾诩更加器重，握着他的手说："使我的威信传扬天下，是你的功劳啊。"曹操立即表拜贾诩为执金吾，封都亭侯，遥领冀州牧。河北平定后，曹操自领冀州牧，迁贾诩为太中大夫，参决谋议，不离左右。

二、运筹帷幄，算无遗策

贾诩生于乱世，周旋于汉末军阀角逐之中，胸藏韬略，以智计安身，善画奇谋，算无遗策。听其言得利，逆其言受害。他更有自知之明，因为自己是董卓集团中人而投到曹操营垒，所以特别选择有利时机。当受到曹操重用后，仍然恭谦，总是曹操问计时才发表自己的意见。

袁、曹官渡之战，从建安五年（200）二月一直相持到十月，未决胜负。曹操问计于贾诩。贾诩说："你的英明超过了袁绍，勇敢超过了袁绍，用人超过了袁绍，当机决断超过了袁绍，但是相持半年未能取胜，这是因为你在敌强我弱的形势下打消耗战，阵地相持以求万全。只要你下定决心，不失战机，以奇取胜，胜负立绝。"一语提醒了曹操。于是，曹操下决心袭袁绍粮囤，果然一战功成，袁绍大溃。

建安十三年（208）曹操南下荆州，刘琮不战而降，刘备败于长坂，曹操并了荆州水军，声势大振。曹操一举下江东，欲建立盖世功勋，早日移迁汉祚，于是发动了赤壁之战。贾诩认为不可，对曹操说："明公昔破袁氏，今收汉南，威名远著，军势既大；若乘旧楚之饶，以飨吏士，抚安百姓，使安土乐业，则可不劳众而江东稽服矣。"（《三国志·贾诩传》）贾诩建议曹操休整荆州士众，在政治上发展荆州战役的声威，阻止孙、刘联盟，徐图进取，要不了几年即可统一江东。曹操没有听从，结果大败而归，葬送了荆州之役的大好形势，使刘备集团取得荆州、益州，造成了鼎足三分的地理均势，丧失统一大业的大好局面。

建安十六年（211），贾诩随曹操进兵关中，势如破竹，连连得胜。马超自知不是曹操对手，要求派送质子，割地求和。曹操又问计于贾诩。贾诩建议道："将计就计，离之而已。"曹操心领神会，用贾诩离间之计，大破韩遂、马超，占有关中。

建安二十五年（220）曹丕建魏，拜贾诩为魏太尉。曹丕问贾诩："我想统一天下，吴、蜀两国，当先征伐哪一国呢？"贾诩说："魏国初建，首先是建本树德，搞好内政，以待天下之变，则统一之功并不难。吴、蜀两国虽小，但刘备有雄才，诸葛亮善治国；孙权识虚实，陆逊善用兵，魏国群臣中还没有哪个是刘备、孙权的对手。用兵的妙诀，就是事前预计，有必胜的把握，然后才打仗。想打胜仗，就要估量敌人，了解双方指挥将领的素质，这样才能做到算无遗策。"贾诩的精辟分析，是他对即将出现的三国鼎立的形势发展做出的准确的估计。然而，曹丕没有认真采纳贾诩意见，大举伐吴，亲临大江，结果无功而还。

贾诩卒于魏黄初四年，即公元 223 年，享年七十六岁。（胡幼琼）

刘　晔

三朝元老，“佐世之才”

刘晔，字子扬，淮南成德（今安徽寿县东）人。出身于名门望族，历仕曹操、曹丕、曹叡三朝，是曹魏智囊团中的重要谋臣之一。

一、胆略超群

刘晔年少时就志气不凡。七岁时，其母病危，临终告诫他：“你父亲的宠妾有谄害之性，你长大了替我把她除掉。”刘晔牢记母亲遗言，十三岁时果真杀了父妾，跑到母亲墓前祭拜。这事使得全家惊恐。父亲大怒，派人捉拿他。刘晔并不惊慌，拜谢父亲说：“这是亡母的嘱托，我不得不除，请父亲责罚。”父亲见他行事果断，又敢负责任，内心里很赞赏，也就不再责怪。汝南名士许劭十分称赞刘晔，认为他有“佐世之才”。

刘晔不仅有谋，还有几分豪气。他二十多岁时，扬州地方有许多拥兵自重的割据者，如郑宝、张多、许乾等，都各拥部曲。其中郑宝更是一方之霸，他阴谋驱略淮南百姓到长江之南去占山为王，但又怕引起公愤，于是迫胁刘晔出面倡导。刘晔也正想借此机会铲除郑宝，却苦无良策。恰好这时曹操派使者来扬州察看。刘晔于是邀请使者来家做客，告知郑宝，诱其下山。郑宝果然带领数百人牵牛治酒来拜候使臣，观其动向。刘晔见时机已到，便令家僮将郑家的数百随从安排在中门外坐，设酒饭招待，另请郑宝到内室喝酒，秘密吩咐手下人在敬酒时砍杀郑宝。然郑宝性不甘酒，对眼前情形，观察得很清楚，敬酒的吓得不敢下手。此时，稍有怠慢就会发生变故。刘晔就自拔佩刀砍杀郑宝，斩其首级，威胁郑宝随从兵众说：“曹公有令，敢有乱动者，与郑宝同罪。”众兵士见状，惊恐万分，纷纷奔逃回营。当时，郑宝营中还有其他将领和精兵数千，刘晔立即乘郑宝的马，率数名家僮，径直来到郑宝营门，对其首领恩威并施，喻以祸福，劝降了郑宝部属。刘晔进一步安抚众人，于是皆心悦诚服，推他为主帅。刘晔不便拥兵，把这支队伍全部交归庐江太守刘勋。

当时，刘勋在庐江势力较大，成为意欲称霸江东的孙策的眼中钉。孙策见刘勋贪婪而无远见，便派使者卑辞奉献，劝刘勋伐上缭，以便调虎离山。孙策使者说：“上缭很富足，因屡次欺侮我小国，我们想借你的兵士报仇，为你的外援，灭了上缭全归庐江。”刘勋听此言，又得孙策奉献的许多珠宝、葛布，大喜。全军庆贺，只有谋臣刘晔面带愁容。刘勋问其故。刘晔说：“上缭地方虽小，但城坚池深，易守难攻，若孙策乘其空虚，袭我后方，则主公大势去矣。”贪利的刘勋哪里肯听，兴兵伐上缭。孙策果然乘虚袭其后，刘勋穷迫，只好去投奔曹操。不久，刘晔也投归了曹操。

二、建功汉中

刘晔归曹，献策一举征灭庐江宗帅陈策，被辟为司空仓曹掾，不久转为主簿，后又任行军长史兼领军，成为曹操的亲信智囊之一。建安二十年（215），刘晔随曹操征汉中张鲁。汉中“户出十万，财富土沃，四面险固”，北通关中，南扼巴蜀，西接陇右，东南与荆州相连，具有重要的战略地位。张鲁在汉中割据三十余年，不愿臣服曹操，率众数万，在褒斜南口阳平关“横山筑城十余里”，拒关坚守（《三国志·武帝纪》）。号称“汉中盆地西端门户”的阳平，是个易守难攻的险关。《水经·沔水注》云：“城因即峭岭，周五里，东临谷，杳然百寻，西、北二面，连峰接崖，莫究其极，从南为盘道，登陟二里有余。”曹操本来听凉州从事和武都降人讲，“张鲁易攻，阳平城下南北山相远，不可守也”（《资治通鉴》卷六十七），但亲临阳平，才知事实与传闻截然相反。曹军“攻阳平山上诸屯，山峻难登，既不时拔，士卒伤夷者多，军食且尽，操意沮，便欲拔军截山而还”（同上）。曹操带兵先退，下令刘晔督察后军顺次退出。眼看夺取汉中的愿望就要成为泡影，刘晔却飞驰至曹操跟前，提出了“不如致攻”的建议。刘晔认为，现在军中粮道不继，返途又很漫长，此时退回，军队会损失很大，而且，他料定，大军这一撤退，敌方防守必然松懈，正可利用这个机会。果然，“贼见大军退，其守备解散。公乃密遣解慓、高祚等乘险夜袭，大破之，斩其将杨任，（张）鲁溃奔巴中，巴、汉皆降”（《三国志·武帝纪》）。刘晔的一点谋略，竟成就了夺取“蜀之股臂”巴、汉的大事。

这时，刘晔又建议一鼓作气乘胜南进消灭刘备，他分析，刘备“得蜀日浅，蜀人未恃也”“今举汉中，蜀人望风，破胆失守，推此而前，蜀可传檄而定”“若小缓之，诸葛亮明于治而为相，关羽、张飞勇冠三军而为将。蜀民既定，据险守要，则不可犯矣。今不取，必为后忧”。当时，刘备正在公安与孙权对峙争夺荆州南三郡，蜀中空虚，听说曹军杀来，一日数十惊，这的确是取蜀的好时机。可是曹操没有采纳，却匆忙还军邺城，去搞什么“亲耕籍田”。失之毫厘，差之千里。一个失误，竟养成了与之对峙了半个世纪的蜀汉，这确实是曹操所未曾料及的。

三、嘉谋被沮

黄初元年（220）魏文帝曹丕执政，刘晔为侍中，赐爵关内侯。有消息传来，孙权袭杀关羽夺荆州。文帝就此诏问群臣，刘备是否会出兵报关羽之仇。众臣都说："蜀是小国，名将只有关羽。今羽死军破，国内忧惧，不可能再出兵了。"刘晔力排众议，以充分理由分析道："蜀国中狭小贫弱，但刘备想威武自强，势必出兵显示其自身强大。并且，关羽和刘备，义为君臣，恩犹父子，关羽死而刘备不能为他兴兵报仇，于始终之分不足。"

果然，刘备亲率大军攻打东吴。东吴全国动员以抵抗，另派使者向魏国称臣，于是魏国满朝庆贺。刘晔头脑冷静，他提醒文帝："吴国有长江、汉水阻绝，远隔难通，不臣服之心久矣。陛下虽德齐有虞，然孙权丑虏之性，未有所感。"所以，刘晔认为"东吴现在外有强敌侵犯，内又民心不稳。更害怕我乘机讨伐，故委地求臣。一可以推却我国之兵，二可以借我国名威加强军队信心疑惑敌人。孙权善用兵，见策知变，其计必出于此"。他接着说："如今三分天下，魏有其二，吴、蜀两国各占一州。一个以山为险阻，一个依水为天险。如有危急，互相救援，此小国之利也。现今却互相攻击，天亡之也。"刘晔力谏文帝抓住时机，"宜大兴师，渡长江袭击东吴。蜀攻其外，我袭其内，那么吴国的灭亡不出一月了。吴亡则蜀孤，其还能久存吗？若一旦纵敌，必为兵患"。他要文帝详察这些情况。文帝考虑的则是另外的问题，他说："人称臣降而伐之，必使欲降者疑惑，惧怕而不敢来，这是不可行的。"还说："我何不暂且接受吴国的投降，去袭击蜀国后方呢？"刘晔回答："蜀远吴近，而且蜀国一听我们出兵讨伐他，一定会迅速撤军。现在情形，刘备已怒火冲天，故兴兵击吴，闻我伐吴，知吴必亡，必喜而进，与我争割吴地，不可能控制怒火，改变策略去救援吴国，这是必然的。"然而，文帝却不加采纳，坚持己见，接受了孙权的臣服。黄初三年（222），刘备被吴将陆逊打败。吴国解除危险，对魏所有臣下礼节全废。文帝欲兴兵问罪，刘晔出来劝阻："彼新得志，上下齐心，又有江湖阻隔，难以很快获得成功。"文帝不听，于黄初五年（224）亲率兵到广陵、泗口，欲以大国威风震慑孙权，令其听指挥。正如刘晔所料，孙权并不理会。时江水盛涨，文帝望见感叹说："魏虽有武骑千群，无所用之，未可图也。"（《资治通鉴》卷七十）回到国内，这才信服刘晔，要他制订消灭吴、蜀二国的方略。

刘晔不仅谋略高超，还善于识人。延康元年（220），蜀将孟达因不救关羽，惧祸烧身，遂率部投降魏国。孟达有仪容举止和才干，得到魏文帝器重和偏爱，任为新城太守，加散骑常侍。刘晔观察孟达言行，指出孟达有苟得之心，恃才好术，必不会对魏国感恩怀德。他对文帝说："新城与吴、蜀相连，若有变异，会给国家造成祸害。"希望能换人去新城做太守，文帝又没有采纳。后来，诸葛亮北伐，孟达果然叛魏。幸亏司马懿及时出兵平叛，杀了孟达，才没有酿成大祸。（梅铮铮）

田　畴

宁死不受封赏的风骨名士

在官渡之战前后，黄淮地区一大批豪强地主和世族名士相继投向了曹操一方，帮助曹操统一了北方，为曹魏立国奠定了基础，把历史朝三国鼎立的方向推进了一大步。这些拒袁投曹的人物中，有一位兼具豪强与名士双重身份的人物，他就是田畴。

一、胆识过人的青年使者

田畴，字子泰，右北平郡无终（今天津蓟州区）人。喜读书，善击剑。他青年时期，正值黄巾起义失败后，各地大小军阀趁机扩充实力，火并不已；有的豪强地主筑坞自保，逞雄一方，东汉政权名存实亡。田畴的家乡属幽州辖区，幽州牧刘虞是汉室宗亲，颇有“勤王”之志。他与拥兵自重的公孙瓒不和，又曾经开罪于韩馥、袁绍等军阀，感到处境孤危。他想派人到长安朝觐皇帝，但因干戈扰攘，使命艰难。左右的人推荐二十六岁的田畴做使者，刘虞就备礼召请，任命田畴为从事，配备了出行的车马。临行前，田畴向刘虞建议道：“现在道路阻隔，强盗纵横出没。若打着出使官员的旗号，将会被人指名道姓，传扬开去。请允许我以私人身份出行，可望到达长安。”刘虞应允。田畴回去，挑选家客和勇壮青年二十人组成骑兵，刘虞亲自送他们上路。

田畴等人没有照常往南走，而改道西面的居庸关，出塞沿北山（即阴山）直奔朔方（今内蒙古五原）。然后，由小路抵达长安，呈上了刘虞的表章。朝廷下诏拜田畴为骑都尉，他固辞不受。朝廷高度评价他的忠义，太尉、司徒、司空三府同时征辟，他都不就，得到朝廷批复，立刻驰回。可是，田畴尚在归途中，刘虞已为公孙瓒所害。田畴到后即祭奠拜谒刘虞之墓，在墓前陈发朝廷封赠的诏文。公孙瓒闻之大怒，悬赏捕获田畴，责问他为什么径自去哭刘虞之墓，不送诏文给自己。田畴并不畏惧，反而指斥公孙瓒：“杀害了无罪的长官，又与其僚属结仇。这样行事，燕赵之士都将跳东海自杀，岂有忍辱屈从之士？”公孙瓒囚禁了他，后经人劝说，才予以释放。

二、率族自保的一方豪帅

田畴回到家中，率领全家族和外姓依附者共几百人，迁徙到徐无山（今河北玉田）中，营建深山险要处，择平敞之地而居。田畴亲自耕作奉养父母。百姓逃难来归附，数年间多至五千余家。大家一致推举田畴主持众人之事，他倡导立公约加以管束，规定杀伤、盗窃的处罚以及打官司的办法，包括死罪、抵偿等法令二十余条；又制订婚嫁礼仪，兴办学校。颁布实行后，地方安静，以至于道不拾遗。这样，田畴便成为拥有部曲的一方豪帅。他的威信远达于乌桓、鲜卑等少数部族，他们各派翻译和使者送来贡品和礼物。田畴均安抚接待，教他们不再抄掠。袁绍也想拉拢利用他，屡次召请，授以将军印。袁绍死后，其子袁尚又召请，田畴始终不去。

三、善辨大局、谙熟军事的有识之士

公元 207 年，曹操率大军北征乌桓，未抵无终，先派使者请田畴出山，又命他的军谋掾委婉致意。田畴命部下快去整理行装，唯恐向曹操报到迟了。这是因为他早已打定了投曹的主意。在此以前，好友邢颙曾告诉他，要先行一步，投曹去做一番平定天下的大事业。田畴就赞扬他是“民之先觉”。当时，有势力的豪强和有名望的士大夫都在观测政治风云，决定自己的去就。稍有眼光的人，大都看出袁绍非托身之主，因为“绍貌宽而内忌，任人而疑其心”（《三国志·荀彧传》），连袁绍的部下，如荀彧、郭嘉、许攸、张郃等，都先后叛归曹操，尤其是官渡之战后，客观形势已经不允许田畴再观望等待了。

曹操任命田畴为司空户曹掾，让官员带领来见自己，向他询问军事。经过交谈，曹操说：“这样的奇才不是我可以使唤的吏员。”于是，举为茂才，拜为蓨令，随军顾问。时值夏季多雨，滨海低洼积水，道路泥泞不通。乌桓又在山上据险扼守，大军不得前进。曹操感到很棘手，问田畴有何良策。田畴说：“这条路常有积水，浅处不通车马，深处不载舟船，这种困难已经很久了。北平郡的旧治平冈，县境有著名的卢龙道。由此道出卢龙塞，可达乌桓首领蹋顿驻扎的柳城。自光武帝时，通柳城的路已塌陷不通，至今近二百年了。不过，有隐蔽小路，可以摸索前行。目下，乌桓会以为大军到无终，遇阻而退，因而防守松懈。如果我们悄悄回军，从卢龙口越过险峻的白檀山，进入无人地带，路近而便。趁其不备，突然袭击，一战可以取下蹋顿的首级。”曹操采纳了这个计策，下令退兵，在水侧路旁的大树上题字做了标记：“现在暑热，路不通，等到秋冬再进军。”蹋顿派出的侦探骑兵看见标记，信以为真。曹操命田畴率部曲为向导，上徐无山，出卢龙塞，过平冈，登上白狼堆。曹军距柳城二百里，乌桓才惊奇地发现。这时，袁绍之子袁尚已败投乌桓，遂与蹋顿率兵前来迎战。曹军阵斩蹋顿，袁尚和少数溃兵逃到辽东太守公孙康那里，也全被斩首。

田畴献策袭破乌桓，是他对曹魏，也是对历史做出的最重要的贡献。乌桓本是汉代一个强大部落，汉初，曾被匈奴破灭其国。后乌桓反抗，与匈奴发生战争。公元前 78 年，汉朝的大将军霍光派度辽将军范明友追击匈奴，趁乌桓战后疲弱，加以袭击杀戮。乌桓自此与汉结仇，数次攻入塞内。东汉初，大批乌桓部众虽内附，但时叛时服，整个北部边境常受侵扰。尤其是当年内附后多移居辽东、辽西、北平三郡的乌桓部族寇略这三郡更厉害。东汉末，乌桓各部以蹋顿为首的一支最强悍，蹋顿统率三郡乌桓，袁绍曾结其为外援。袁绍官渡败死，袁尚率残部投乌桓。曹操袭破乌桓，彻底消灭了袁氏残余势力，肃清了边境，稳定了新占领区的局势。他南下与刘表、刘备、孙权等争天下，就没有后顾之忧了。因此，田畴的献策，确为曹操立了大功。同时，由于消除了三郡乌桓的侵扰，那里的人民得以安宁从而发展生产。

四、立功辞爵的名士风度

曹操破乌桓，论功行赏，封田畴亭侯，食邑五百户。田畴认为自己率族入山本为避难，志向和名节上未显扬，以小功图小利违背他的初衷，坚辞不受。曹操理解他的心情，允许他辞去爵赏。

公孙康送来袁尚的首级，曹操下令："三军有敢哭之者，斩！"田畴以为袁尚曾召辟过自己，便去吊祭，曹操也没有过问。田畴将家属及族人三百余家迁到曹操的大本营邺城，曹操赐予车、马、谷、帛，他全部散给族人故旧。后来，曹操追念田畴功劳特殊，后悔自己当初允许他辞去封爵，是成全一人的名节，而损害了臣子必须服从君主任命的大法。于是，曹操又要以原爵封他。田畴上书陈情，以死自誓。曹操不许，要带他到皇帝那儿直接拜爵，前后四次，他仍不肯受封。纠察官员弹劾他洁身自好而违背臣节，只图博取美名，应该送官处以刑罚。曹操为慎重起见，把此事交由儿子曹丕与大臣们广泛讨论。曹丕等人认为，最好不要强迫他受封，而表彰他的节操。曹操又让夏侯惇劝其受封，田畴知道来意而不说话。夏侯惇在他那里住了一宿，第二天临别，抚摩田畴的肩背，恳切地说："田先生，主上如此殷勤，难道你不念这一片好意吗？"田畴说："我岂能卖卢龙换取爵禄？您是了解我的，还来强迫我。若不得已，请让我自刎在您面前，以明心迹！"夏侯惇只好回去复命。曹操知道田畴不会屈从，就拜他为议郎。公元 214 年，田畴四十五岁，病卒，到底没有接受封侯之赏。（王天顺）

钟 繇

汉家功臣，魏室元勋

钟繇，字元常，颍川长社（今河南长葛东北）人。东汉旧臣，曹魏元勋，历仕三朝，位列三公，道德、学问均著称于世。他不仅为曹魏名臣，也是三国时代的著名学者。

一、策帝东迁，立功封侯

钟繇出身于颍川望族，其家世善刑律，祖父钟皓为海内知名的学者，“博学诗律”，教授门生千余人。其父钟迪为郡主簿，后因党锢牵连，退出仕途（《后汉书·钟皓传》）。钟繇小时候曾和叔父去洛阳，路遇相面者，谓其有贵相。钟繇少而好学多才，为人机敏，喜谈笑。后任郡功曹，被以荐贤著称的太守阴修所赏识，举为孝廉，先后在东汉朝任尚书郎、阳陵令，后辟三府为廷尉正、黄门侍郎。

当时，董卓已死，李傕、郭汜等操纵朝政，而关东诸侯割据自立，不尊汉室。这时，兖州牧曹操首派使者来长安，上书致命于天子。李傕、郭汜以为曹操实无诚意，要扣其使者。钟繇力劝傕、汜，说曹操忠心汉室，应予鼓励，而不应拒绝其好意。李傕、郭汜采纳了这一建议，对使者厚加款待，并予答报，这样曹操使命得通，方和朝廷有了联系。后曹操闻此事，加之荀彧以前也一再称赞钟繇，曹操就更加倾慕其为人和才干了。

兴平二年（195），钟繇又与尚书郎韩斌等共同策划，帮助献帝逃离长安，东奔洛阳。钟繇从行，拜御史中丞，迁侍中、尚书仆射。建安元年（196），作为护驾十三功臣之一，被封为东武亭侯。不久，献帝迁许，钟繇成为曹操重要谋臣。钟繇多智多谋，为荀彧所推重。一次曹操问荀彧：“谁能代卿为我谋者？”曰：“荀攸，钟繇。”可见钟繇也为曹操智囊团重要人物。

二、经营关中，平乱河东

建安二年（197），曹操欲东击吕布，又恐袁绍西扰关陇，南诱蜀汉，与之抗衡。曹操想物色一个人物去镇抚关中。荀彧向曹操推荐钟繇，说：“侍中、尚书仆射钟繇有智谋，若属以西事，公无忧矣！”于是，曹操表钟繇以侍中守司隶校尉，持节督关中诸军。钟繇至长安，移书马腾、韩遂等，抚以恩德，为陈祸福。于是，马腾、韩遂表示要效忠朝廷，并各遣子入侍为质。这样，曹操消除了西顾之忧，得以放手争夺中原。

钟繇暂驻弘农（今河南灵宝西），以抚关中。时经战乱，关中荒芜，人民几乎散尽，钟繇招纳流亡，供给耕牛、农具，使勤耕积粟，经济得以恢复。建安五年（200），曹操在官渡与袁绍决战，钟繇又送马一千匹给前线，供作战之用，大大增强了曹操的骑兵实力，对战争的胜利起了重大的作用。后曹操给钟繇的信中，将其比为汉之萧何，赞曰："得所送马，甚应急。关右平定，朝廷无西顾之忧，足下之勋也，昔萧何守关中，足食成军，亦适当尔。"

建安七年（202），曹操率军击河北袁尚、袁谭。袁尚派所置河东太守郭援与并州刺史高干率军数万人，进攻河东。并遣使争取关中诸将联合反曹，诸将犹豫未决，欲拥兵观望成败。时匈奴南单于起兵据平阳（今山西临汾西南）以应之，钟繇率诸军围平阳。城未拔，而郭援率兵来救。其众甚盛，所经城邑皆下，部下诸将恐不胜，欲撤围避其兵锋。钟繇说："袁氏方强，（郭）援之来，关中阴与之通，所以未悉叛者，顾吾威名故耳，若弃之去，示之以弱，所在之民，谁非寇仇，纵吾欲归，得其至乎！此为未战先自败也。"又说："援刚愎好胜，必易吾军，若渡汾为营，及其未济击之，可大克也。"此前，钟繇又派张既去争取马腾之援。张既为陈利害，说服了马腾，于是马腾派其子马超率精兵万人与钟繇军会合。

不久，郭援率军至，未知虚实，即欲渡汾，部下阻之，不从，渡河未半，钟繇率军截击，大破之。战后，众人均言郭援已死，而不得其首。晚后，马超部将校尉南安庞德，从鞬中取出其手斩之一人头，却为郭援头。郭援为钟繇亲外甥，故繇见之而痛哭，庞德深表歉意，钟繇说："援虽我甥，乃国贼也，卿何谢之有！"之后，南单于也举城降。

建安十年（205），已降曹之并州刺史高干复反，河内张晟、弘农张琰等起兵应之，河东官吏卫固、范先也发兵作乱。钟繇复率部下及关中诸将合击张晟等，破之，斩张琰、卫固，其余党徒赦之（《三国志·张既传》）。

建安十六年（211）三月，曹操为消灭关中割据势力，派钟繇声讨汉中张鲁，夏侯渊等将兵出河东，与钟繇会合入关。马超、韩遂等被逼，皆反。七月，曹操率诸军进攻关中，由于钟繇的多年经营，关中及司隶校尉所属之河东等郡农业恢复，民户增加。曹操"得以为资"，很快击败马超、韩遂，取得关中，曹操表钟繇为前军师。

三、助魏建业，历仕三朝

建安二十一年（216）五月，魏公曹操晋爵为魏王。八月，钟繇被任为魏相国。钟繇担任此要职首先是因为他忠于曹操，为魏国的建立立了大功。再一个因素是他与魏太子曹丕关系密切。他们为文字之交，常有书信往来，钟繇曾送美玉给曹丕。当钟繇就任相国职位时，曹丕特赐其五熟釜，以示笼络，上面铸有这样的铭文："于赫有魏，作汉藩辅，厥相惟钟，实干心膂。"表明其对钟繇之依重。并为此事，与钟繇书说："今执事寅亮大魏，以隆圣化，堂堂之德，于斯为盛……故作斯铭，勒之釜口，庶可赞扬洪美，垂之不朽。"（本传裴注《魏略》）显然，这是为了代汉时能得到上层士族领袖钟繇的全力支持而拉拢钟繇的举措。

当时，沛人魏讽才华出众，倾动邺都，被钟繇辟为西曹掾。建安二十四年（219）九月，忠于汉室的魏讽与陈祎等人密谋起兵袭邺，响应关羽。谋泄，魏讽等数十人被杀。钟繇因此受累，免官归第。

钟繇罢官后，仍和曹丕有密切书信往来。时孙权称臣，斩关羽首，献予曹操。曹丕手书钟繇，告诉此事。繇答书曰："臣同郡故司空荀爽，言人当道情，爱我者一何可爱，憎我者一何可憎。顾念孙权，了更妩媚。"不久，曹操逝世，钟繇复任大理（即廷尉）；曹丕称帝，钟繇仍为廷尉，并进封乡侯。黄初四年（223）迁为太尉，转封平阳乡侯。

时魏文帝以个人私怨，欲枉法诛治书执法鲍勋。钟繇领头，与大臣华歆、陈群、辛毗、高柔等并表勋父鲍信在兖州有助于太祖，请赦之。后，事虽不果，但说明了钟繇为人正直，敢于主张公道。

钟繇性格刚正。晚年时其妾张氏妊娠，嫡妻孙氏下毒欲害之。事觉，钟繇休其嫡妻。时卞太后使文帝下诏令繇复妻。钟繇恚愤，欲自杀未果，文帝乃止。后张氏生钟会，钟繇另娶嫡室贾氏。

当时，钟繇与司徒华歆、司空王朗均功高德茂，并为先世名臣、士族领袖，文帝对他们十分尊重，曾对左右说："此三公者，乃一代之伟人也，后世殆难继矣！"

钟繇生平雅重荀彧、荀攸。他曾将荀彧比为孔门之颜回，说："颜子既没，能备九德而不贰其过，惟荀彧然。"（《三国志·荀彧传》裴注《魏氏春秋》）又与荀攸有深交，佩服其多智，赞之曰："我每有所行，反复思惟，自谓无以易之，以咨公达，辄复过人意。"（《三国志·荀攸传》）（吴洁生）

任 峻

曹操的粮草军备队长

任峻，字伯达，河南中牟县人，是三国时期政治舞台上的一名有识之士。他是曹魏屯田制的具体执行者，在恢复和发展北方农业生产中起了重大的作用，为曹操统一北方奠定了经济基础，得到过曹操的高度评价。史称：“军国之饶，起于枣祗而成于峻。”

汉末时期关东地区一片混战。中牟县令杨原担惊受怕，欲弃官避难。任峻具有政治家的见识，他对杨原说，董卓始乱天下，人民无不痛恨，至今之所以还没有起来反抗，是因为无人带头。他劝杨原起来倡议，必定有人附和。杨原问他具体怎么办，任峻道："今关东有十余县，能胜兵者不减万人，若权行河南尹事，总而用之，无不济矣。"杨原接受他的建议，让任峻为其主簿。不久，任峻便向朝廷上表，奏请任命杨原代理河南尹一职，让各县带兵坚守，抗击叛乱。

中平六年（189），曹操起兵反董卓，进入中牟县境后，当地人不知所归。唯有任峻与同郡张奋认为曹操是一代雄杰，甘愿"举郡以归太祖（指曹操）"。任峻还率领其宗族、宾客及部曲数百人归附曹操。曹操大悦，上表朝廷，拜任峻为骑都尉，又把自己的堂妹嫁给任峻，把他当成亲信加以任用。每当曹操出征讨伐，都让任峻留守后方，以供军需。

北方久经战乱，土地荒芜，哀鸿遍野，民不聊生，农业与经济遭到惨重的破坏。史载："谷一斛五十余万钱，人相食。"加之灾荒连年，军需严重不足，直接威胁着曹操的统一大业。这时，谋士枣祗等向曹操提出建议，实行屯田。曹操赞许，立即授命任峻为典农中郎将，具体统管屯田事务。任峻大量招募流民，在许都（今河南许昌）实行屯田。又命令各郡国置屯田官，负责当地的屯田事务。几年光景，大见成效，基本上消除了饥荒，"仓廪皆满"，使北方的农业经济得到一定恢复。建安五年（200），袁、曹官渡决战，曹操派任峻掌管兵器和粮食运输。在运粮过程中，曾多次遭到袁绍军队的攻杀抢掠。于是，任峻以兵马布阵设防，阻挡了敌军的寇掠，保障了前方军队的供给，使曹操能够顺利地战胜袁绍，赢得官渡之战的全胜。为了表彰任峻的功绩，曹操再次奏请朝廷封任峻为都亭侯，食邑三百户，并且官迁长水校尉，秩比二千石，掌管宿卫军队。（贺游）

陈　群

九品中正制的开创者

陈群，历仕曹操、曹丕、曹叡三朝，曾受曹丕托孤之重，辅佐明帝。其间，数有进谏，竭忠尽职。他创立的九品官人法，是一种曾经在我国历史上有相当影响的选举制度。陈群为曹魏大臣，瞩目当世。

陈群，字长文，颍川许昌（今河南许昌）人。祖父陈寔、父亲陈纪、叔父陈谭都名重于世。他少年时，就显出异乎常人之处，祖父很惊讶，常对族中父老说："此儿将兴旺我陈氏家门。"孔融为当时高才，年龄在陈纪、陈群父子之间。他先与陈纪结识为友，后又与陈群交往，由于陈群的才识不比他差多少，他便改把陈纪当长辈。陈群的名气也就越来越大了。

刘备到豫州，辟陈群为州别驾从事，时逢陶谦病死，徐州吏民迎刘备去主持州事。刘备打算去，陈群劝阻说："袁术势力强大，你去后他必定领兵来争徐州。那时，吕布若又从后面袭击，你即使得到徐州也不会有所作为。"刘备不听，去徐州后果然遭袁术和吕布夹击，一败涂地。他悔恨没有听从陈群的劝告，便推荐陈群为秀才，授任柘县（今河南柘城）令。陈群不愿接受，随父亲避难徐州。

建安三年（198），吕布破败，曹操入主徐州，辟陈群为司空西曹掾属。有人推荐王模、周逵二人，曹操下文授职。陈群知道二人品德败坏，不可任用，就把曹操关于征辟二人的命令封好退回，陈述了自己的意见，曹操不听。后来，王、周二人为非作歹，犯下罪行，曹操便向陈群赔礼致歉。当时，陈群也推荐了两人，一个戴乾，后来为国尽忠而死；一个陈矫，成了一代名臣。于是，陈群获得有知人之明的好评。此后，他先后任萧（今安徽萧县）、赞（今河南永城）、长平（今河南西华）等县县令。次年六月，其父亡故，便辞官归家守丧。丧事办完，被授以司徒掾，后又升任治书侍御史，又转为参丞相军事，做了曹操的高级幕僚。建安十八年（213），曹操封魏公，陈群升任御史中丞，成了执掌奏劾不法的大臣。

曹操打算恢复肉刑，他让群臣讨论，并问陈群："过去，你父亲认为死刑也可以体现仁慈和恩典，那意思是不是说，肉刑可以恢复呢？"肉刑是古代的刑罚，包括黥面、割鼻、斩足、宫刑等。汉文帝十三年（前 167），下令废除，代以笞刑，即用杖策鞭打数百来代替。例如：当斩左脚的，鞭杖五百，当割鼻的，鞭杖三百。结果，犯人往往被打死。所以，陈群回答说："汉代废除肉刑而增加鞭杖，本是心怀仁慈、同情犯人而为，不料，这样死的犯人更多。臣父认为这是名轻而实重的做法。名义上减轻了处罚，容易使人犯罪；而实际上处罚又加重，伤害的人更多。古代制定肉刑，是用来辅佐治国，协助施行教化的，为什么不可恢复一部分？如今用笞死犯人之法来代替肉刑，是看重人的肢体而轻视人的性命，有什么好处呢？"钟繇也同意陈群的看法，而王朗等很多人则反对。

曹操认为陈、钟的主张很对，但是当时战乱不息，他考虑到反对的人太多，就把恢复肉刑这事搁置起来了。

后来，陈群任侍中，在天子左右应对顾问，同时又兼领丞相府西曹掾，主管府吏的署用。他在朝中，不固执己见，老成稳重，不以歪门邪道待人。太子曹丕对他特别敬佩和器重，把他比作颜回，以朋友之礼和他相处。曹丕常常说：“自从我有了陈群这个朋友，门人们都日益亲密。”不久，陈群被封为昌武亭侯，改任尚书，掌吏部。

陈群任吏部尚书后，认为汉代的察举、征辟制度有缺陷，不能揽尽天下人才，乃创立九品官人法，作为选士授任的新制度。九品官人法，又称“九品中正法”。其法是每州郡设置中正官，由本州郡贤德有识人能力者或在中央为官者充任。他们按德行、家世把所管州郡士人分成九等，即上上、上中、上下、中上、中中、中下、下上、下中、下下等九个品级，并且加上评语，上报朝廷。人物品级评定后并非永久不变，还可时常依其言行的好坏升降。这样，吏部有了依据，按品第授官任职。九品官人法制定后，有才德的士人和出身世家的后裔，都可以得到品定，出仕为官，对曹魏团结广大士人，巩固自己的政权起到积极作用。

公元 220 年十月，曹丕代汉称帝，陈群升为尚书令，晋爵颍乡侯。然而，他和华歆等人却面带悲容。曹丕大为不快，就问陈群：“我应天命受禅代汉，满朝文武，个个喜形于色，而独有你和华歆不高兴，这是为什么？”陈群连忙起座下跪，回答道：“陛下受禅，我们内心高兴，而我与华歆曾经是汉朝旧臣，因忠义之道又不应该露出喜色。”曹丕听后，更加器重他。黄初六年（225），陈群为镇军大将军，领中护军，职掌禁军，并录尚书事，总揽朝政。曹丕临终时，召陈群与曹真、司马懿三人共同受遗诏辅政。

明帝曹叡即位，陈群进封颍阴侯，增加食邑五百户，连同以前的共一千三百户。并开建府署，自辟属官，处理事务。而且录尚书事，仍然总揽朝政。他看到战乱以来，仁义道德被破坏殆尽，百姓已不知道什么是礼义廉耻了。于是上疏明帝，请他崇尚德治，布施教化，抚恤黎民百姓，造福万民，实现天下大治。他同时建言，应该采取措施，防止在群臣中出现两种弊端。一是随声附和，是非不分；二是结党闹不团结，产生攻击仇人、吹捧同党的现象。他说，这是“国之大患”，必须“绝其源流”。

太和四年（230），曹真上表，请求从斜谷入汉中，攻打蜀汉。陈群认为，过去曹操到阳平关攻汉中，靠沿途豆麦以供军食，而张鲁未攻下，军粮就没有了。如今斜谷沿途既无军粮可以凭借，而且道路险阻，难以进退。运送的军粮在途中又容易被抄掠堵截，如多留兵士守要害之处，则太消耗兵力。他要求明帝对这一军事行动深思熟虑后再下诏。明帝同意陈群的分析，而曹真又上表，请求从子午谷入汉中。陈群又上奏，陈述此行动有很多不便之处，并且谈了自己关于出征在军事上的一些想法。明帝就把陈群的奏文附在诏书后，交给曹真，叫他看着办。曹真执意出征，军队出发，遇到大雨，一连下了三十天。陈群又上表，要求召回曹真，避免损失。明帝依从了。

青龙三年（235），明帝大征民工，营建宫室，致使农忙季节田间无人。陈群又上疏劝谏。他先举出前代贤君大禹“卑宫室而恶衣服”的例子，指出魏国在战乱之后，人口锐减，全国人丁总数不及汉代文、景时的一个郡；加之边境上年年战事不断，将士劳苦，若发生天旱水灾，国家的前景就令人忧虑了。况且，孙吴、蜀汉二国未灭，社稷尚未安定。然后建言：“现在应趁吴、蜀未兴兵之际，讲武劝农，做好准备，等待敌人。如今，却舍此当务之急，先筑宫室，农民伤财，做敌国愿意我们做的事。臣担心百姓因此疲惫，将何以对付敌人？此事关系国家安危，唯望陛下三思！”明帝不以为然，认为消灭吴、蜀和营建宫殿，可以同时进行，并且指责陈群，身为司空，执掌工程，办事不力，要他像萧何修未央宫那样，管理好宫室的营建。陈群则回答道：“萧何修宫殿是在刘邦已经打败项羽，而且宫室被烧毁又不得不修之时。未央宫建成后，刘邦还责备他修得太华丽了。如今吴、蜀二敌国尚在，情况与那时完全不同。一个人想干某件事，总会找到理由，何况是天子，谁敢违抗呢？开始，他想毁坏武库，就说不能不毁；后来，他又想重建，就说不修不行。如果陛下一定要修，原本不是臣下的言语所能改变的。汉明帝曾因大臣钟离意的劝阻而停止修德阳殿。其实，哪里是大王惧怕一臣子呢？是为百姓着想啊！”明帝听后，不得不减小建筑宫室的规模。

青龙四年（236），陈群逝世，谥曰靖侯。死后，明帝追思他的功德，封其一子为列侯。（谭良啸）

高　柔

历仕六主，见证曹魏政权兴衰

高柔是曹魏政权的主要谋臣之一，他从三十岁起投靠曹操，历仕魏文帝、明帝、齐王、高贵乡公、元帝，是一位五朝（不包括曹操）元老。他为官六十年，几乎与曹魏王朝相终始，在三国史上占有重要地位。

高柔字文惠，陈留郡（今河南开封）人。他生于战乱频仍的东汉末年，父亲高靖当时任蜀郡都尉，而年幼的高柔留在家乡。动乱的年代使人增长才干，高柔的聪明才智很快便表现出来。一次，年方弱冠的高柔忽然把乡亲们召集起来，劝大家赶快离开。高柔说，陈留历来是兵家必争之地，而现任兖州太守的曹操又是个胸怀大志的人，他不会不来争夺近在咫尺的陈留；陈留太守张邈虽然也小有名气，但他绝不是曹操的对手；陈留不久就要出现战祸，必须尽快离开。

他的话几乎无人相信，除了因为高柔此时太年轻这一点，还因为曹操和张邈是尽人皆知的生死之交。曹操和张邈是在讨董卓的战斗中，共举义旗，并肩作战时结识的。后来，张邈得罪了讨董卓的盟主袁绍，袁绍便命曹操杀张邈，曹操坚决拒绝。“太祖（曹操）之征陶谦，敕家曰：‘我若不还，往依孟卓（张邈字孟卓）。’后还，见邈，垂泣相对。其亲如此。”（《三国志·张邈传》）这样要好的朋友，怎么会互相攻打呢？高柔见众人均不以为然，只得带领自己的宗族去投奔在河北的从兄高干。

兴平元年（194），就在高柔离开不久后，陈留太守张邈在其弟张超与曹操部将陈宫等人的鼓动下，趁曹操出兵徐州之际，突然叛曹，迎吕布为兖州牧。曹操回军厮杀，双方鏖战数年，陈留沦为战场，“是岁旱，虫蝗，少谷，百姓相食”（《三国志·张邈传》）。血的现实使人们清醒过来，在张邈的败亡声中，青年高柔初露头角，人们对他的远见卓识刮目相看。

不久，高柔之父高靖病死在四川任上，高柔不远万里，不避艰险，赴蜀迎丧。由于沿途兵连祸结，加之道路险阻，高柔费尽辛苦，历时三年才接回父亲的灵柩。这一孝行很快便被传为佳话，高柔的名声不胫而走。

建安九年（204），曹操彻底战胜了袁氏父子，袁绍的外甥、高柔的从兄高干投降了曹操，高柔也于此时归曹，曹操任高柔为菅县长。建安十年（205），高干又以并州叛曹，曹操便击杀高干。高柔未参与其从兄高干的这一行动，躲过了一场大难，也显示出他政治上的成熟。虽然高柔没有参加叛乱，但仍然受到曹操的怀疑。一天夜里，曹操微服私访，发现高柔穿着单薄的衣衫、怀抱着一大堆文书坐在公案边睡着了。这种忠于职守的精神使曹操很受感动，他亲自脱下自己穿的皮衣，盖在高柔身上。从此，高柔逐渐得到曹操的信任和重用，成为曹魏的重要谋臣。

建安十六年（211）三月，曹操调守关右的侍中钟繇去进攻汉中的张鲁。高柔谏阻说，如果钟繇入关，凉州的马超、韩遂等必然会起兵，“宜先招集三辅，三辅苟平，汉中可传檄而定也”。曹操不听劝告，固执己见。钟繇挥师入关后，马超、韩遂等果据潼关而反，曹操费了很大力气才平定了关中。

曹操晚年多疑，特意设置校事一职，以监视群臣的动静，并委派赵达、卢洪等一班无赖小人充任校事。高柔这时担任法曹掾，他认为群臣各司其职，不必再设校事这类职务；并且赵达等又都是些擅作威福的家伙，用这种人必定要坏事。但曹操却自以为是，说：“我比你更了解赵达等人，过去叔孙通尚能利用群盗，难道我还驾驭不了赵达这班人吗？”后来，赵达、卢洪等人果然利用手中的职权营私舞弊、胡作非为。事情暴露后，曹操才后悔没有听从高柔的劝告，并且下令立即处决了赵达等人。

公元 220 年，魏文帝曹丕即位，任高柔为治书侍御史，并赐爵关内侯。当时，民间经常出现一些政治流言，文帝接连杀戮散布流言的人，并且奖赏告密者。高柔认为这种做法会助长告密之风，弄得人人自危，应该立即废止。文帝没有采纳高柔的建议，结果，社会上诬告盛行，告密之风愈演愈烈。黄初五年（224）春正月，文帝乃下诏：“敢以诽谤相告者，以所告者罪罪之。”于是，诬告之风才停止。由于这一建议，高柔深得文帝赏识，被任命为廷尉，执掌刑法。

文帝时，三公虽位居高官，但并不被重视，只是徒有虚名。高柔又向文帝进言，说三公均国之栋梁，有丰富的政治经验，应该经常征询他们的意见，使他们多参与朝政。文帝很赞成他的看法，立即下令照办。此外，由于高柔执法刚正不阿，连身为皇帝的曹丕也惧怕他的犯颜直谏。一次，曹丕为了报复，要杀掉治书执法鲍勋，高柔作为廷尉，坚决抗命不从。曹丕无奈，只好临时将高柔支开，另派他人办案，才处决了鲍勋。

公元 227 年，魏明帝曹叡即位后，高柔被封为延寿亭侯。太和四年（230），明帝听从高柔的建议，重用博士，鼓励学习经书。青龙三年（235），明帝又大修宫室，广纳民女，穷奢极欲，“是时，大治洛阳宫，起昭阳、太极殿，筑总章观”（《三国志·明帝纪》）。高柔与高堂隆、杨阜等大臣接连上书，请明帝罢宫室之役，将后宫多数宫女遣散回家。曹叡表面上说他们忠心可嘉，但实际上仍是我行我素，并不采纳他们的意见。

景初元年（237）七月，镇守辽东的大将公孙渊造反，自立为燕王，改元绍汉。公孙渊反前，当时住在洛阳的其兄公孙晃曾多次向魏明帝告变，并希望因此不受株连。但公孙渊反后，明帝仍要诛杀公孙晃，只不过改为暗地处死罢了。高柔就此事上疏说，执法必须公开，如果公孙晃事先检举过公孙渊，就应将其赦免；如果公孙晃事前知情未报，就应明正典刑，不应秘密处理。明帝不听劝告，仍然密派使者逼公孙晃夫妻吞金而亡，只是赐给衣冠，允许将其葬于宅中而已。

高柔长期担任廷尉，断案相当认真，执法也比较公正。一次，护军营士窦礼外出多日未归，被按脱逃罪处理，到处通缉，其妻子儿女均被卖为官奴。窦妻不服，四处上告，但无人受理。后来，告到高柔处，高柔细心推问。窦礼妻说丈夫自幼父母双亡，但却能长期将一老妇人当作母亲供养，克尽孝道；加之窦礼平时又十分喜爱自己的儿女，所以是不会轻易离家逃走的。高柔又从窦妻口中得知窦礼并无仇人，只有一个名叫焦子文的营士曾借过窦礼的钱，并且不肯归还。高柔立刻捕拿了焦子文，经过审讯，正是焦子文杀害了窦礼并将尸体秘密掩埋。高柔处决了焦子文，平反了这桩冤案。

齐王曹芳即皇位后，也十分信任高柔。正始六年（245）八月，高柔由太常升任司空，正始九年（248）四月任司徒。高柔位至三公，可谓荣宠有加。

正始十年（249），魏国发生了一次重大事变，司马懿策动兵变，将大将军曹爽赶下了台，其他曹氏子弟也都受到牵连，这是司马氏代曹的转折点。在这次事件中，高柔曾起过重要作用。司马懿趁曹爽兄弟陪齐王曹芳前往洛阳城外九十里的明帝墓时，突然率兵夺取武库，控制了洛水浮桥，阻断了曹爽等人的归路。曹爽放弃抵抗，被解除了兵权。又过了几天，曹爽兄弟被杀，并被夷了三族。在事变中，高柔曾以假节行大将军事的身份，占据了曹爽营，被司马懿称为“周勃”，可见高柔扮演了重要角色。曹爽等被杀后，高柔因功被封为万岁乡侯。这一次，高柔又以他的聪明预见投向了胜利者一边，不但幸免于难，而且步步高升。

高贵乡公即位，高柔被封为安国侯，任太尉。常道乡公（元帝）即位，又给高柔增食邑至四千户，并将其二子封为亭侯。景元四年（263），年已九十岁的高柔与世长辞，又过了两年，曹魏政权就被司马氏取代了。

高柔才高识远，先后提出过不少有预见性的建议。他勤勤恳恳，刚正不阿，敢于直谏，是曹魏王朝著名的直臣。他长期担任廷尉，掌刑公正，审案细致，是廉明的执法吏。当然，和许多封建社会中的臣子一样，高柔也有追求利禄、

趋炎附势的一面。也正是由于他总是审时度势，善于权衡利弊，及时择木而栖，他才能历仕六主，而且不断晋升。（周鹏飞）

夏侯惇

颇具儒生气质的武官

夏侯惇，字元让，为曹操家乡沛国谯县人。曹操父曹嵩为夏侯惇叔父，过继给中常侍曹腾为养子，故夏侯惇与曹操实为堂兄弟。曹操起兵，以夏侯惇为心腹，这是必然之理。夏侯惇确实死心塌地追随曹操，在曹操创业的前期起了中坚作用。

曹操的父亲曹嵩为大宦官中常侍曹腾的养子，后官至太尉。曹嵩原出夏侯氏，为刘邦重臣夏侯婴之后裔。夏侯氏家为当时著名的豪强大族，曹操起兵之初以夏侯氏（曹氏）部曲为基本力量。他们只听命于操而不忠于汉室，又因族大人众，其中不乏英才，故曹操对他们特别重用，并有意识以之掌军，从而形成以曹操为首的曹氏、夏侯氏联盟的军事集团，其重要人物有夏侯惇、夏侯渊、曹仁、曹邵、曹洪、曹休、曹真等。他们多担任重要的方面统帅或掌宿卫，比如夏侯惇先后镇许都、淮南，夏侯渊则长期镇关中，曹仁镇荆州，曹休、曹真等典领重兵。夏侯惇为此集团中地位仅次于曹操的重要人物，他为曹魏的兴起立下汗马功劳，起了重大作用。

夏侯惇十四岁才开始“就师学”。他性格刚烈，却十分尊师。一次，有人侮辱其师，夏侯惇即将此人杀死，故青年时已“以烈气闻乡里”。中平六年（189）十二月，曹操在陈留纠合宗族部曲起兵讨伐董卓，夏侯惇与夏侯渊、曹洪等即参加队伍，为裨将，从征伐。曹操时号奋武将军，而以惇为司马。初平元年（190），曹操、夏侯惇、卫兹、曹洪等率军欲西据成皋，在荥阳汴水被董卓将徐荣击溃，损失惨重，兵员锐减。夏侯惇、曹操东至扬州，募兵数千，军方复振。此后，曹操先后击黑山起义军、南匈奴军及青州黄巾军，夏侯惇均作为主要将领参加战争，并且立下大功。

曹操取得兖州后，以夏侯惇为折冲校尉，领东郡太守，镇守兖州的重镇濮阳。兴平元年（194），曹操率大军征讨徐州牧陶谦，不料，陈宫、张邈、许汜、王楷等起兵反叛曹操，东迎吕布入主兖州。时曹操家眷留在鄄城，故吕布首先攻鄄。鄄城兵力薄弱，而“督将大吏”又多与张邈、陈宫通谋，欲叛，在这一紧急情况下，留守鄄城的荀彧、程昱急召夏侯惇援鄄。夏侯惇率兵驰至，击败吕布，入鄄后，当天夜里又杀掉“谋叛者数十人，众乃定”。但是，吕布却乘虚攻入濮阳，取得惇军辎重。当时，兖州各郡县均叛，只有鄄城及范、东阿三城为曹操坚守。曹操回师后，以三城为基地，方夺回兖州。在关系曹操存亡的鄄城保卫战中，夏侯惇立下首功。

此后，曹操与吕布展开了争夺兖州、徐州的长期战争，在作战中，夏侯惇为流矢所中，盲左目。在此期间，夏侯惇先后担任陈留太守、济阴太守，并因功封建武将军、高安乡侯。

夏侯惇为武将，长年征战，但兼任地方官时却能关心人民疾苦，重视发展农业，难能可贵。在陈留太守任上，“天大旱，蝗虫起”，他组织军民“断太寿水”，并“身自负土”，率将士劳动，筑成了著名的太寿陂水利灌溉工程。为提高粮食产量，他还大力提倡耕种水稻，促进了农业的恢复发展，军民生活也得到改善。献帝迁许，夏侯惇任河南尹之要职。曹操与河北袁绍在官渡决战时，又任夏侯惇为大将军，后拒，镇守许都。此期间，荆州刘表派刘备率军袭击曹操后方，已进到离许都百余里的叶县，夏侯惇急率于禁、李典诸军拒之，终于击退刘备军，保住了许都安全。

曹操消灭袁氏势力后，即常驻邺城，以镇河北。夏侯惇因功迁伏波将军，仍镇许都为河南尹，并得以“便宜从事，不拘科制”。建安十二年（207），曹操大封功臣，夏侯惇增封邑一千八百户，并前共二千五百户。建安二十年（215），夏侯惇又率军从曹操攻汉中张鲁，克之而还。

建安二十一年（216），夏侯惇随曹操东征孙权，孙权退走。二十二年三月曹操引军还，留夏侯惇都督曹仁、张辽等二十六军屯居巢（今安徽桐城），以镇淮南，防备孙权。曹操并赐夏侯惇“伎乐名倡”，以示优待。令曰：“魏绛以和戎之功犹受金石之乐，况将军乎。”

时曹操以魏公置官属，“诸将皆受魏官号”。为遮人耳目，夏侯惇名义上仍为汉朝官属，这样他就不能对曹操称臣朝拜。这使尽忠于曹操的夏侯惇耿耿于怀，他多次上书，“自陈不当不臣之礼”，坚决要求授魏官号。后来，曹操封其为魏国之前将军。

建安二十四年（219），关羽围曹仁于樊城，尽歼于禁精锐援军，威震华夏。曹操率军南下，同时令夏侯惇率淮南军主力驰援，夏侯惇军与曹操会于摩陂，诸军击败关羽。

此时，曹操对夏侯惇特别亲重，常与同坐一车。惇有事可直接出入曹操卧室，其地位明显高于其他将领。战后，夏侯惇被封前将军，仍统诸军还镇淮南，屯寿春（今安徽寿县），后徙屯召陵（今河南郾城）。

曹操死后，曹丕继位为魏王，任夏侯惇为大将军。数月后，惇病逝。（吴洁生）

张　辽

缔造“八百破十万”军事神话的勇将

曹操麾下“谋臣如雨，猛将如云”，谋臣之首当推荀彧，猛将之雄则为张辽。

张辽字文远，并州雁门郡马邑（今山西朔州）人。张辽生在边郡，长于骑射，武力过人，年轻时为郡中小吏。东汉末年，并州刺史丁原受诏将兵入京，任张辽为从事。丁原被部下大将吕布杀害后，部众均归吕布。吕布杀董卓，张辽升任骑都尉。后吕布战败，东奔出关，张辽追随之。

在吕布与曹操争夺兖州、徐州的长期战争中，作为重要将领的张辽屡立战功，使曹操吃了不少苦头。吕布据徐州时，张辽被任为鲁相，时年方二十六岁。

曹操击灭吕布后，张辽降操，被任为中郎将，封关内侯。后迁为裨将军。

张辽与关羽是知心密友，在关羽被迫降曹操后，曹操怀疑关羽无久留之意，让张辽探问之。关羽对张辽谈了自己的心事，说："吾极知曹公待我厚，然吾受刘将军（刘备）厚恩，誓共生死，不可背之，吾终不留。"张辽欲将此事告诉曹操，又怕曹操因此即杀关羽，则负朋友，不告，则负曹操，三思后乃叹曰"公君父也，羽兄弟耳"，于是告之。

官渡之战后，曹操派张辽平定鲁国诸县，并与夏侯渊等率兵围叛将昌豨于东海郡。昌豨据险固守，曹军攻数月不克，粮尽。诸将商议，欲引军还。张辽对夏侯渊说："数日以来，每行诸围，豨则属目视辽，又其射矢更稀，此必豨计犹豫，故不力战。辽欲挑与语，傥可诱也。"于是，张辽单身上昌豨所据之三公山，入其家，拜其妻子，动员昌豨降曹，并保证曹会赦其罪。昌豨为吕布旧部，知张辽为人忠诚，于是欢喜放心投降。之后，张辽又陪昌豨见曹操，曹操赦之遣还。

后来，张辽又参加了讨伐袁尚、袁谭的战争，屡立战功，行中坚将军。建安九年（204），从曹操攻破袁氏都城、河北重镇——邺城。此期间，张辽又率别军先后讨平阴安、赵国、常山、海滨等地，战功卓著。故其平海滨，还邺时，曹操亲自出城迎接张辽，并且与张辽同坐一车，以示嘉奖。

这时，张辽和于禁、乐进并为曹操之三大名将。建安十一年（206），曹操上表汉帝，赞三人功勋说："武力既弘，计略周备，质忠性一，守执节义，每临战功，常为督率，奋强突围，无坚不陷，自援枹鼓，手不知倦，又遣别征，统帅师旅，抚众则和，奉令无犯，当敌制决，靡有遗失。论功纪用，宜各显宠。"（《三国志·乐进传》）于是封张辽为荡寇将军，于禁、乐进分别为虎威、折冲将军。建安十二年（207），曹操大封功臣，张辽被封为都亭侯。

同年，张辽又随曹操进军柳城（今辽宁朝阳），讨伐三郡乌桓及遁逃于乌桓的袁尚、袁熙兄弟。在白狼山（今辽宁喀喇沁左蒙古自治县东境）与敌军主力遭遇。事出仓促，敌人甚众，曹军辎重在后，披甲者少，左右皆惧，而张辽力劝曹操交战，气甚奋。于是，曹操以张辽为先锋，以所持麾授之。张辽纵兵奋击，大破敌军，阵斩乌桓单于蹋顿等，在战争中立下首功。

建安十三年（208），曹操遣张辽率军移屯长社（今河南长葛东北）。临出发，军中有谋反者，四处放火，一军尽乱。张辽冷静分析后，认为这不是部队皆反，必是少数谋叛者扰乱军心。于是命令不反者安坐帐中，而亲自率兵十人巡营中以镇之。一会儿，军中就安定下来。之后，张辽查出叛谋首领，悉诛之，平息了兵变。

建安十四年（209），曹操进军淮南，东征孙权，而陈兰、梅成反于庐江。曹操派张辽督张郃、朱盖讨陈兰，于禁、臧霸讨梅成。梅成伪降而后复叛，率众与陈兰会合后，转入庐江境内之天柱山（今安徽霍山）。其山险峻，道路窄狭，宽仅容一人，兰、成据险固守。诸将多认为兵少道险，难以深入。张辽说："此所谓一与一，勇者得前耳！"于是，进至山下，率军强攻，"斩兰、成，尽虏其众"。曹操撰文赞之曰："登天山、履峻险，以取兰、成，荡寇功也。"并增其封邑，予以假节，以示重用。

平兰、成之后，曹操派张辽与乐进、李典等率兵七千人屯合肥，以备孙权。

建安二十年（215），曹操讨汉中张鲁。临行，与合肥护军薛悌一函，封面上署曰："待贼至乃发。"果然不久，孙权率大军十万围攻合肥。诸将共开函，见其内书曰："若孙权至者，张、李将军出战，乐将军守，护军勿得与战。"诸将议之，多认为寡不敌众，不欲出兵。独张辽坚决主战，曰："公（曹操）远征在外，比救至，彼破我必也。是以教指及其未合逆击之，折其盛势，以安众心，然后可守也。成败之机，在此一战！诸君若疑，辽将独决之。"乐进、李典平时与张辽矛盾甚大，此时也深为之感动，李典当即表示要不计前嫌，与辽一起出战（《资治通鉴》卷六十七）。

于是，张辽连夜招募组织敢死之士八百人，"椎牛飨将士"。次日晨，张辽披甲持戟，率战士先登陷陈，杀数十人，斩二将军。大呼自名，冲入敌营，直到孙权麾下。权大惊，其部众皆惶然不知所为。权与左右逃至一高坡上，以长戟自守。张辽追至，叱其下战，权不敢动。后见张辽兵少，方令吴军攻之。张辽被围数重，急击之，率数十人突出包围，但部下在围中者大呼："将军弃我乎？”张辽又复返，救出余众。敌军皆为之震慑，无敢当者。两军从早上战至中午，吴军夺气，辽还修城防，众心乃安。诸将于是皆佩服张辽之胆识。

孙权攻围合肥十余日，而不能克城，只好撤军还。时吴军主力已开拔，孙权与诸将尚在逍遥津（今安徽合肥东北）。张辽侦知后，急率步骑袭之。孙权大惊，其部将凌统、甘宁、吕蒙等以死相捍，权左右尽死。在乱中，孙权乘骏马跳过津桥，方侥幸逃脱。合肥之战中，张辽立下首功，被封为“征东将军”。

建安二十一年（216），曹操再征孙权，至合肥，特地巡视了张辽与孙权作战之地，对辽之勇敢十分佩服，叹息久之。不久，曹操北还，留夏侯惇督曹仁、张辽等三十六军屯居巢，镇淮南。

建安二十四年（219），关羽进围襄、樊，形势险危。曹操急召张辽及淮南诸军驰援，未至而围解。张辽率援军至摩陂，曹操亲出迎之。

荆襄战后，因东吴与曹魏关系缓和，张辽移屯陈郡（今河南周口淮阳区）。曹丕即位后，十分器重张辽，升张辽为前将军，赐帛千匹，谷万斛，封其兄及一子为列侯。

黄初三年（222），魏文帝曹丕亲征孙权，三路伐吴，令张辽与曹休、臧霸出洞口，进至海陵（今江苏泰州）江边。孙权甚惧，敕诸将曰：“张辽虽病，不可当也，慎之。”果然，张辽诸将破东吴大将吕范军。此役不久，张辽病重，逝于江都，谥为刚侯。

黄初六年（225），文帝追念张辽、李典等在合肥破敌之功，诏曰：“合肥之役，辽、典以步卒八百破贼十万。自古用兵，未之有也，使贼至今夺气，可谓国之爪牙矣。”又赐张辽一子为关内侯。（许少斌）

张　郃

诸葛北伐之路的拦路虎

张郃是三国时的名将，初事袁氏，在刘表、袁绍帐下做偏将军，未受重用。官渡之战，张郃归服曹操，在长期的戎马生涯中，他为曹魏政权的建立和巩固立下了汗马功劳。

张郃字儁乂，河间鄚县（今河北任丘）人。汉末应募讨黄巾，为军司马，属冀州牧韩馥。馥败，归袁绍，以功拜宁国中郎将。袁、曹官渡之战，绍遣将淳于琼等督粮于乌巢。曹操自将劫粮。张郃对袁绍说："曹操率精兵劫粮，淳于琼不是对手，急引兵相救。"袁绍谋臣郭图说："救粮是下计，不如趁此拔曹操营垒。"张郃说："曹营坚固，一时攻打不下。若淳于琼有失，我军无粮，则尽为曹操所擒。"袁绍不听，只用少数轻兵救淳于琼而用重兵攻曹营。正如张郃所言，曹操攻破淳于琼，袁军大溃。张郃愤其计不用而降曹。曹操大喜，誉之为韩信归汉，拜为偏将军，都亭侯。从此，张郃在曹军中充分发挥了他的军事才干，在一系列战争中建立奇功，升为平狄将军。

建安二十年（215），曹操亲统大军自陈仓出散关，进攻盘踞汉中的张鲁。张郃先率兵击破了挡道的兴和氐王窦茂，接着又奉命带领五千人，为曹操大军开路。兵至阳平关，击败了守关的张鲁之弟张卫，斩其将杨任，张鲁逃至巴中后投降。曹操命夏侯渊与张郃留守汉中，自己班师而归。张郃又率军攻下巴西、巴东二郡，准备徙其民于汉中，但被蜀将张飞击败，张郃弃马从山路逃回南郑，身边只剩数十人。这是张郃一生中少有的惨败，但曹操并未怪罪于他，反而委任张郃为荡寇将军。

建安二十四年（219），刘备亲率精兵，分十部夜袭张郃，张郃坚决抵抗。这时，征西将军夏侯渊闻讯后带领精兵赶来救援，刘备手下大将黄忠迎击夏侯渊于汉中定军山，"劝率士卒，金鼓震天，欢声动谷，一战斩渊，渊军大败"（《三国志·黄忠传》）。夏侯渊被杀后，刘备并未感到轻松，刘备深知，他的劲敌是张郃而不是夏侯渊。据《三国志·张郃传》引《魏略》载：渊虽为都督，刘备惮郃而易渊。及杀渊，备曰"当得其魁，用此何为邪"。

夏侯渊被杀后，曹魏军一时群龙无首，面临灭顶之灾，军心十分混乱。在这危难关头，"渊司马郭淮乃令众曰：'张将军，国家名将，是备所惮；今日事急，非张将军不能安也。'遂推郃为军主"。张郃受任于危难之际，毅然挑起了主将的重担，军队的情绪迅速安定下来，曹魏军也转危为安。曹操亲自领军增援汉中，接回了驻守汉中的军队，但汉中却被刘备夺走。

建安二十五年（220），曹操死，其子曹丕即魏王位，封张郃为左将军，晋爵都乡侯。同年，曹丕篡汉称帝，封张郃为鄚侯。在魏文帝时，张郃曾与曹真一起讨平卢水胡人及东羌，又与夏侯尚渡江击江陵，均有功。魏明帝即位后，派张郃镇守荆州，曾配合司马懿，于祁口击败孙权将刘阿。

魏明帝太和二年（228）春，诸葛亮大举北伐，一出祁山，魏南安、天水、安定三郡叛魏应蜀，一时声势大振。曹魏举国震动，魏明帝亲自赶到长安督战，并“加郃位特进，遣督诸军，拒亮将马谡于街亭”。《三国演义》第九十五回曾有声有色地描写了司马懿在街亭打败马谡，诸葛亮不得已设空城计的故事，戏剧舞台上出现的也是司马懿的形象，但实际上，这次领兵与诸葛亮对垒的主将不是司马懿而是张郃。受命守街亭的蜀将马谡不据城防守，而是依南山扎营，结果被张郃派人断了汲水的道路，军队不战自乱。由于马谡惨败，诸葛亮不得不率军退回汉中。由于这次胜利意义重大，魏明帝赏给张郃封邑千户。

此时，司马懿在荆州操练水军，准备攻打东吴，明帝又特意命张郃率关中诸军前去助战。因为冬季水浅，大船难以通行，张郃率军驻扎在方城待命。公元 228 年秋，诸葛亮又兵出散关，进攻陈仓。魏明帝慌了手脚，他派人日夜兼程，将张郃招回都城，命张郃领兵前去救援。明帝亲自设宴，为张郃送行。席间，明帝忧心忡忡地问，会不会不等救兵赶到，陈仓就被攻破呢？张郃胸有成竹地回答：“蜀军一共只有不到十天的军粮，等我赶到，诸葛亮早就退回去了。”果不出张郃所料，在他率兵赶路途中，诸葛亮的军队已因缺粮退走了。张郃班师回京，魏明帝对张郃更加倚重，封他为征西车骑将军。

太和五年（231），诸葛亮又出祁山，这是他第五次出兵北伐。魏明帝仍然派张郃领兵抵御。张郃率军至略阳，诸葛亮退保祁山，“亮军退，司马宣王使郃追之，郃曰：‘军法，围城必开出路，归军勿追。’宣王不听。郃不得已，遂进。蜀军乘高布伏，弓弩乱发，矢中郃髀”（本传裴注《魏略》）。张郃被诸葛亮伏兵射杀于木门道。（周鹏飞）

徐　晃

将不在勇而在谋

曹操手下猛将如林，而佼佼者有五位，即《三国志》卷十七五将合传中的张辽、乐进、于禁、张郃、徐晃五将。他们是曹操的五虎上将，曹操每次征伐，都倚重五人为先锋，引还时为后拒。徐晃在五人中虽名居末位，军功却十分突出。他身经百战，有勇有谋，为曹魏出生入死，是一位难得的将才。

徐晃字公明，河东杨县（今山西洪洞东南）人。董卓曾为河东太守，徐晃投其麾下。董卓死后，凉州将李傕、郭汜等继续拥兵作乱，在长安城中互相残杀，甚至劫持天子、公卿。长安被夷为废墟，生灵遭涂炭。徐晃对凉州将的这些暴行愤恨不已。他劝说河东将杨奉等脱离李傕、郭汜，奉献帝东还。献帝到了洛阳，曹操来迎天子都许昌。徐晃又劝杨奉投曹操，杨奉不从，被曹操击败，投奔袁术去了。徐晃却毅然投归曹操。

曹操十分器重徐晃。徐晃也如鱼得水地感戴曹操，他说："古人患不遭明君，今幸遇之，当以功自效。"徐晃是这样说的，也是这样做的。建安三年（198），徐晃随曹操征吕布，建功于下邳；次年与史涣斩了袁绍将眭固。在官渡之战中，徐晃更建大功；在序战中，他参加了斩颜良、诛文丑的战役；随后，又与史涣一起劫了袁绍的运粮车。官渡战后，徐晃被封为都亭侯，官至偏将军。

建安九年（204）夏四月，曹操向袁绍的儿子袁谭、袁尚发起了进攻。在攻破邯郸后，曹操命徐晃进攻易阳。易阳令韩范名义上宣布投降，但实际上却加强防守，不让曹军进城。徐晃劝曹操对易阳不要硬攻，而要继续诱降。徐晃说，现在二袁未灭，人心未归附，若能争取易阳投降，则会影响很多尚在动摇不定的守将；如果措置不当，其他城池就会坚决抵抗。曹操很赞成徐晃的看法，委托他全权处理。徐晃写了一封恳切的劝降书，绑在羽箭上，射进城去。韩范经过慎重考虑后决定投降，徐晃兵不血刃，拿下了易阳。这一事例充分说明，身为武将的徐晃很有政治眼光，决非一介武夫可比。

建安十六年（211），曹操调镇守关中的钟繇大军赴汉中进攻张鲁，关中空虚。凉州将马超与韩遂、杨秋、梁兴等十部俱起兵反曹，并且占据了潼关，声势十分浩大。曹操亲自率军征讨，但兵至潼关后，却遇上了如何渡过黄河进兵这一难题。徐晃经过侦察后，向曹操建议，由他率四千精兵从马超军防守最薄弱的蒲阪津渡河。曹操批准了徐晃的计划，徐晃成功地从蒲阪津渡河。马超将梁兴趁徐晃渡河后立足未稳之际，连夜向徐晃发起攻击，被徐晃军击退。由于徐晃机智地占领了渡河的桥头堡，曹操的大军得以顺利渡河，最后击败了马超。徐晃与夏侯渊一起斩了马超的部将梁兴，马超奔汉中投靠张鲁。

建安二十三年（218元），刘备亲率大军进攻驻守汉中的夏侯渊和张郃，并且派大将陈式领兵断绝从关中通向汉中的阁道，准备一举歼灭曹军，拿下汉中。建安二十四年（219），刘备手下大将黄忠在定军山刀劈了曹军主将夏侯渊，曹军在汉中面临着覆灭的命运。在这危急时刻，曹操先命徐晃领兵，打败了蜀将陈式，保证了通往汉中的道路畅通无阻；接着，曹操又亲自带兵，接回了被困在汉中的军队。

就在曹操与徐晃领兵增援汉中的时候，荆州战场上的形势也发生很大变化。征南将军曹仁被蜀将关羽围困在樊城，于禁奉命去救援；结果，关羽水淹七军，大将庞德被斩，主将于禁投降。于禁是曹操手下著名的五员上将之一，他的投降，对曹军士气影响很大。关羽又乘胜包围了襄阳的曹将吕常，一时威名大震。在这危急存亡之秋，曹操再次派徐晃领兵，去解救被围的曹仁、吕常。

首先，徐晃用疑兵暗示要截断偃城蜀军的退路，偃城守军仓皇烧毁营寨而逃，徐晃没费多大力气便智取了偃城。接着，徐晃以偃城为根据地，聚集粮草，等待援军，并与被围在樊城的曹仁取得了联系。当时，蜀军固守在围头、四冢两地，徐晃待大批生力军赶到后，采取声东击西的策略，扬言攻围头，而实际攻四冢。四冢危急，关羽亲带五千精兵救援，亦被徐晃击败。此后，徐晃便一马当先，亲率大军突入重围，与曹仁内外夹攻，一举解了襄阳、樊城之围，不少蜀军自投沔水而死。关羽败走，徐晃大获全胜。

徐晃获胜之后，曹操亲自出城七里迎接凯旋的徐晃军，并且为其设宴庆功，亲自给徐晃敬酒。曹操对徐晃说："贼围堑鹿角十重，将军致战全胜，遂陷贼围，多斩首虏。吾用兵三十余年，及所闻古之善用兵者，未有长驱径入敌围者也。"曹操的这段话，就是我们今天所用的"长驱直入"这一成语的来历，徐晃在这次战争中所发挥的重要作用也由此可见一斑。

建安二十五年（220）春，曹操病死在洛阳，其子曹丕继为丞相、魏王，徐晃被封为右将军、逯乡侯。这时，蜀宜都太守孟达叛蜀投魏，徐晃受命与夏侯尚、孟达一起攻打蜀副军将军刘封。刘封大败，徐晃等一举平定了三郡九县。曹丕篡汉为帝后，封徐晃为杨侯；又让徐晃镇守阳平关，封阳平侯。魏黄初七年（226）五月，文帝曹丕病死，太子曹叡即位，是为明帝。同年八月，东吴大将诸葛瑾、张霸进攻魏襄阳，徐晃再次随司马懿出征。是役，斩吴将张霸，东吴退兵，徐晃被赐封邑二百户，连前共三千一百户。

将不在勇而在于谋。徐晃经常克敌制胜并不是偶然的。徐晃平时十分谨慎，他行军打仗总是多派尖兵，事先对敌情了然于胸，从不打无准备之仗；而一旦打起仗来，他又能身先士卒，勇冠三军，经常连续作战，务尽全功。他平常治军很严，有一次曹操到各地视察军队时，各部兵士均有人离队观看，只有徐晃的部下纹丝不动，整齐肃然，曹操将徐晃喻为扎营细柳的西汉名将周亚夫。曹操是三国时代著名的军事家，他经常将徐晃比作古代大军事家孙武和司马穰苴，这其中虽不无夸大之处，但从一个侧面反映了徐晃过人的军事才能。

太和元年（227），徐晃病死，谥曰壮侯。（周鹏飞）

第三编

蜀汉篇

三国鼎立，蜀国最为小弱，偏居一隅而与大国曹魏抗衡，诸葛亮六出祁山，北伐中原。蜀汉君臣为巴蜀地区的开发写下了历史辉煌的一页，虽事业未成也尽了最大的人力，赢得了后世人们的尊敬。故事编选蜀汉君臣十五人，与曹魏人物数量等列。蜀国五虎上将为关羽、张飞、马超、黄忠、赵云，限于篇幅，未选黄忠。三国多士，影响历史的方方面面，本书全方位反映三国历史，故许多一流人物未能入选，留下遗憾，亦请读者自索。

刘 备

演义中的正统之主，史书里的悲剧英雄

刘备，字玄德，东汉涿郡涿县（今河北涿州）人，三国时杰出的政治家，蜀汉政权的建立者，史称“先主”。

一、半生转战，寄人篱下

刘备是汉献帝皇室远宗。《三国演义》第二十回写刘备身世，大肆渲染：刘备见献帝，献帝排家谱，刘备辈分为献帝之叔，故世人称他为“刘皇叔”。献帝还令宗正卿宣读刘备的家谱，其祖上世代为侯，依代数乃汉景帝十八代孙。这一细节是小说家的加工产品，渲染刘备冠以“皇叔”，用以抬高他的正统地位。根据《三国志·先主传》所记，刘备确为西汉景帝子中山靖王刘胜的后代。刘备祖父刘雄、父亲刘弘两代，一度在州郡做地方小官。刘雄举孝廉，官至东郡范县（今河南范县）令。刘雄以上世次不明。所以，刘备最初起兵，没有凭借，号召力不强，只是依附军阀征战。

刘备早年丧父，家贫，和母亲贩履织席维持生计。他家的东南角上有一株大桑树，高五丈多，从远处一望，茂盛的树枝往下垂倾，有如车上的篷盖。过往行人都对这株大树感到惊奇，有人就说，此家必出贵人。

刘备幼时，和族中小儿常在树下游戏。有一天，刘备对伙伴们说：“总有一天，我定会乘坐有着真正篷盖的天子车。”他的叔父刘子敬知道后十分惊异，训斥他说：“休要乱说，这是要满门杀头的。”但从此刘备却受到族人的器重。他十五岁那年，与同宗刘德然外出求学，拜涿县名儒、前九江太守卢植为师，并且得到刘德然父亲刘元起的资助。刘元起说：“我族中出了刘备这孩子，不是一般人哪！”刘备举止也与众不同，他在学堂并不用功读书，喜欢弄狗骑马，听音乐，讲穿戴。他身长七尺五寸，双手过膝，回首能见自己耳朵，魁梧雄壮，一表人才。平时少言寡语，恭谦待人，喜怒不形于色，成竹在胸。又专好交结豪侠，与同学辽西太守之婿公孙瓒十分要好，年轻人都争相依附他。刘备的这些表现，不合儒家规范，所以没有得到卢植的品评推荐。学成归来，依旧默默无闻待在乡里。

公元 184 年，黄巾大起义给刘备带来了机运。朝廷派兵镇压起义，各州郡长官也纷纷招兵买马，刘备趁势亦在乡间活跃起来。中山人张世平、苏双是贩马的巨商，常往来于涿郡，见刘备不是等闲之人，又慕他豪侠名声，于是慷慨解囊相助。河东解县（今山西临猗）人关羽、同郡张飞也来投奔，刘备遂拉起一支乡勇，投效在涿郡校尉邹靖麾下征讨黄巾。由于立了战功，刘备被任命为安喜县（今河北定州）尉。从此，刘备登上了逐鹿中原的政治舞台。

东汉末期讲究门第世资，公元 190 年关东军讨董卓，演成了群雄割据，但亦仅仅是那些名门望族有权势者，才可占据一方。四世三公的袁绍、袁术兄弟势力最大，袁绍占冀州，袁术据淮南，其他割据者如刘表据荆州，陶谦据徐州，公孙瓒夺幽州，曹操占兖州。刘备虽先后当过安喜县尉、下密县（今山东昌邑）丞、高唐县（今山东禹城西南）尉，但终因名微众寡，在中原不能立足，只得去投奔昔日同窗好友公孙瓒，被任命为平原县（今山东平原西南）令。袁绍攻公孙瓒，曹操攻陶谦；袁绍与曹操联合，公孙瓒就与陶谦联合。陶谦向公孙瓒告急，公孙瓒派手下大将田楷和刘备去救。公元 194 年，陶谦病死，把徐州让给了刘备。刘备第一次跻身于大军阀的行列，据有一州之地。

刘备得徐州之时，吕布袭取了曹操的兖州，曹操退到豫州。袁、曹两家联合，袁绍北向攻公孙瓒；曹操南向攻刘表，东向攻吕布。刘备与公孙瓒联合，中间隔了一个袁绍，西南两面又有吕布、袁术二敌。刘备虽有关羽、张飞这样的猛将，但他出身寒微，得不到士族智士的辅佐，身边没有荀彧、郭嘉那样的谋臣，不知如何守住徐州，结果遭到吕布、袁术的夹击，公元 196 年丢失了徐州，妻室被吕布掳去。刘备走投无路，不得不依附曹操。曹操举荐他为豫州牧，史称"刘豫州"。虽然这是一个虚衔，却给刘备带来了声望。曹操厚待刘备，出则同舆，坐则同席，又表他为左将军。曹操想用高官厚禄笼络住刘备，暗中却把他监视起来。刘备深知曹操的用心，整天装作不问世事，闭门谢客，在花园种菜。有一天，曹操请刘备饮酒，借机谈论英雄，以观刘备志向。当时，刘备参与帝舅董承等人密谋，奉献帝衣带诏诛操。所以，当刘备听到曹操称赞他是天下英雄时，误以为计谋泄露，一惊之下，手中筷子不觉失落桌上，恰在这时空中响起一阵惊雷，刘备趁势说："圣人讲'惊雷狂风令人变色'确有道理，一震之威，竟至如此。"刘备的机智居然瞒过了曹操。

公元 198 年，袁绍平定了公孙瓒，与曹操的矛盾激化起来，声言南下决战。刘备趁机向曹操进言，让他带兵到徐州去阻截袁术北上，以便摆脱曹操。刘备一到徐州就杀了刺史车胄，把衣带诏公之于世，打起了反曹的旗帜。曹操对此立即做出反应，于公元 200 年正月，杀了董承等人，亲率大军东征刘备。刘备原以为，当时曹操与袁绍正相持于官渡，不会分兵东向，结果出乎意料，仓皇应战，全军覆没，妻室又成了曹操的俘虏，亲将关羽亦被迫降操。

刘备只身逃往河北投袁绍，利用袁、曹官渡相拒的机会，提出到汝南开辟第二战线，从背后打击曹操。刘备至汝南，关羽、张飞也相继回归帐下，又聚集起一支队伍，但不久就被曹仁打败。又与汝南龚都等人联合，得人马数千，闻曹操亲来征讨，遂投奔荆州牧刘表。刘表给了他一些士兵，让他屯驻新野，看守荆州北大门，防备曹操南下。

公元207年，曹操统一北方，眼看就要南下荆州。这时，刘备仍然寄人篱下，在新野一住数年，无所事事，偶见髀肉复生，慨然流涕。回顾自己二十余年南征北战，至今一事无成，不禁发出“老将至矣，而功业不建”的悲叹。

二、联吴抗曹，鼎足三分

刘备在北方接连失败，徐州两次得而复失，主要原因是实力不足，无法与曹操直接抗衡。曹氏父子，并据州郡，又挟天子以令诸侯，在军事上、政治上都占有优势。再从个人的“机权干略”来看，刘备也逊于曹操。但刘备行事每与曹操相反：曹操急暴，刘备宽仁；曹操狡诈，刘备忠厚；曹操篡汉，刘备扶汉。因此，刘备深得民心，被看作正统和正义的化身。他屯驻新野，荆州豪杰归附他的日益增多。刘备也从失败中吸取了教训，四处寻访贤才以为辅佐。他礼贤下士，谦恭待人，得到荆襄人士和北方流亡士族的支持，尤其是三顾茅庐，请出诸葛亮，才使事业有了转机。

诸葛亮隐居隆中，静观世变。刘备百折不挠的精神，深深感动了诸葛亮，君臣二人一见如故。刘备“欲伸大义于天下”，向诸葛亮问计，诸葛亮将他深思熟虑的意见和盘托出，可概括为十六个字：夺取荆、益，内修政理，外联孙吴，北抗曹操。这就是有名的“隆中对”。

公元208年，曹操统一北方之后，立即亲率三十万大军南下夺取荆州。这时刘表已死，次子刘琮为荆州牧，他被曹操的声势吓破了胆，不战而降。诸葛亮劝刘备立即占领荆州，除掉刘琮这个不孝之子。但是，刘备不忍，他说：“刘荆州临死之时，托孤于我，现在背信弃义而成就自己的事业，死后还有什么脸面去见他呢！”刘备从樊城向江陵撤退，路过襄阳城头，只对刘琮作了一番教训，然后到刘表墓上叩拜告祭，追念生前情谊，不禁哭泣。三军为之感动，刘琮左右之人及荆州人士纷纷随刘备而行。来到当阳，人众已十余万，辎重亦有数千辆，每日只能行走十多里。有人向刘备建议，应该急速去保江陵，今虽拥有人众，但甲士少，一旦曹操兵到，如何抗拒？刘备回答说：“成大事一定要以人为根本，现在人已归附于我，我怎能忍心抛弃他们呢？”东晋史家习凿齿，对此发表评论说：“刘备愈是在艰难险阻关头，愈是想到人民，他终于成就大业，不是应该的吗！”

刘备带领人众向江陵撤退，因那里驻有荆州水军，并且储存了很多军需物资。曹操也怕江陵落入刘备手中，亲率五千精锐骑兵追赶，一日一夜行三百余里，赶到当阳长坂，追上了刘备。刘备在混战中丢妻失子，与诸葛亮、张飞、赵云等数十骑逃脱。他不得不改变原来向江陵撤退的计划，转向汉水退却。路遇关羽水军，遂渡汉水，又逢刘表长子江夏太守刘琦率部一万余人前来接应，遂同至夏口（今湖北武汉）。在这生死存亡之际，刘备派遣诸葛亮结好东吴。诸葛亮奉使江东，说服孙权，订立联盟。孙权命周瑜、程普率数万水军与刘备会合，和曹军战于赤壁。周瑜采用火攻，大破曹军。刘备和东吴军队水陆并进，一直追到南郡（今湖北江陵）。曹操留曹仁守江陵，自己带领残军退回北方。这就是著名的“赤壁之战”，孙刘联军取得胜利。

赤壁战后，刘备举荐刘琦为荆州刺史。又攻打长江以南的荆州四郡，即武陵、长沙、桂阳、零陵。四郡太守原系刘表治下，也就顺理成章地归顺了刘琦。不久，刘琦病死，刘备自己当了荆州牧，又向孙权借了荆州的南郡，壮大了实力，基本形成鼎足三分之势。

三、入据益州，建立蜀汉

刘备在荆州，北有曹操，东有孙权，无法发展势力，西取益州，就势在必行了。

当时，占据益州的是刘璋。公元 211 年，刘璋听说曹操要派钟繇进攻张鲁，害怕曹操得汉中而取蜀土。蜀郡人张松企图依靠外力推翻刘璋，于是乘机向刘璋献策，请刘备入蜀讨伐张鲁。刘璋采纳了张松的建议，派遣法正到荆州迎请刘备。对刘备来说，这正是天赐良机，便立即和庞统等率军出发，留下诸葛亮、关羽驻守荆州。

刘备由水道，沿长江、嘉陵江，到达涪县（今四川绵阳），刘璋也从成都赶到涪城迎接。会见时关系甚为融洽，欢宴百余日后，刘璋拨给刘备很多军需用品，就请他进攻张鲁，自己返回了成都。刘备本意是要伺机夺取益州，当然不会离蜀而到汉中，所以军到葭萌（今四川广元），就停止前进，广施恩德，笼络人心。第二年，曹操进攻孙权，权向刘备求救。刘备即以此为借口，扬言要返回荆州。恰逢这时刘璋发觉张松私通刘备夺取荆州的阴谋，马上收斩张松。刘备见事机败露，就回师攻下涪城、绵竹（今四川德阳），包围雒城（今四川广汉）。与此同时诸葛亮、张飞、赵云也率军溯长江而上，攻下白帝、江州（今重庆市）、江阳（今四川泸州），抵达成都。刘备攻破雒城与诸葛亮共围成都，数十天后，刘璋出城投降。于是，刘备自领益州牧，安抚百姓，封赏群臣。他尤其注意吸收刘璋旧部和益州人士参加蜀汉政权，如董和、黄权、李严、刘巴等都委以重任，这样刘备在益州就站稳了脚跟。就在刘备集中精力治蜀之时，发生了两件大事：一是孙权索取荆州；二是曹操攻取汉中。

公元 215 年，也就是刘备得益州的第二年，孙权向刘备索取荆州。刘备答复说：要取得凉州才能奉还。刘备的托词激怒了孙权。孙权就派遣吕蒙袭取了长沙、零陵、桂阳三郡。刘备立即引兵五万下公安（今湖北公安），想重新夺回三郡。但这时曹操已攻取了汉中，刘备担心曹操趁机进攻益州，只得与孙权和解，以湘水为界，中分荆州：江夏、长沙、桂阳三郡属孙权，南郡、零陵、武陵三郡归刘备。这样，脆弱的孙刘联盟总算勉强维持下来，但裂痕已无法弥补。对东吴来说，荆州位于上游，威胁其安全，势在必夺，“竟长江所极，据而有之”（《三国志·鲁肃传》），乃是既定方针；对西蜀来说，荆州是北定中原的捷径，势在必守。此次刘备仓促出兵，凭借武力而未能保全荆州江南三郡，运用外交又未能弥补裂痕。这为后来关羽失荆州埋下了祸根。

汉中是巴蜀门户，刘备本该在取得益州之后，命一偏师，乘胜北进，一举而下。但他却舍此而与孙权争南三郡。争而不得，反被曹操占了汉中。刘备不得不亡羊补牢，引军返回江州。他命黄权领兵迎张鲁，可是张鲁已经投降曹操，曹操派夏侯渊、张郃驻扎汉中，时常侵犯巴郡边界。刘备令张飞进兵宕渠（今四川渠县），大破张郃，暂时解除了曹兵对益州的威胁。

公元 218 年，刘备采纳法正建议，进兵取汉中。公元 219 年，黄忠在定军山一战而斩夏侯渊，大败曹军。曹操闻讯，亲自从长安率军前来征战，刘备据险御敌，并不交锋。曹操攻不能克，伤亡很多，同年夏天，撤军北还。秋天，刘备进位汉中王。至此，刘备全部占有巴、蜀、汉中之地，加上荆州三郡，可说是“跨有荆益”。刘备一生理想实现了一半，而且是重要的一半。“高祖因之以成帝业”，刘备此时的情况还优于当年的汉王刘邦。刘邦只有一条路线，“明修栈道，暗度陈仓”；刘备却可两路出击，荆州北向，秦川东指。只待天下有变，兴复汉室，统一中原的大业便有可能实现。就在这大好形势下，时局突变，荆州失守，关羽阵亡。刘备开始从顶峰向下跌落，隆中路线，半道夭折了。

公元 220 年，曹丕代汉称帝，国号魏。次年，刘备亦在成都即皇帝位，国号汉，史称“蜀汉”。

四、夷陵败北，白帝托孤

刘备称帝以后，念念不忘的就是夺回荆州，替关羽报仇。公元 221 年，秋七月，他不顾赵云等人的劝谏，率师东征。孙权遣使请和，刘备盛怒不许。兵出巫峡，自秭归至夷陵（今湖北宜昌东南），连营七百里，刘备率主力驻扎在夷陵之亭。次年六月，东吴大都督陆逊用火攻大破蜀军，刘备仓皇败退至白帝。夷陵之战，蜀军损失惨重，“舟船器械，水步军资，一时略尽，尸骸漂流，塞江而下”（《三国志·陆逊传》）。同年十二月，孙权因魏出兵攻吴，而刘备又住在白帝不回成都，担心两面受敌，遣使请和。刘备也因蜀国元气大伤，处境不利而同意和好，于是派宗玮回聘。中断三年之久的吴蜀联盟，终因各自的需要而得以恢复。

夷陵战败，刘备心力交瘁，在白帝卧病不起。这时，蜀汉内部的矛盾也激化起来。汉嘉太守黄元听说刘备染病，起兵反叛，进攻临邛。虽然前后只有三个月就被平息下去，却反映出刘备的统治并不稳固。在这种情况下，刘备出兵伐吴，乃是一重大失误。

公元 223 年，刘备病势沉重。二月，诸葛亮从成都赶到永安（今重庆奉节县）；三月，刘备托孤于诸葛亮；四月，病逝于永安宫，享年六十三岁。灵柩运至成都，葬于惠陵，谥号曰昭烈皇帝。

纵观刘备一生，可分为三个阶段。从公元 184 年镇压黄巾起义到 207 年三顾茅庐得诸葛亮辅佐，为第一阶段：转战南北，逐鹿中原，虽屡遭失败，但不屈不挠。从公元 208 年赤壁之战到 221 年四月称帝，为第二阶段：执行隆中路线，事业发展，成就天下三分鼎足之形。从公元 221 年伐吴到 223 年四月病逝白帝，为第三阶段：夷陵败北，晚景悲凉，成为三国时代最令人叹息的悲剧英雄。（徐景重）

诸葛亮

被后世“神化”的真正原因

诸葛亮，字孔明，人称“卧龙”，东汉末徐州琅邪郡阳都县（今山东沂南）人，三国时期杰出的政治家、军事家和外交家。

一、流寓荆州，隐居待时

诸葛亮本姓葛，原来是秦末陈涉步将葛婴的后裔，葛婴是秦沛郡符离县（今安徽宿州）人。西汉文帝封葛婴之孙为琅邪郡诸县侯，是为诸县之葛。今山东诸城西南三十里处有地名葛坡，周围数十里内还有葛姓居民，相传为诸葛亮同族。后来，诸县葛氏有一支迁到阳都县，因阳都也有葛姓，当地人就称诸县之葛为诸葛，以与本地葛姓区别，时间久了成为习惯，诸葛成了复姓。西汉元帝时，诸葛氏出了一个清官叫诸葛丰，为司隶校尉，“刺举无所避”，违忤当朝，被罢官家居，此后诸葛氏中没有显宦。诸葛亮父亲诸葛珪做过泰山郡丞，即郡守之副，所以诸葛亮的门第是士族的中下层，上可攀附显贵，下与较低层的社会有接触。他的叔父诸葛玄就和当时名门贵胄袁术及名士首领刘表等都有交往。

诸葛亮生于汉灵帝光和四年，死于蜀汉后主建兴十二年，即公元 181 年至公元 234 年，享年五十四岁。公元 184 年诸葛亮四岁时，就爆发了黄巾大起义；公元 190 年诸葛亮十岁时，关东诸侯起兵讨董卓，天下分裂，军阀割据，战乱不休，神州大地没有一片安静的土地。这时，诸葛亮又失去了双亲，依随叔父诸葛玄生活。公元 193 年，曹操讨伐陶谦，攻下徐州十多座县城，所过残灭，屠杀男女数十万口，泗水为之不流。在这兵荒马乱的岁月，诸葛亮一家在老家生活不下去，跟随叔父辗转到了南方。公元 195 年，割据淮南的军阀袁术委署诸葛玄去做豫章太守，豫章郡治即今江西南昌。诸葛玄到任不久，就被由凉州军阀李傕控制的东汉朝廷从长安派来的太守朱皓赶下了台。诸葛玄只好从南昌到荆州襄阳去依附刘表。就这样诸葛亮流寓到了荆州。这时，诸葛亮十五岁。

诸葛亮兄弟三人，他排行第二，哥哥叫诸葛瑾，弟弟叫诸葛均。诸葛亮还有两个姐姐。诸葛玄南走时，诸葛瑾在家看守，公元 200 年也南下渡江投了孙权，做了东吴的大臣。诸葛亮和两姐一弟都随叔父到了荆州。当时，刘表割据荆州，有十万雄兵，虽然没有远略的大志，但他保境安民，使荆州保持了暂时的安宁，却是一片难得的和平绿洲。不幸的是，诸葛玄到了襄阳，两年后就死了。这时只有十七岁的诸葛亮挑起了一家生活的重担。他看到刘表昏庸无能，不是命世之主，于是结庐襄阳城西二十里的隆中山中，隐居待时。这是公元 197 年的事。

诸葛亮在隆中从公元 197 年到公元 207 年，隐居了十年。这期间，他与当地及外地流寓荆州的智士名流交游，纵谈天下大事，并日夜苦读，揣摩兵法，增长才干。诸葛亮与之交游的智士，有襄阳的大名士庞德公和他的侄儿庞统，有从颍川迁居襄阳，号“水镜先生”的司马徽，有汉南名士黄承彦，有北方士人颍川石广元、颍川徐元直、博陵崔州平、汝南孟公威等人。诸葛亮的两个姐姐，大姐嫁给荆州望族中卢县的蒯祺，二姐嫁给庞德公之子庞山民。诸葛亮则与黄承彦之女结亲。这样，诸葛亮就跻身于荆州的上流士族社会，并成为中坚人物，被庞德公称为“卧龙”，与号“凤雏”的庞统齐名，远近知晓。

诸葛亮在隆中常以管仲、乐毅自比。春秋时管仲辅佐齐桓公尊王攘夷，九合诸侯，一匡天下。战国时乐毅辅弱燕报强齐，一举下齐七十余城，几乎灭亡了齐国。诸葛亮自比管仲、乐毅，不仅表明了他兼具将相之才，还表现了他不苟且许身的抱负。由于诸葛亮少小就经历了辗转飘零的流寓生活，目睹军阀祸国殃民，把国家搞得四分五裂，疮痍满目，因此他时常心忧时事，以拯救天下为己任，渴望像管仲、乐毅那样建树功业。尤其是曹操在徐州的暴行，早就在诸葛亮幼小的心灵刻下了深深的印记。加上诸葛亮书香世家所受的封建正统思想的熏陶，于是逐渐形成一套忠君报国的政治思想。公元 207 年，曹操已经统一了北方，流寓荆州的士人纷纷北返，诸葛亮的好友孟公威等也来告辞了。诸葛亮对他们说：“中国饶士大夫，遨游何必故乡邪！”（本传裴注《魏略》）这表明诸葛亮决心要兴微继绝，复兴汉室。他隐居待时，终于在公元 207 年盼来了三顾茅庐的刘备。他在《前出师表》中自述说：“臣本布衣，躬耕于南阳，苟全性命于乱世，不求闻达于诸侯。”在《诫子书》中又说：“非淡泊无以明志，非宁静无以致远。”这是其真实思想。如果没有刘备的三顾茅庐，或者刘备虽三顾茅庐而非英雄，诸葛亮宁可终老黄泉，也是不会出山的。刘备三顾，诸葛亮“由是感激，遂许先帝以驱驰”（《前出师表》）。正由于诸葛亮有淡泊之志，也具有“士为知己者死”的高尚情操，所以，他不辞危难辅佐刘备，把报答知遇之恩和匡救天下的抱负统一起来，从而选择了一条前途多艰的政治道路。

二、对策隆中，出使江东

刘备在未得诸葛亮之前，转战了二十多年，先后依附过公孙瓒、陶谦、曹操、袁绍、刘表，两次得徐州，又两次失掉徐州，没有立锥之地，势单力薄，寄人篱下，屯驻新野。公元 207 年，思贤若渴的刘备三顾茅庐，请计于诸葛亮。诸葛亮精辟地分析了天下的形势，提出了统一天下，应走鼎足三分、联孙抗曹的道路，可称之为“隆中路线”，史称“隆中对策”。隆中对策是诸葛亮为刘备提出的一条正确的政治路线和军事路线，也是诸葛亮一生的行动纲领。从此，刘备的事业才出现了转机，终于建立了蜀汉政权。

按照古代政治家总结的历史经验，要统一天下，须占有天时、地利、人和。这三者缺一不可。隆中对策就是根据这一理论结合当时世势分析天下大势。诸葛亮分析曹操、孙权的情况说：

“自从董卓之乱以来，四方诸侯各据一方，争夺天下，曹操同袁绍相比，名望低，兵力少，但他终于打败袁绍，由弱变强，这不仅仅是因为形势对他有利，也靠人谋。现在，曹操已拥兵百万，又有‘挟天子以令诸侯’的政治地位，实在不可同他争锋。孙权占据江东，已经历了三代，地险民附，又有贤能之士为他效劳。因此，江东只可联合，而不可去谋取。”

诸葛亮分析南北形势，已成对峙之局，但孙氏不足以单独对抗曹操，是联合的对象。当时，具有地理形胜的荆州尚在庸主手中。诸葛亮分析道：

“荆州四通八达，是一个用武的地方，但刘表却没有能力守住它。这对将军是一个很好的机会，不知将军有没有这个想法？益州地势险要，沃野千里，号称‘天府之国’。汉高祖就是凭借这块地方建立了帝业。但益州的主人刘璋昏庸无能，加上北面张鲁的威胁，不知道怎样治理。那里的智士能人，都希望得到一个贤明的君主。”

诸葛亮的规划十分清楚，统一天下分两步走：第一步，刘备要避实击虚，不失时机地夺取荆、益建立根据地，在地利上造成三分的均势；第二步，依靠“人和”与“人谋”的努力来等待天下之变，实现统一。最后，诸葛亮概括地指出：

将军你是汉王室的后代，声誉传满天下，收揽英雄，思贤如渴，如果你占有了荆、益两州，据险防守，西南边和好夷越，外结孙吴，内修政治，时机一来，就可两路出击，荆州守将率军直捣宛洛，将军亲率益州之众北出关中。到那时，老百姓谁能不带着好饭美酒欢迎你呢？如果真能这样，那么将军的事业可以成功，衰颓的汉朝就可以复兴了。

诸葛亮的透彻分析，使刘备顿开茅塞，十分高兴。刘备诚恳地请诸葛亮出山辅佐，诸葛亮慨然允诺。就这样，二十七岁的诸葛亮走上了政治征途。

诸葛亮一到刘备军中，立即着手扩编军队。他建议刘备用清查游户的办法，迅速把几千人的部队扩大到几万人，成为以后转战各地、建立蜀汉的基本力量。

公元208年七月，曹操亲率三十万大军南下荆州，刘表被吓死。他的儿子刘琮举州投降，刘备败于长坂，溃不成军，诸葛亮“受任于败军之际，奉命于危难之间”，出使江东，联结孙权，如果联盟不成，刘备只能步田横后尘，远遁苍梧。本来孙氏集团的既定方针是极长江之险与曹操抗衡，孙权大将周瑜、鲁肃、甘宁等人都主张进伐刘表，渐窥巴蜀，据襄阳以蹙操，北方可图。公元208年春，孙权移营柴桑，亲自统兵抢先发动了争夺荆州之战。孙权是要吞并荆州，而不是联合荆州。显然刘备若不占有荆州，就没有联吴资本，所以隆中对之后，刘备并没有联孙的行动，他在等待时机，夺取荆州。可是深谋远虑的曹操是不允许孙、刘两家从容占有荆州的。他不失时机发动了荆州战役，使刘备无立身之地，几乎使诸葛亮的隆中路线化为泡影。当时，曹操声威远播，江东震动。孙权柴桑行营，一片主和声。曹操又给孙权送去战书，并且提兵东进。孙权在和与战之间犹豫不决，眼看江东自身难保。在这危急时刻，诸葛亮出使江东，订立同盟，共拒曹操，实际上是引江东之兵击退曹操，为刘备夺荆州，这是多么艰难的使命！若果孙权降曹，诸葛亮将被扣为人质，成为曹操的俘虏。所以诸葛亮出使江东，不只是任务艰巨，而且前途多凶，要有大智大勇。诸葛亮冒难而行，并且圆满地完成了使命。孙权答应，打败曹操，荆州归刘，这显示了诸葛亮不凡的外交才干。

诸葛亮在江东是如何说动孙权的呢？他针对孙权观望不决的态度，分析形势，智激孙权。诸葛亮说：“现在曹操已统一了北方，又攻破了荆州，提兵对着江东而来。孙将军考虑一下自己的力量，如果能够对抗曹操，就应马上和他断绝关系；如不能对敌，趁早投降。现在，孙将军外托服从之名，内心却犹豫不决，紧急关头做不出决断，大祸就要临头了。”孙权听了很不高兴，一下变了脸色，带刺讥讽说：“照你说来，刘备为何不投降呢？”诸葛亮趁势接着话茬说：“刘将军是大汉王室的后代，英才盖世，天下士人仰慕他就像江河归大海一样。如果事业不成，只是天意，刘将军哪能跪拜在曹操脚下呢？”诸葛亮这一席话既是激使孙权振奋，同时又是警告孙权不能屈抑刘备，要联合必须是平等的联合，共抗曹操，就要承认刘备是荆州的主人。诸葛亮最后分析敌我友三方实力，指出共拒曹操胜利的前景。曹军虽众，远来疲惫，已成强弩之末。刘备尚有精甲两万，又是荆州人望，是一支不可轻视的力量。诸葛亮说：“孙将军如能派猛将统兵数万，和刘将军同心协力，一定能够打败曹操。曹操兵败必然北逃，到那时，刘、孙两家势力增强，鼎足的局面就形成了。成败之机，在于今日。”孙权英睿明智，大敌当前，他认识到除了刘备，再没有人敢与曹操抗衡了，不得不做出让步，同意鼎足三分，发兵拒操。赤壁战后，孙权履行了诺言，借荆州给刘备。曹操听到这消息，大吃一惊，他正在写字，不知不觉地把笔掉落在地上。

三、受命辅孤，率众南征

公元 219 年，刘备从曹操手中夺取了汉中，又派刘封、孟达攻取汉中郡东面的房陵、上庸等地，势力迅速扩大。这年七月，刘备称“汉中王”。与此同时，关羽北伐，围困曹仁于襄阳，生擒曹操派来援救的大将于禁。关羽威震华夏，曹操打算从许昌迁都以避其锋。正当隆中路线胜利发展之时，中道发生了变化。由于关羽自恃勇武，藐视孙权，破坏了联盟。关羽在长江上游，他的发展也使得孙权震恐。于是，孙权趁关羽在襄阳城下与曹军打得难分难解的时候，派大将吕蒙偷袭荆州。关羽腹背受敌，兵败被杀，刘备失了荆州。公元 222 年，刘备称帝，建立了蜀汉。他不听臣下劝阻，亲率八万蜀兵伐吴，替关羽报仇，要夺回荆州，结果刘备在夷陵被孙吴大将陆逊打败，全军覆没，蜀国元气大伤。

公元 223 年二月，刘备在白帝城卧病不起，自知不久于人世，他把丞相诸葛亮请到白帝城，安排后事。刘备对诸葛亮说：“你的才干胜过曹丕十倍，必能安邦定国，成就大业。假如嗣子刘禅可辅就辅，如不成器，你可取而代之。”诸葛亮泪流满面，跪在地上诚恳地说：“臣一定竭心尽力效忠贞之节，死而后已。”四月，刘备死于白帝城永安宫，终年六十三岁。

诸葛亮受到刘备遗命辅孤，改元建兴，肩负了兴复汉室的重任。他日夜操劳，政事无论大小，都要亲自过问。

蜀国的南部地区叫作南中，有四个郡：越嶲郡，当今四川西昌地区；牂牁郡，当今贵州西北部和云南东部地区；益州郡，当今云南中部地区；永昌郡，当今云南西部地区。南中自古以来是夷越之地，居住着叟、青羌、僚、濮等多个民族，西汉时称西南夷。南中的豪强大姓和夷帅，总想割据自立，称霸一方。吴、蜀交恶，孙权又派人来策动，遥署益州郡大姓雍闿为永昌太守。公元 222 年，越巂郡夷帅高定起兵叛乱，在刘备死后竟称起王来。公元 223 年，雍闿与郡人夷帅孟获联兵反蜀，杀了益州郡太守正昂，又把诸葛亮派去的新太守张裔流放到吴国。太守朱褒也举郡叛应。南中四郡，三郡反叛，只永昌郡王伉与郡功曹吕凯坚守待援。

后主建兴三年（225），诸葛亮经过两年的“闭关息民”休养政策，恢复了实力。这时，诸葛亮也安排好了内政外交，一切准备就绪，于是在这一年亲率大军南征。出发时，参军马谡前来送行。诸葛亮向他询问破敌之策。马谡说：“南中夷人恃险不服，不可用武力征服，要紧的是征服他们的心。用兵的道理，要攻心为上，攻城为下，心战为上，兵战为下。”诸葛亮十分赏识。

蜀军兵分三路。诸葛亮率主力为西路军，进击越郡的高定叛军，马忠率东路军攻打牂牁郡的朱褒叛军，李恢率中路军直指叛乱中心益州郡，吸引叛军主力雍闿等人，策应东西两路从侧背迅速推进。在蜀军强大的攻势下，叛军节节败退。西路军杀了高定，东路军平了朱褒。公元 225 年五月，诸葛亮率军穿过人烟稀少的山岭，渡过波涛汹涌的泸水，经过艰苦的行军，逼近益州郡。这时雍闿已被高定部下杀死，孟获成了叛军首领。孟获在南中各民族中有很高的威望。诸葛亮决定对孟获采取攻心战术，下令全军在战斗中要生擒孟获，不许伤害。孟获战败被擒，心中不服，诸葛亮放了他。就这样一捉一放，前后七次。诸葛亮还要放他，孟获不走了。他对诸葛亮说：“公，天威也，南人不复反矣！”

孟获投降后，三路大军在滇池（今云南晋宁）胜利会师，为了有效地控制南中，诸葛亮采取了改善民族关系的政策，尊重民族习惯，保留原来的部落组织和渠帅的地位。县以下的官吏委任部落渠帅担任，孟获等有威望的夷帅调到成都去做官。任用能贯彻“和夷”政策并熟悉当地情况的人担任郡太守和降都督（管理南中的军事长官）。诸葛亮把叛乱中心的益州改名建宁郡，化大为小，把南中四部增置为越巂、建宁、永昌、云南、牂牁、兴古六郡。对桀骜不驯的豪族部曲加以节制。诸葛亮把他们迁到成都和内地，有一万多家，并且从中选出精壮男子编成一支军队，号称“飞军”。这支军队骁勇善战，成了蜀国北伐军中的一支精锐部队。对南中的经济发展，诸葛亮也极为关注，派人教当地的少数民族使用牛耕，务农植谷。还开发南中矿产物产，如金、银、丹、漆、耕牛、战马等，不断运往蜀中。南中的开发，使蜀国益加富饶，这里也成为支持北伐的一个后方基地。

四、出师北伐，鞠躬尽瘁

诸葛亮平定南中叛乱，解除了后顾之忧，于是治戎讲武，准备北伐。

后主建兴五年（227）春，诸葛亮统兵进驻汉中，临行给后主上了一道《出师表》。表文恳切地劝说刘禅要奋发自励，不要妄自菲薄，满足于偏安的王室，要亲贤远佞，兴复汉室。诸葛亮表明了统一中原的壮志，说明北伐时机已经到了。他说："如今南方已经平定，兵甲已经充足，应当奖率三军，北定中原，铲除奸凶，兴复汉室，还于旧都。"诸葛亮满怀先帝托孤的重任，真是舍不得远离后主，当他写完表文之时，眼泪像断线的珠子似的滴落下来，激动不已，不知说什么好。

诸葛亮北伐，前后六次，五次进攻，一次防守。公元 228 年春，诸葛亮从汉中大举出祁山，志欲一举平陇右，由于马谡违亮节度，兵败街亭退回。同年冬出散关，围陈仓，粮尽退兵。公元 229 年，第三次出兵蚕食魏境武都、阴平二郡。公元 230 年魏国分兵进攻汉中，诸葛亮防守，魏兵遇雨退回。公元 231 年，诸葛亮再出祁山，粮尽退军。鉴于后勤不继，诸葛亮在汉中实行大规模军屯，经过两年的充分准备，于公元 234 年再度大举北伐。诸葛亮出兵斜谷，屯田武功，欲与魏军作持久战，因积劳成疾，病逝五丈原而罢兵。由于诸葛亮北伐，第一次进兵走的是祁山道，所以习惯上称之为"六出祁山"。

诸葛亮北伐以失败告终，这不是意外。因为战争是政治、经济、军力的综合较量，无论哪一方面蜀汉都是劣势。曹魏占有整个黄河流域，兵强马壮，有雄兵四五十万，人才济济，勇略兼备，力量超过吴、蜀两国的总和，应付东西两线作战而有余。蜀汉偏踞一州，兵弱将寡。诸葛亮惨淡经营，才养成一支不到二十万人的军队，又要留守后方，又要东防孙吴，又要维持粮运，所以每次用兵不过十余万人，投入第一线的只有数万之众，因此只能在一个方向使用，不能数道并出。在一个方向作战，形成了消耗战，弱小之蜀注定要失败。粮运不济就是一个明显的例子。在政治上，魏明帝不失为一个明主，他刚毅果断，察纳雅言，决策正确，反应迅速，这是羸弱的后主刘禅不能相比的。诸葛亮第一次出师，曹魏关中震响，陇右天水、南安、安定三郡叛魏应亮。魏明帝亲镇关中，迅速地调兵入援，挽救了关中不备的危局。诸葛亮第五次北伐，这是一次难得的吴、蜀步调一致的协同作战。四月蜀军入秦川，五月孙权大举攻魏，亲率十余万大军向合肥，使陆逊、诸葛瑾向襄阳，孙韶、张承向广陵，三路齐出，来势凶猛，甚至智勇双全的魏将满宠也准备退出合肥。魏明帝果断地采取西守东攻的战略，使辛毗杖节监军，令与诸葛亮对阵的司马懿坚壁不出，自己亲率大军东征。魏明帝这一坚强有力的行动，使孙权闻风丧胆，不战而退，打破了吴、蜀的联合进攻。诸葛亮又陷入了孤军作战的困境，欲进不能，欲罢不忍，一筹莫展而病逝五丈原。这正是：

出师未捷身先死，长使英雄泪满襟！

以诸葛亮之智，明知伐魏不胜，为什么要劳民伤财呢？一般的看法认为诸葛亮是“以攻为守”。这既不符合客观实际，更不符合诸葛亮的本志。因为“以攻为守”，只可能在两军决战中作为战术运用，而绝不可用为以弱抗强的基本国策。诸葛亮在《后出师表》中说：“先帝虑汉贼不两立，王业不偏安，故托臣以讨贼也。臣鞠躬尽力，死而后已。”诸葛亮凄怆悲凉，念念不忘北伐中原。《后出师表》格调有些低沉，因为诸葛亮打了败仗。《前出师表》却是充满了必胜信心的。他驻屯汉中，采取的是进攻的策略，其战略是蚕食魏凉州、雍州，广拓境土，徐图中原。具体实施，先取陇右。所以，诸葛亮第一次北伐没有采纳魏延出奇兵的战略。魏延建议，他领兵五千，从褒中（今陕西褒城）出发，向东北由子午谷直取长安；诸葛亮率大军出斜谷，趋长安会师，可一举夺取关中。这正是楚汉相争时韩信暗度陈仓之计，乘敌方不备，直取关中，这是最高的战略。但诸葛亮一生谨慎，虑多决少，不敢出奇兵，以弱抗强，不出奇兵是难以取胜的。诸葛亮平取陇右的战略也有失着，他没有让赵云、邓芝直出斜谷，阻断关陇大道，使得曹魏援军越过陇山，直趋街亭，在心理上已经震慑了蜀军。所以，街亭之败，不只是误用了马谡。陈寿评诸葛亮将略为短，是符合实际的。

公元207年诸葛亮二十七岁出山辅佐刘备，到公元234年病死军中，恰好又是二十七年，诸葛亮半生操劳，尽瘁国事。诸葛亮的前半生修身养性，是他立志用世的准备阶段。他隐居隆中，静观时变，不北走曹操，南归孙权，而恰恰在曹操统一北方、南下荆州的紧要关头出山辅刘备，选择了一条以复兴汉室为己任的艰难道路。他选择的道路充分说明他是一个维护封建纲常和崇尚儒家忠义道德的正统思想家，但诸葛亮不墨守儒家教条。他尊王而不攘夷，进兵南中，和抚夷越，在三国中执行了最好的民族政策。诸葛亮后半生操劳，明法、治军，和吴、正身，以“鞠躬尽瘁，死而后已”的精神，战斗到生命的最后一息，百分之百、不折不扣地实践了自己的诺言。诸葛亮忠公体国的精神，在生前就得到蜀人的爱戴，死后长期受到蜀人的追念，立祠祭祀。尽管诸葛亮没有能够完成统一大业，但他忠贞冠世的高风亮节、竭尽忠诚的献身精神，备受历代人们的传扬，成为中华民族历史文化的珍贵遗产，唐代诗圣杜甫在《咏怀古迹五首》之五中对诸葛亮满怀激情地做了高度评价和赞颂。杜诗云：

诸葛大名垂宇宙，宗臣遗像肃清高。
三分割据纡筹策，万古云霄一羽毛。
伯仲之间见伊吕，指挥若定失萧曹。
运移汉祚终难复，志决身歼军务劳。

在中国古代史上，诸葛亮是一个鞠躬尽瘁、乃心王室的典范人物，没有哪一个政治家或军事家像他那样，深受一代又一代广大人民的热爱。（张大可）

关　羽

有致命缺点的“武圣”

关羽是三国时代的名将，一生追随刘备，战绩辉煌，为缔造蜀汉政权做出卓越的贡献。然而，关羽丢失荆州，又给蜀汉政权带来了致命伤。

一、千里走单骑

关羽，字云长，本字长生，河东解县（今山西临猗）人，生当东汉末年衰乱之世。青年时为避难，逃亡到涿郡，投奔于正在招兵买马的刘备帐下，与张飞两人成为刘备的心腹。三人“寝则同床，恩若兄弟”，但在大庭广众之下，关、张二人则卫护在刘备左右，“侍立终日”。

当时，刘备势单力薄，在徐州被吕布击败而投曹操。建安四年（199），淮南袁术兵败欲北上去依附袁绍，曹操派刘备到徐州去截击。刘备到了徐州，竖起了反对曹操的大旗。曹操立即出兵亲征刘备。刘备再次惨败，北投袁绍，困守下邳（今江苏睢宁西北）的关羽被俘。曹操十分爱惜关羽的勇猛，拜为偏将军，礼遇优渥，但关羽丝毫不为势利所动。曹操也觉察到关羽没有久留之意，于是特地派关羽的好友张辽去试探。关羽坦率地表达了自己的心迹说：“吾极知曹公待我厚，然吾受刘将军厚恩，誓以共死，不可背之。吾终不留，吾要当立效以报曹公乃去。”果然，报答曹操恩德的时机来了。建安五年（200）二月，袁绍发兵十万南下与曹操决战，命大将颜良攻东郡太守刘延于白马（今河南滑县）。四月，曹操从官渡率张辽、关羽北救刘延，在白马城外十余里与颜良军队相遇。关羽发现颜良的麾盖，策马奋勇当先，在万军之中斩了颜良，遂解白马之围。于是，曹操上表封关羽为汉寿亭侯，并重加赏赐。关羽却分毫未取，留下书信拜谢而去，冒着风险，单骑赴袁绍营中寻找刘备。为了树立起一个忠于君父的榜样，曹操成全了他，没有让部下去追击。

二、威震荆襄擒于禁

赤壁战后，孙、刘结盟已成鼎足之势。刘备攻取江南诸郡，关羽功劳最大，拜为襄阳太守，加号荡寇将军，驻防江北。刘备入蜀，留关羽、诸葛亮等守荆州，以关羽为督。刘备取益州，诸葛亮、张飞、赵云等都被召入蜀，关羽独当重任，成为刘备集团中举足轻重的人物。

建安二十四年（219），刘备打败曹军，取了汉中，关羽趁此局势统大军北伐，向曹仁镇守的樊城进攻。当时，曹操从汉中败归，还在长安，急令大将于禁赴襄、樊前线增援。八月，大雨滂沱十余日不止，汉水猛涨，冲决了堤岸，平地水深五六丈，把城外于禁的营地淹没了，七军顷刻成为鱼鳖。于禁只带了少数将士躲避到高处，当关羽乘大船赶到时，遂束手就擒。将军庞德力战被俘，不屈而死。关羽大军借着水势乘胜驶抵樊城，把困守在城内的曹仁数千人马团团包围，并且切断了内外交通。与此同时，另一支部队也包围了吕常据守的襄阳。当此之时，关羽威名，中原为之震动，于是“遂有北向争天下之志”（《三国志·王肃传》）。梁、郏、陆浑（今河南省中西部）等地郡县长吏，也反了曹操，接受关羽的节制。曹操闻讯后甚为恐慌，准备从许昌迁都洛阳以避关羽。于禁是曹操的心腹大将，百战百胜的将军，庞德是北方著名勇将，关羽擒于禁，斩庞德，威名大振，达到他在军事上的全盛时期。

三、关羽败走麦城

关羽得志于荆、襄，东吴的孙权却沉不住气了，因为荆州位于长江中游，“北据汉沔，利尽南海，东连吴会，西通巴蜀”（《三国志·诸葛亮传》），地当要冲，为四战之地。当年，刘备访诸葛亮于隆中，诸葛亮筹划天下大势，即向刘备指出：欲图王业，应先取得荆、益二州，然后内修政理，外结孙权，“天下有变，则命一上将将荆州之军以向宛、洛，将军（指刘备）身率益州之众以出秦川”（《三国志·诸葛亮传》）。可见荆州是刘备图取中原的前进基地，极为重要。荆州在长江中游，是吴、蜀两国必争之地。荆州是蜀国的东方屏障和门户；对吴国则是居高临下，直接威胁着吴国的安全。孙权深知荆州的重要，他决心竭尽全力相争。由于疆场未尽，曹操在北，江东无力单独对抗曹操。孙权很能顾全大局，赤壁战后把荆州南郡借与刘备阻滞曹操。他在联盟的庇护下，在长江下流向江西一带及合肥等地进攻，建立了一条稳固的江北防线。建安二十年（215），当刘备取得益州后，孙权立即索要荆州。刘备又推托说：我正要取凉州，然后归还荆州。孙权知道刘备耍赖，就用武力强取。孙权知道，关羽坐镇南郡，一时无力强取，就派吕蒙率军两万攻取荆州江南三郡，即长沙、零陵、桂阳三郡。同时，又派鲁肃屯驻巴丘（今湖南岳阳）以备关羽。刘备闻讯，领兵五万出川与孙权争南三郡，曹操趁机从关中杀入汉中，灭了张鲁。刘备害怕益州有失，与孙权再次订约以湘水为界，中分荆州。孙、刘之间的冲突告一段落，又得到和解，但是裂痕已经显露。孙权时时提防着关羽，但表面上给关羽频送秋波，孙权还派人说项，要与关羽结为儿女亲家。可是，骄狂的关羽不识大体，极为藐视孙权，怒斥东吴使者，“虎女岂能嫁犬子”，给孙刘关系的破裂又加裂痕。不久，东吴主张孙、刘联盟的鲁肃死了，吕蒙统兵。吕蒙是疏刘派的中坚人物，一接任就规划着袭取荆州，他为了麻痹关羽，装病回东吴，推荐胸有韬略但还未崭露头角的陆逊代替自己。果然关羽上当，发兵北伐，荆州成了一座空城。关羽俘获于禁官兵三万，粮食一时紧张，他不经外交协商就擅取孙权辖地的粮食。这一举动不仅加剧了孙、刘矛盾，而且给孙权出兵制造了口实。赳赳武夫的关羽，就这样破坏了孙刘联盟。孙权派遣吕蒙率领大军杀向荆州，在关羽的背后捅了致命一刀。

关羽在襄、樊取得水淹七军的战绩后，对曹军展开了更凌厉的攻势，以图扩大战果。曹军统帅于禁不熟悉地理和气候，自蹈危地，致使关羽获得空前胜利。但关羽并没有客观地认识到这些，一味矜持自己的勇力。他俘获于禁后，乘胜进攻襄、樊，但未能攻克。另一支围攻襄阳的军队也屯兵于坚城之下，无咫尺之功。这时曹操已清醒过来，亲督大军来援，命徐晃为先锋。曹操又调合肥猛将张辽等西上。假如没有孙权偷袭，曹军重兵云集，关羽也定会吃败仗。徐晃这支生力军一到襄、樊，初一交手就打败了关羽。正在这时，后方来报，荆州已失，吕蒙占了南郡。关羽率领疲惫之兵退还荆州与吕蒙交战。曹操欲使孙刘相斗，严令曹军不得追击，因此关羽才未受到两面夹击。尽管如此，已丧失斗志的荆州兵也非东吴精兵的对手。加上孙权统率大军为吕蒙后继，更增强了东吴士气。这时关羽向上庸的蜀兵呼救，不料那里的守将刘封、孟达两人正闹矛盾，坐视不救。这样一来关羽陷入了四面楚歌的境地，一路上将士逃散，溃不成军。关羽眼见大势已去，没有认真交战，就退走麦城，向上庸方向撤退，最后在突围中被吴将潘璋所擒。孙权杀了关羽，把其首级送给曹操。（彭燕）

张　飞

被演义误导的国士

张飞，字益德，涿郡（今河北涿州）人，刘备的同乡。黄巾农民起义爆发时，刘备在涿县聚众，兴兵征讨，张飞即投奔其麾下。当时，关羽也在刘备手下，年长于张飞，张飞侍之如兄长。刘备因军功授平原（今山东平原）相时，张飞与关羽同任别部司马，分统部曲。在长年的征战中，张飞与关羽鞍前马后，“随先主周旋，不避艰险”（《三国志·关羽传》），深受信任，成为刘备的腹心之将。“先主与二人寝则同床，恩如兄弟”，三人君臣而又兄弟的关系，慎始善终，被古今传为佳话。

一、暴虐失下邳，断桥退曹兵

刘备代陶谦为徐州牧，袁术极为不满，于建安元年（196），发兵攻打。刘备领兵迎击，留张飞守下邳（今江苏睢宁西北）。袁、刘两军交战，各有胜负，相持不下。“袁术与吕布书，劝令击下邳，许助以军粮。布大喜，引军水陆东下。”（《资治通鉴》卷六十二）张飞到下邳后，与下邳相曹豹不和，在争执中杀死曹豹。曹豹系陶谦旧部，有一批部将，他们在曹豹死后反叛，抗拒张飞，“坚营自守，使人招吕布”。吕布得人内应，“大破益德兵，获备妻子军资及部曲将吏士家口”（《三国志·吕布传》裴注《英雄记》）。张飞大败而逃，走归刘备。而刘备又被袁术打败，失去下邳，走投无路，只得求和于吕布，吕布还其妻子。不久，吕、刘因战马发生冲突，刘备败北，投奔曹操。

建安三年（198），曹操破吕布，邀刘备与关、张同去许昌。为了标榜自己敬贤爱士和笼络刘备等人，曹操表刘备为左将军，拜张飞为中郎将。次年，胸怀大志的刘备借事出许昌，杀曹操所置徐州刺史车胄，反曹。他留关羽守下邳，自己去小沛（今江苏沛县）。“刘备走小沛，张飞随之”（《三国志·明帝纪》裴注《魏氏春秋》）。曹操立即派兵攻打，不克。建安五年（200），他便自率大军征讨。“先主败绩。曹公尽收其众，虏先主妻子，并禽关羽以归”（《三国志·先主传》），刘、关、张因此失散。刘备投奔袁绍去邺，“驻月余日，所失亡士卒稍稍来集”。后他领兵攻许下，关羽亡归，三人才又在一起。建安六年（201），刘备为曹操所败，张飞随其依刘表，驻新野。

建安十三年（208），曹操征荆州，刘备奔江陵。在当阳长坂（今湖北当阳），曹军精骑骤至，刘备军招架不住，溃散四逃。刘备弃妻子将士逃命，令张飞将二十骑断后。张飞立马横矛，据沮水断桥边，二十多名骑兵布列身后。曹兵来后，见状不敢贸然而进。张飞便怒目厉声大喝道：“身是张益德也，可来共决死！”他的英勇气概，使“敌皆无敢近者”，刘备因此得以安全退却。

赤壁之战中，张飞立下战功，还受刘备派遣，到周瑜帐下，去攻打南郡的曹仁（《三国志·周瑜传》裴注《吴录》）。战事结束，张飞任宜都太守，进位征虏将军，封新亭侯，被刘备摆在长江沿线，与关羽同为北方防务的主力。

二、义释严颜，智胜张郃

建安十八年（213），张飞奉命同诸葛亮、赵云沿长江而上，入川增援刘备，夺取益州。途经巴州（今重庆江北区），他领兵攻克之，生擒刘璋巴郡太守严颜。张飞呵斥道："我大军驾到，何以不早降而敢抗拒对战？"严颜义正词严回答说："尔等不仁，侵夺我州土地，我州只有断头将军，无有降将军！"张飞大怒，令左右推出斩首，严颜面不改色，泰然自若，说："砍头便砍头，何必如此恼怒！"张飞见状，十分佩服严颜的忠义和胆气，便亲自为他解去绳索，待为座上宾客。然后，张飞率军继续推进，沿途攻城陷郡，攻无不克，战无不胜，与刘备会师于成都。刘备据有成都后，张飞为巴西太守，驻阆中（今四川阆中）。

建安二十年（215），曹操攻占汉中，留大将夏侯渊与张郃镇守。二人常常领兵入川侵犯。一次，张郃督军下巴西，欲抢掠百姓以归汉中，张飞率军相拒。两军在宕渠（今四川渠县）相持五十余日，不分胜负。张飞便运用计谋出奇兵，率精兵万人从另一条路绕至张郃军后击之。张郃军因在狭窄的山道中，前后不能相救援，被张飞各个击破。张郃大败，只得弃马沿山与十余人狼狈从小道逃走，领军龟缩回南郑（今陕西汉中南郑区），再也不敢出来。从此，巴西一带获得安宁。

建安二十二年（217），刘备领兵争汉中，同时派张飞、马超、吴兰等入陇右，屯下辨（今甘肃成县），以争武都郡，曹操即遣曹洪相拒。"张飞屯固山，欲断军后"（《三国志·曹洪传》）。张飞欲抄袭曹军之后，但曹洪伏兵潜行，击破吴兰，使张飞军失去呼应之势，张飞只得领兵退回汉中。后刘备为汉中王，"拜张飞为右将军，假节"。刘备即帝位，张飞又迁车骑将军，领司隶校尉，进封西乡侯。

三、一代骁将，死于非命

章武元年（221），刘备东征伐吴，令张飞率万人从阆中至江州。临出发，张飞部将张达、范强将他刺杀，取其首级，顺流投奔孙吴去了。就这样，一员虎将默默地结束了威武的一生。

张飞自公元 184 年追随刘备起兵，至公元 221 年遇害，在三十七年的争战中，足迹遍及“齐楚幽燕吴越秦蜀”，在大半个中国里，历大小战役数十次，以他的骁勇威猛，深受称誉，留下一世英名。曹操的著名谋士程昱、郭嘉说：“张飞、关羽者，万人之敌也。”（《三国志·郭嘉传》裴注《傅子》）刘晔说：“关羽、张飞，勇冠三军。”（《三国志·刘晔传》）刘璋的谋士傅干认为“张飞、关羽，勇而有义，皆万人之敌”“人杰也”（《三国志·刘璋传》裴注《傅子》）。东吴大将周瑜说：“关羽、张飞熊虎之将。”（《三国志·周瑜传》）刘备在封爵的策文中也高度评价张飞的功勋：“以君忠毅，侔踪召虎，名宣遐迩，故特显命。”后追谥曰“桓侯”。

综观张飞的一生，在长坂勇退曹兵，驻巴西智胜张郃，不愧“万人之敌，为世虎臣”之称号；攻巴州义释严颜，确有国士之风；但暴而无恩，“爱敬君子而不恤小人”。刘备曾多次劝诫他说：“卿刑杀过分，又常常鞭挞健儿，而且还令他们在自己的左右，此取祸之道，当改之。”张飞置若罔闻，不以为然。结果被罚部将心怀怨恨，寻机将他杀害。这位熊虎大将，未能捐躯沙场，马革裹尸，却在小人刀下，死于非命，令人悲叹。（谭良啸）

马　超

曹操心腹大患，刘备称王干将

马超，字孟起。扶风茂陵（今陕西兴平）人，是东汉名将、伏波将军马援之后。建安十九年（214），他归附蜀汉刘备，同关羽、张飞、赵云、黄忠齐名，系刘备麾下五位著名大将之一，后人称为“五虎上将”。

一、识破曹操计，抗命屯三辅

汉桓帝时，马超之祖父马平为天水郡兰干县尉，后失官留居陇西，娶羌族女子为妻，生马腾。汉灵帝末年，马超之父马腾与金城的边章、韩遂等人共谋起事于西凉，“杀刺史郡守以叛，众十万余，天下骚动”（《三国志·武帝纪》）。初平三年（192），马腾、韩遂率兵到长安。朝廷任韩遂为镇西将军，遣还金城；任马腾为征西将军，遣驻屯郿县（今陕西眉县）。这期间，马腾和韩遂结为异姓兄弟。结拜初期，马腾和韩遂关系亲密，但不久即反目为仇，“转以部曲相侵，更为仇敌。腾攻遂，遂走，合众还攻腾，杀腾妻子，连兵不解”（《三国志·马超传》裴注《典略》）。

此时，曹操的势力已经逐渐壮大，曹操意欲夺取天下，而西凉诸侯与其貌合神离，因而他一直对西凉虎视眈眈。其时，与曹操并起的另一支地主武装力量——袁绍集团势力更强大，故曹操须先集中力量对付袁绍，以定中原。因此，他对西凉马腾和韩遂等采取了先抚后伐的战略。他派司隶校尉钟繇驻守关中，“持节督关中诸军”（《三国志·钟繇传》），调解马腾与韩遂之间的矛盾；并调马腾驻槐里（今陕西兴平），升为前将军，封为槐里侯，以“北备胡寇，东备白骑，待士进贤，矜救民命”（本传裴注《典略》）。然后，对马腾的力量加以利用。在用兵西凉之前，破袁绍之后，曹操以张既劝说马腾，令马腾遣其子马超跟随钟繇出战。马超随钟繇打败了勾结匈奴、作乱于平阳的袁绍残余势力高干、郭援。马超“为飞矢所中，乃以囊囊其足而战，破斩援首”（同上），杀了郭援。在这次战争中，马超英勇绝伦，显示了非凡的才能。

曹操此举，可谓一箭双雕，既剪除了异己，又笼络了马腾，解除了西凉之忧，从而加强他对西凉的控制。

建安五年（200），曹操在官渡击败袁绍，之后又通过对其他豪强势力的不断征讨，进一步巩固了他的势力。建安十三年（208），曹操任丞相后，积极筹措南征，但对于关中和西凉的割据势力终不放心，对马腾父子尤为戒备。他思虑再三，决定让马超赴京任职，作为人质，以掣肘马腾。但曹操妙计为马超识破，他怒不从命。曹操继而又让马腾入朝，“征为卫尉，腾自见年老，遂入宿卫”。不仅如此，曹操还将马腾家眷全部迁入曹操集团统治的军事政治中心——冀州邺城，从而将马腾置于牢固的控制之下。而对于不就曹命的马超，曹操只得拜其为偏将军，统领马腾之部，屯驻西凉。

二、被逼反西凉，兵败投张鲁

建安十六年（211），魏、蜀、吴三国鼎立的局面已形成。曹操控制了中原，西凉马超不除，终是他的一大后患，然而用兵关中，又师出无名，因为马超以及韩遂等关中各部，在名义上是受曹操统辖的。为了达到出兵关中的目的，曹操用激将法命钟繇讨伐汉中张鲁，暗中却命大将夏侯渊出兵河东，与钟繇会师关中。曹操的行动激怒了马超。“是时，关中诸将疑繇自袭，马超遂与韩遂、杨秋、李堪、成宜等叛”（《三国志·武帝纪》)，这就是历史上的马超反西凉。马超等人谋反，曹操讨伐他们就有了借口。

马超反叛后，屯兵潼关。曹操慑于马超的勇猛和多谋，不敢与之硬战，命令部下：“关西兵精悍，坚壁勿与战。”（《三国志·武帝纪》）同年七月，曹操暗中派遣徐晃、朱灵从蒲阪津（今山西永济）夜渡黄河，立营河西，以截断马超的退路，但马超对此早有预防，他提出对曹“宜于渭北拒之，不过二十日，河东谷尽，彼必走矣”（本传裴注《略典》)。然而，马超的这一良策，为韩遂所阻，未能实施。后来曹操得知马超之策后，曾惊呼：“马儿不死，吾无葬地也。”（本传裴注《山阳公载记》）在徐晃、朱灵暗渡黄河的同时，曹操也亲自从潼关北渡渭水，马超在岸上追曹操舟楫，纵骑以箭追射，矢如雨下，曹操几乎命丧于箭镞之下。曹操渡过渭河后，“连车树栅”“循河为甬道而南”，坚壁不战，使善习长矛的西凉兵“不得以刺”。马超求战不得，割地不成，军心遂渐骄而涣散。最后，曹操使用“离间计”，挑起马超与韩遂互相猜疑，使关中诸将力量大大削弱，曹操乘机击败了马超。马腾及其宗族二百余人后来也遭曹操“所诛略尽”。

马超战败后，退还陇上。曹操也因北方有事，引军东还。西凉冀城（今甘肃甘谷）杨阜素知马超骁勇，曾对曹操说：“超有信、布之勇，甚得羌、胡心，西州畏之，若大军还，不严为之备，陇上诸郡非国家之有也。”（《三国志·杨阜传》）曹操兵退之后不久，建安十七年（212）初，马超果然率领西凉各路武装攻打陇上郡县，“陇上郡县皆应之”。建安十七年八月，马超占据冀城，并“自称征西将军，领并州牧，督凉州军事”。同年九月，杨阜同姜叙、梁宽、赵衢等合谋以图马超。“阜、叙起于卤城，超出攻之，不能下，宽、衢闭冀城门，超不得入。进退狼狈”，马超见大势已去，不得已去汉中投奔张鲁。

三、入川取成都，辅助汉中王

马超投奔张鲁后，“鲁不足与计事，内怀于邑”，他甚不得志。刘备素来好贤，得知马超的处境后，即派李恢去汉中交好马超。

这期间，刘备已兵分两路，进军益州，直取刘璋的大营成都。马超与曹操有灭族之仇，欲报不能，欲罢不忍，而又不能再称雄西凉，此时他寄人篱下，其情其景，可悲可叹。因此，一经李恢联络，便毅然向刘备“密书请降”，率兵直抵成都。刘备闻知，欣喜万分，曰：“我得益州矣。”（本传裴注《典略》）马超兵到，成都守军惊恐万分，不到十天，刘璋便向刘备投降了。时值建安十九年（214）。

刘备因得骁勇绝伦的马超，甚喜，兵定益州后，拜马超为平西将军。远镇荆州的关羽，因马超原非故人，现在一下做了平西将军，心中非常不悦。他便写信给诸葛亮，问马超的才能可以和谁相匹敌。诸葛亮深知关羽历来为人骄傲自大，不肯服人，便回信说：“马超兼资文武，雄烈过人，一世之杰，黥、彭之徒，当与益德并驱争先，犹未及髯之绝伦逸群也。”（《三国志·关羽传》）关羽看信后大喜，认为自己受到诸葛亮之推崇，颇为得意，并且将这封信拿给左右宾客们看。其实，诸葛亮在信中对马超做出高度评价，说他文武兼备，把他比之于西汉勇将黥布和彭越以及当代猛将张飞。

马超归顺刘备后，对蜀汉政权忠心耿耿，是“忠亮死节之臣”。当时，益州有一位豪强大族名叫彭羕。刘备初定益州时，为了争取益州士人，把他从布衣提升为治中从事。“羕起徒步，一朝处州人之上，形色嚣然，自矜得滋甚。”（《三国志·彭羕传》）诸葛亮看见他狂妄自大，一副小人得志的模样，就对刘备说：“羕心大志广，难可保安。”刘备听后，通过观察，渐渐对他疏远，然后，贬其官，外放他为江阳太守。彭羕得知后，心中怨恨，便跑到马超那里，咒骂刘备“老革荒悖”，并且煽动马超武装反叛。马超“闻羕言，大惊，默然不答”（《三国志·彭羕传》）。马超告发了彭羕，诸葛亮立即果断地下令将他逮捕处死。马超以其忠心获得了刘备和诸葛亮的信任。

建安二十二年（217），刘备亲率大军北进汉中，遣威震西凉的马超与张飞、吴兰等率兵入武都、屯下辨（今甘肃成县），牵制曹军，配合主力部队进攻汉中。第二年春，曹操命曹洪进兵下辨，一举击灭吴兰，马超、张飞退走汉中。建安二十四年（219），刘备遣老将黄忠“杀夏侯渊，据汉中”（《三国志·黄权传》），刘备“逐于沔阳设坛场”而自立为“汉中王”。刘备称汉中王后，任马超为左将军。（胡莉）

赵　云

刘备知己三十载，义薄云天一儒将

赵云是蜀汉著名将领，有勇有谋，有胆有识。在蜀汉关、张、马、黄、赵五虎将中，虽名列最后，却是最有政治头脑的人物。他的高尚品德及为国尽忠的精神更受到了人们的敬重。

一、忠心报知己，单骑救阿斗

赵云，字子龙，常山真定（今河北正定）人。他身长八尺，姿颜雄伟，少有声名。关东诸侯讨卓，赵云率本郡义从兵投于公孙瓒帐下，立志报国。可是公孙瓒不过是一个平庸的大军阀，胸无大志，鼠目寸光，只知兴兵夺地，不识国家大体，使赵云很失望。后来，刘备也投到公孙瓒帐下，刘、赵二人一见如故，遂成知己。公孙瓒表刘备为平原相，刘备前往赴任，两人难舍难分，洒泪而别。不久，赵云以兄丧为由，告假归乡，脱离了公孙瓒。

建安五年（200），袁、曹相持于官渡。刘备此时投奔袁绍，赵云闻讯，赶来相见。赵云见刘备只身一人，兵将流散，将被袁绍轻视，便灵机一动，私下招募流民数百人，武装起来假称是刘备的部曲，竟瞒过了袁绍，使他不得小视刘备。刘备十分感激，与赵云同床眠起，倚为左右手。

建安十三年（208），刘备被曹操追袭，兵败长坂，全军覆没，连妻子、儿子都被冲散了。刘备和诸葛亮等只有几十骑冲出了重围。在冲杀中，赵云也失去了联系。这时，有人说赵云北投了曹操。刘备听了十分气愤，用手戟敲说话的人。刘备说："我十分了解赵云，他绝不会背叛我的。"原来，这时赵云正出生入死地在千军万马丛中左冲右突，寻找失散的主母甘夫人和幼主阿斗。赵云血战良久，好不容易在奔逃的难民群中找到二人。这时，阿斗年仅周岁。赵云忙解下铠甲，把阿斗纳入怀中，保护着甘夫人，终于突出了重围，回到刘备身边。刘备嘉其忠勇，升其为牙门将。

二、有勇又有谋，一身都是胆

建安二十四年（219），刘备与曹操争夺汉中。耸立于汉中南郑西面的门户定军山，是两军争夺的战略要地。蜀将黄忠阵斩曹将夏侯渊，占领了定军山。不久，曹操领大队人马从关中杀来，双方又展开了激烈的争夺战。曹军运来米粮数千万囊至北山下，黄忠领兵去夺取。赵云领少数骑兵接应，中途突然和大队曹军遭遇，赵云虽身陷曹军之中，但毫无惧色，挺枪跃马，杀入重围，左冲右突，如入无人之境。曹军溃散。赵云且战且退，曹军又汇合起来，追至赵云营寨。赵云匹马单枪，立于营外，寨门大开，偃旗息鼓，摆起"空城计"。曹军中张郃、徐晃领兵至赵云寨前，疑营中定有埋伏，不敢进攻，急忙退走，这时赵云又擂动战鼓，虚张声势，并且用弓箭在后面射击曹军，曹军惊慌逃去。曹军在后退时自相践踏，拥到汉水边，落水死者不计其数。第二天，刘备和诸葛亮来到赵云营寨，察看昨天作战的地方，了解赵云设计智退曹兵，十分惊喜地说：子龙一身都是胆。此战以后，赵云多了一个别号，众人称他为“虎威将军”，名声大振。

三、顾全大局，深明大义

赵云不只是一员有勇有谋的战将，并且具有远见卓识，极有政治头脑。赵云还深明大义，遇事以国家利益为重，又能顾全大局，不贪小利。这些品德和行事，都表现了他的政治家风度。

建安十四年（209），赵云随刘备平定江南，升为偏将军，领桂阳太守。原太守赵范心怀叵测，将其美貌的寡嫂献给赵云，套近乎以图谋不轨。赵云对赵范说：“我们既然是同姓，就犹如兄弟，你的兄长就是我的兄长，不能做这等事。”左右的人都劝赵云顺水推舟将其娶下。赵云说：“赵范是被迫投降，不知他葫芦里装的什么药，不能为了一个女子坏了大事。”赵范见赵云不上钩，害怕阴谋败露，就溜之大吉。赵云当作没事一样，礼遇赵范家族。

建安十九年（214），刘备进入成都以后，“欲以成都中屋舍及城外园地桑田，分易诸将”。赵云极力反对这种做法，说：“霍去病以匈奴未灭，无以家为，今国贼非但匈奴，未可求安也。须天下都定，各反桑梓，归耕本土，乃其宜耳。益州人民，初罹兵革，田宅皆可归还，令安居复业，然后可役调，得其欢心。”（《三国志·赵云别传》）刘备听了赵云的建议，稳定了益州民心。

章武二年（222），刘备大举发兵征讨孙权，欲与关羽报仇，夺回荆州。赵云分析了当时形势，劝谏刘备顾全大局，尊重实际，不要冒险出征。赵云说：“国贼是曹操，而非孙权也，且先灭魏，则吴自服。操身虽毙，子丕篡盗，当因众心，早图关中，居河、渭上流以讨凶逆，关东义士必裹粮策马以迎王师，不应置魏，先与吴战，兵势一交，不得卒解也。”（《三国志·赵云别传》）可是，刘备不听赵云的规劝，遂出兵东征伐吴，结果夷陵兵败，蜀汉受到极大的损害。

建兴六年（228），诸葛亮第一次北伐，在街亭败还。赵云和邓芝屯驻箕谷掩护主力进退，兵力单薄，受到魏大将曹真的进攻。在撤退时，赵云亲自断后，魏军不敢进逼，这支蜀军全军而返，军资什物没有遭受损失。诸葛亮下令奖励赵云军。赵云说：“这次打了败仗，无功不受禄。”他把奖励的绢帛放在官库里，至十月发给将士作冬衣，诸葛亮十分赞赏。（许络斌）

法　正

弃暗投明，智绝当代

法正，字孝直，右扶风郿县（今陕西眉县）人，刘备最得力的谋士之一，史称“著见成败，有奇画策算”，是三国时期一位难得的智士。

一、飘落蜀地，思得明主

法正是名门之后，能“料世兴衰”。建安初年（196），中原地区兵荒马乱，生灵涂炭。法正与同郡孟达一道入蜀避难，投靠益州牧刘璋。过了很长时间，法正才做了新都县令，官小位卑，郁郁不得志。后来，刘璋虽然提拔他为军议校尉，参与议论军事，谋划筹策，但是，刘璋才非人雄，不能知人善任，虚置官位，并没有充分发挥法正的聪明才智。而那些深得刘璋倚重、有权有势的东川集团人士却鄙薄、诽谤和排挤法正，使他徒有鸿鹄大志，恨世不遇。只有益州别驾张松是法正的知己好友。他们志同道合，经常在一起纵谈兴亡，抒发壮志，但恨刘璋懦弱无能，乃平庸之辈，不足使他们得以驰骋风云，施展抱负。二人忧愤悲叹，思得明主。

建安十三年（208），张松作为刘璋的特使去拜望曹操，却受到冷落，他怀恨返蜀。回到成都后，张松在刘璋面前谴责曹操不义，劝刘璋及早与曹操断绝往来。同时，他又把刘备称颂一番，认为刘备是刘璋的同宗亲戚，完全可以信赖，与之深交，并且推举法正去结好刘备，共图大业。刘璋接受了张松的建策，任命法正为使节东赴荆州。法正久慕刘备英名，早就盼望有幸相识，但是，法正以政治家的机智，不露声色，佯装推辞再三，最后做出迫不得已的样子勉强受命。刘备非常殷勤地接待了法正，他们一见如故，志气相投。法正敬佩刘备的霸主之略和为人，刘备器重法正的奇才睿智。为此，法正决心竭力辅佐刘备，成就大业。回到蜀地后，他和张松都为刘备的雄才大略所折服，私下密谋，誓将共同拥戴刘备，实现宏图大志，只是苦于没有机缘。

二、弃暗投明，阴献妙计

建安十六年（211），刘璋得知曹操将派遣钟繇伐汉中，讨张鲁，顿时惊恐万分，六神无主。法正与张松见时机已到，立即行动起来。张松忙劝说刘璋迎刘备入蜀伐张鲁，夺取汉中，安定北方危局。而且再次推举法正为使者去迎接刘备。于是，法正衔命出行，又一次与刘备相聚。法正向刘备详细地介绍了蜀地的山川地貌及经济、军事等情况，暗地向刘备献策道：“以将军的英才，乘刘璋懦弱无能，有益州股肱张松在内响应，尔后攻取益州，凭借天府之富饶险峻而成就大业，易如反掌。”刘备欣然从之，立即沿长江溯水西上。刘璋亲自到涪城（今四川绵阳）恭候刘备。张松急于求成，又暗地让法正转告刘备：目前会于涪城，可以顺势擒拿下刘璋，将军不费一兵一卒，便可坐定益州。刘备老谋深算，因初入异地，民心不服，所以不愿意仓促行事。从此以后，法正成为刘备的心腹顾问，不离左右，“是训是谘”。

第二年，曹操出兵孙吴，刘备拟回兵相救。张松慌忙写信给刘备和法正，问道：“今大事唾手可立，如何弃此良机而去呢？”张松的兄长张肃得知此事，怕事情败露后祸及于己，竟不顾手足之情，将事情披露给刘璋。张松被杀，刘备失去了内应，法正失去了知己，无不悲恸惋惜。从此，法正为刘备肝脑涂地，屡建奇策。

刘备自葭萌（今四川广元）南征，多次击败刘璋的部队。在这紧要关头，广汉郑度向刘璋献策：坚壁清野，迁徙全部巴西、梓潼人到涪川以西，“其仓廪野谷，一皆烧除，高垒深沟，静以待之。彼至、请战，勿许，久无所资，不过百日，必将自走，走而击之，则必禽耳”（《三国志·法正传》）。刘备得知消息后非常憎恶不安，向法正问策。法正胸有成竹，断定刘璋终不能用此计，劝刘备不必担心忧虑。果然，刘璋不听郑度计谋，反而对部下说：“我只听说拒敌以安民，没听说过要动民以避敌。”于是，刘备的军队势如破竹，很快就兵临雒城（今四川广汉）。这时，法正致信刘璋，分析形势，晓以利害，奉劝刘璋识时务，指出刘璋的部属没有一个人尽忠。法正说：“且夕偷幸，求容取媚，不虑远图，莫肯尽心献良计耳。若事穷势迫，将各索生，求济门户，展辗反复，与今计异，不为明将军（指刘璋）尽死难也，而尊门犹当受其忧。”（《三国志·法正传》）接着法正剖白自己所为，是与时俱进，劝刘璋要随时势。法正说：“虽获不忠之谤，然心自谓不负圣德，顾惟分义，实窃痛心。左将军（指刘备）从本举来，旧心依依，实无薄意。愚以为可图变化，以保尊门。”（《三国志·法正传》）

建安十九年（214）刘备攻取成都后，以法正为蜀郡太守，扬武将军，“外统都畿，内为谋主”，并赐予金五百斤，银千斤，钱五千万，锦千匹，恩宠至深。

三、荐贤献策，好施报复

刘备非常倚重法正，对其奇谋画策言听计从。刘备兵围成都时，刘璋部下蜀郡太守许靖欲逾城投降，此举使刘备感到厌恶。夺取益州后，刘备广揽人才，拜官授职，“皆处之显位，尽其器能”，却独独不用许靖。法正远见卓识，劝说刘备：“许靖是天底下最有名而无实的人。现在初创大业，可借许靖之名望来广泛传播您的英名。如果对他不礼，天下人就要说您贱贤。对许靖应该加以敬重，像昔日燕王优待郭隗那样，做个姿态给大家看，以表示您对人才的厚爱，广揽人心。”刘备立即以许靖为左将军长史，后又任他为太傅、司空，位至三公，深受蜀国人士的敬重，连诸葛亮也敬仰三分。

初定益州，群下劝刘备娶刘瑁之遗孀，以示团结东川集团。刘备与刘瑁同族，怕遭人议论。法正进言：“晋文公是子圉的叔叔，尚且娶子圉之妻；而您与刘瑁仅仅是远房宗室，娶他的妻子有什么关系呢？”法正这么一说，刘备就接受了，解决了当时的一个政治难题。

当法正感到踌躇满志时，一些恶习也有所膨胀。他好施报复，计较个人恩怨得失。史书记载，“一飡之德，睚眦之怨，无不报复，擅杀毁伤己者数人”（《三国志·法正传》）。因此，法正引起部分人的反感和不满。他们纷纷在诸葛亮面前说，法正作为蜀郡太守骄横无理，希望诸葛亮能够禀报刘备，抑其威福。然而在当时，法正的地位并不亚于诸葛亮，又是刘备的谋主，颇得刘备的垂青。况且时值风云之际，刘备在荆州，北畏曹操的强悍，东惧孙权威逼，近则惧孙夫人生变于肘腋之下，进退狼狈，形势紧迫。多亏法正的辅翼，才使刘备取得了益州，幡然翱翔。在这种情况下，诸葛亮也就不愿去管这桩闲事，听凭法正出出胸中怨气。

尽管如此，法正身为政治家和军事家，以其过人的才干和机智，为蜀汉政权的建立，立下了汗马功劳，瑕不掩瑜。

四、建功汉中，智绝当代

汉中是益州的天然屏障，环山抱水，土地肥美，物产丰盛，历来为兵家必争之地。建安二十二年（217），曹操轻易收降张鲁，平定汉中。事后却不因势进攻巴蜀，而是留下夏侯渊、张郃镇守汉中，自己却班师北还。法正以他敏锐的政治嗅觉，极其准确地估计了形势，及时向刘备献策道：曹操不因势以图巴蜀，“非其智不逮而力不足也，必将内有忧逼故耳。今策渊、郃才略，不胜国之将帅，举众往讨，则必可克之”（《三国志·法正传》）。法正还进一步分析了占有汉中之利，若据有汉中，“广农积谷，观衅伺隙，上可以倾覆寇敌，尊奖王室，中可以蚕食雍、凉，广拓境土，下可以固守要害，为持久之计”。刘备大加赞许，旋即带着法正，亲率大军进兵汉中。在战争中，法正善于把握战机，克敌制胜，最后火烧曹营，刀劈夏侯渊，夺取汉中，获得了辉煌的胜利。后来，曹操了解战况，对法正洞察形势的能力和作战智术钦佩不已，禁不住叹息道：“我料定刘备没这么高的策略，杀我大将夏侯渊，原来是法正教他的。”

建安二十四年（219），刘备称汉中王，任命法正为尚书令、护军将军，他权倾内外，地位显赫。不仅刘备宠信雅爱法正，诸葛亮也“每奇正智术”。

不幸的是法正于建安二十五年（220）病故，时年四十五岁，正值年富力强，大有可为的年华。刘备痛心疾首，“为之流涕者累日”。（蔡东州 贺游）

刘　巴

身在蜀营心在曹

刘巴，字子初，零陵烝阳（今湖南邵东）人，汉末名士。刘巴精通经济，在蜀汉的建立中起了重要作用。刘巴认为汉室不可复兴，他一心想投效曹操发挥个人的才智，可是阴差阳错，做了刘备的臣属，未尽其才，抑郁而死，令人惋惜。

一、拒二刘，辞诸葛，一心北归

刘巴，祖父刘曜，曾作苍梧太守。父亲刘祥，为江夏太守、荡寇将军。刘祥曾经协助孙坚杀南阳太守张咨，被南阳士民所杀。孙坚又替袁术攻刘表，因此，刘表更加怀恨刘祥，想加害于刘巴。这是公元 190 年的事。当时刘巴只有十八岁，刘表顾忌无端杀他有损自己的名声，于是找来刘祥的故旧去诈诱刘巴中圈套。这位故友对刘巴说："刘牧欲相危害，可相随逃之。"（本传裴注《零陵先贤传》）机智的刘巴识破了奸计，再三不答应。探者只好如实报刘表，刘表见刘巴对自己没有猜疑，才打消了杀刘巴的念头，改而辟他做官，又荐他做茂才，刘巴都拒绝了。刘巴为了避祸，不得已出来在零陵郡做了户曹史主记主簿，算是应付了刘表的征召。

建安十三年（208），曹操南下荆州，刘备遁逃，荆州名士追随刘备的很多。江北的名士大量涌到江南，而江南的刘巴反而到了江北去投曹操，刘备深以为恨。赤壁战后，曹操派刘巴回到江南去招降，让他们坚守城池，抗拒刘备。刘巴坦率地说："刘备志在据荆州，江南是守不住的。"曹操固执地说："如果刘备占领江南，我派大军做你的后盾。"刘巴明知江南守不住，但他还是听从了曹操的命令，到零陵去策反，更加引起刘备的愤恨。

刘巴到了江南，正如他所料，刘备、诸葛亮等已经站稳了脚跟，他前进不得，后退不能。当时诸葛亮在临烝（今湖南衡阳），刘巴致信诸葛亮，表示拒绝效命刘备的决心。刘巴说："我冒尽艰险，来到了守义的乡土，我没有能力来打动这些民众投顺北方。但是，我绝不改变初衷，即使把性命交给大海，也不回顾荆州。"（本传裴注《零陵先贤传》）诸葛亮回信挽留，劝说刘巴，仍然没有效果。刘巴北还不成，就一直往南到了交州，改为张姓，从那里辗转到了益州。益州牧刘璋与刘巴父亲有旧交，刘璋见了刘巴，十分高兴，就把他留下了，每有大事，必访之。

二、傲物情，苦谏诤，器识未尽

建安十六年（211），刘璋听信张松、法正等人的劝告，引荆州刘备入蜀伐张鲁。刘巴劝阻刘璋，他说："刘备是人杰，不可为人下，他入蜀必是国家之害，不可迎纳。”昏聩的刘璋没有接受。刘备入蜀后，刘璋替他补充兵员，接济粮饷，刘巴再次劝阻说：“迎刘备入蜀已错了一步棋，再让他去讨张鲁，等于是放虎归山。”刘璋仍然不听。等到刘备兵临城下，刘璋后悔莫及，只好出城投降，这时，只有刘巴和黄权两人闭门不出。刘备的将吏愤怒不已，要去杀二人。刘备连忙下令，“敢有害刘巴者，罪及三族”。刘巴这才向刘备赔礼，表示归附。刘备立即加以重用，辟为左将军西曹掾。

刘备攻围成都，为了鼓励士气，曾许下诺言，打破城池，一切府库财物都不过问。所以成都打破以后，士兵大抢财物，将刘璋的储积一扫而空。事定之后，军用不足，刘备十分忧愁。刘巴说：“这事好办，赶快铸造一些大钱，一枚面值一百文。再把货物定出价格，开放市场，那些被士兵抢去的财物就都会从市场上收回来。”刘备照办了，数月之间，府库充实。诸葛亮曾经称赞刘巴：出谋划策，我是比不上刘子初的。

张飞喜欢和士大夫交朋友，他十分敬仰刘巴。有一天，张飞到刘巴家做客，刘巴不理睬他，一句话都不说，张飞很生气。诸葛亮知道后就去劝说刘巴：“张飞虽是一个武人，可他很敬慕你；再说，当今正是用人之际，文的武的都是主公需要的人才，你就不能放一放架子吗？”刘巴回答说：“堂堂大丈夫，当交四海英雄，岂能和一个大兵共同说话！”刘备听到后，气愤地说：“我想安定天下，才容纳各种人才，刘子初竟来捣乱。他本来就心在曹营，岂是帮我打天下的。”言语间露出了杀机。话一出口，刘备又觉不妥，遂解嘲地说：“刘子初才智过人，当然只有我刘备才能驾驭他，也难怪他不服张飞。”

公元 221 年，刘备将要称帝。刘巴和益州主簿雍茂谏说刘备：“曹丕称帝，中原的人情未必全都心服，他们正要来蜀中投效大王兴复汉室，如果你也称帝，他们会失望的。”刘备听了这话，大倒胃口。他碍于刘巴名气大，宽容了他，而对于雍茂就不客气了，找个借口把他杀了。从此以后，就没有人来投效刘备了。（崔凡芝）

廖　立

有才也不能太任性

廖立，字公渊，武陵临沅（今湖南常德）人，江南名士，诸葛亮把他与庞统相提并论。可惜廖立恃才傲物，不肯积资升迁，荒废公务还牢骚满腹，终于犯忌遭流放，个人修养妨碍他未能把握住机遇，可为世人者戒。廖立才干杰出而品德不副，也是不可取的。

一、才比凤雏，傲物自损

赤壁战后，刘备领有荆州江南诸郡，辟召廖立为从事。《三国志》本传说他少年得志，“年未三十，擢为长沙太守”。以此推之，其年岁约与诸葛亮相当。诸葛亮生于公元 181 年，赤壁之战时年二十八。廖立死于诸葛亮之后，假定六十岁病故，大约在公元 240 年。总之，廖立与诸葛亮是年龄相若的同时代人。刘备入蜀，诸葛亮留镇荆州。当时，孙权派使臣与诸葛亮交好，问起荆州有些什么治世的人才，诸葛亮说：“庞统、廖立，楚之良才，当赞兴世业者也。”当时，荆州士人都以诸葛亮与庞统二人齐名并称，人称“伏龙凤雏”。“伏龙”指诸葛亮，“凤雏”指庞统。这里诸葛亮把廖立与庞统并称，可见推崇之高。可惜，廖立机遇不好，未能发挥他的经世之才。刘备入蜀，委廖立为长沙太守。建安二十年（215），孙权派吕蒙袭取荆州江南三郡，即长沙、零陵、桂阳三郡。吕蒙是一员有勇有谋的骁将，关羽尚且畏惧三分，廖立哪敢抵敌，便弃城逃走了。幸好，刘备尚能识才，没有责备他，又委为巴郡太守。

廖立在巴郡太守任上，也没有什么作为。他恃才傲物，不理郡事，政务钱粮都是一笔糊涂账。建安二十四年（219），刘备称汉中王，征为侍中，廖立也时常说些牢骚话，不过刘备都宽容了他。

刘备死后，廖立守灵，竟然带刀在灵前杀人，诸葛亮虽没有追究他，可也不理会他。廖立终于沉不住气，径直向诸葛亮发牢骚，认为不宜与诸将地位相等，应当为上卿。诸葛亮说：“李严尚未为上卿，还轮不到你呢！”李严在刘备死后地位仅仅在诸葛亮之下，是刘备临终托孤的顾命大臣之一，所以诸葛亮用李严比廖立。廖立更加不服，他自认为才名“宜为诸葛亮之贰”，根本看不起李严，没想到诸葛亮把他放在李严之下，他“常怀怏怏”，与诸葛亮的矛盾日益加深。诸葛亮为了缓和矛盾，上表后主，把他迁为长水校尉，廖立的种种表现，损害了自己的声名。

二、讥刺时政，流死汶山

世所谓人才，有经纬之才，有吏能之才。廖立属于前者，有经邦治国之才，而刘备、诸葛亮却只把他作为吏能之才来任用。因廖立不尽心理事，还常发牢骚，这就难免仕途坎坷了。当时的士人，若被大材小用，便常用消极的态度来表示反抗。例如：庞统初归刘备，“以从事守耒阳令，在县不治，免官”。后来，还是孙吴的鲁肃向刘备建言：“庞士元非百里才也，使处治中、别驾之任，始当展其骥足耳。”方才得以重用。又如：蒋琬最初被刘备封为广都长，蒋琬很不高兴，整天喝酒不理事。刘备去视察，他也漫不经心。刘备大怒，要杀蒋琬，诸葛亮保释了他，说：“蒋琬，社稷之器，非百里之才也。”后来蒋琬果然成了蜀国的谋士。庞统有鲁肃推荐，蒋琬有诸葛亮推荐，而廖立无人推荐，真有点机运不好！

廖立对时政的批评，总起来有两个方面：一是指出刘备用人不当；二是批评军事战略上的谋划不周。他直言不讳地指出：“昔先帝不取汉中，走与吴人争南三郡，卒以三郡与吴人，徒劳役吏士，无益而还。既亡汉中，使夏侯渊、张郃深入于巴，几丧一州。后至汉中，使关侯身死无孑遗，上庸覆败，徒失一方。是羽怙恃勇名，作军无法，直以意突耳，故前后数丧师众也。”（《三国志·廖立传》）应该承认，廖立的这些批评，不仅相当大胆，而且是尖锐中肯的。

事实上，刘备集团在赤壁之战后，确实在政治策略和军事战略上犯了一系列的错误：

其一，不取汉中而与孙吴争南三郡。在三国几大势力的角逐中，介于关中与巴蜀之间的汉中处于十分重要的战略地位。尤其是对巴蜀，诚如益州人士杨洪指出的：“汉中则益州咽喉，存亡之机会，若无汉中则无蜀。”（《三国志·杨洪传》）早在建安十六年（211），益州牧刘璋请刘备入川，使击汉中张鲁，即出于这一考虑。如果说这时的刘备，意在保存实力图谋益州而不愿北取汉中，尚属可谅，那么，建安十九年（214）刘备攻下成都，自领益州后，再不发兵攻取汉中，就是很大的失策。由于错失良机，仅仅过了一年，就先后发生孙吴袭取南三郡和曹魏进兵汉中的事件。当时，刘备如能先一步进取汉中，无疑是捷足先登，巩固了益州防务。然而，刘备却低估了汉中落入曹魏手中的危险性，置汉中于不顾，率军赶往荆州，争夺已被吕蒙占据的南三郡。这在政治上、军事上都是不足取的。军事上，夺回南三郡已非易事，曹魏进兵汉中，益州又在危险之中。刘备率军赶往荆州事实上已无法改变荆州的局面，相反，却为曹魏取得汉中开了方便之门。政治上，刘备去夺南三郡，使本来就很脆弱的孙刘联盟又出现了新的危机。结果，两线受敌的刘备不敢与孙吴恋战，继续南三郡的争夺，不得不与孙吴达成和议，以湘水为界，中分荆州。“卒以三郡与吴人，徒劳役吏士，无益而还。”反被曹操夺得了汉中，使益州根据地顿时紧张起来。曹操取汉中并非最终目的，而是要以汉中为据点，吞并益州。故进据汉中的曹魏大将夏侯渊、张郃，不断攻掠益州，正像廖立所指出的那样，“既亡汉中，使夏侯渊、张郃深入于巴，几丧一州”。究其错误，刘备是难逃其责的。

其二，荆州失利，完全是刘备、关羽造成的。诸葛亮在《隆中对》中，就为刘备集团定下了“外结孙吴，内修政理”的既定国策，而且成功地推动了孙刘联盟，取得了赤壁之战的辉煌胜利。但是，这一国策又和“跨有荆益，保其岩阻”的战略设想是冲突的。对荆州的争夺，常常导致联盟的危机。因此，留驻荆州的人选应是既能寸土不失，又能顾全大局，缓冲孙刘冲突，谨慎从事的人。从这个意义上讲，刘备以关羽为荆州留守，是极大的错误。关羽虽称“万人敌”，然“刚而自矜”，意气用事，缺乏头脑，实不足当此重任。当孙权“遣使为子索羽女，羽骂辱其使，不许婚”（《三国志·关羽传》），使本来就比较紧张的孙刘关系更趋恶化。关羽又“善待卒伍而骄于士大夫”（《三国志·张飞传》），不能团结、使用文职人员。加之，刘备为了与曹操争夺汉中，抽调驻守宜都的孟达进攻上庸，以策应汉中的军事行动，致使荆州空虚，关羽孤立无援。所以，廖立批评刘备，“后至汉中，使关侯身死无孑遗，上庸覆败，徒失一方”；同时，也批评“是羽怙恃勇名，作军无法，直以意突耳，故前后数丧师众也”。应该说，廖立的批评是正确的。

荆州的失守，不仅使蜀汉政权“跨有荆益”的战略设想成为泡影，被封闭于三峡之内。而且，孙刘联盟宣告破产。刘备为盟弟关羽报仇心切，不听劝阻，贸然伐吴，又导致了夷陵之战的失败，大大削弱了蜀汉的力量。

分析赤壁之战至夷陵之战这段历史，我们不难发现，刘备虽然取益州，夺汉中，奠定了蜀汉立国的基础，但在军事政治战略上犯了一系列错误，一失再失，一误再误，终于将蜀汉政权局限于一隅之地，不能有很大发展。（田中富）

李　严

扯后腿的托孤重臣

李严，又名李平，字正方，南阳（今河南南阳）人，生年不详，蜀国大将，受先主器重，与诸葛亮同为辅命大臣。诸葛亮督军北伐，李严为后援，因失职被贬，终诸葛亮之世，未被起复，是蜀国政治上的一大损失。

一、弃暗投明，屡建功勋

李严年轻时任本郡的郡吏，以才干著称。刘表任荆州牧，派李严担任过一些郡县的官职。公元 208 年，曹操率军南下攻入荆州，李严正担任与益州相邻的秭归（湖北秭归）县令，他见荆州一带战乱将起，便弃官西行，入蜀投靠刘璋。刘璋任命他为成都县令，任职期间，李严又以治事能干闻名。公元 213 年刘璋提升李严为护军，派他到绵竹督促诸军抵御刘备的进攻。李严倒戈，率军投归刘备，刘备因之“军益强”。攻占成都后，刘备委任李严为犍为郡（郡治在今四川彭山）太守、兴业将军。

在犍为太守任上，李严更充分显露出他优异的才干，表现了出众的应变能力。公元 218 年，刘备与曹军争夺汉中，蜀军几乎倾巢出动，“盗贼”马秦、高胜乘机在郪县（今四川三台郪江镇）起事，聚众数万人，声势浩大，进军到距成都东面仅二百来里的资中县（今四川资阳），直接威胁蜀汉王朝都城的安全。当时李严手中虽只有少量的郡属治安军，但他看清汉中的战事正紧张，前线尚亟需增援，便不向诸葛亮请求援兵，果断地率五千郡士出击，以迅雷不及掩耳之势击破“盗贼”，斩其头目马秦、高胜。李严还注意安抚四处逃窜的余党，只要放下武器不再作乱，便均不处罚，让他们恢复民籍，回乡务农。这样，叛乱很快就平定了。

同年，越巂郡夷帅高定出动大军包围了距犍为郡界很近的新道县。新道县自古即被称为川西地区“后户”，在当时成都与越巂的交通上具有不可忽视的战略地位。川西地区至越巂的交通自古由旄牛道担任，东汉后期旄牛“旧道”被阻塞后，只得改从经由安上（今四川屏山）的另一条“新道”。新道县就在这条新的交通干道上。已经占据了越巂郡中心地区的高定，如攻取新道县，退则可以闭塞灵关，阻断道路，拥兵据险固守；进则可以挥兵直入犍为，窥视兵力空虚的川西地区，威胁蜀汉王朝的安全。李严闻讯后毫不迟疑，立即又率所部郡士星夜驰往救援，在新道县击破高定的大军，高定被迫龟缩回越巂郡的中心地区。李严因在这两件事上卓有功劳，被提升为辅汉将军。

李严在犍为太守任上，还做过一些留名青史的好事。犍为郡城距成都一百多里，在岷江之西，因而由成都到犍为必须过岷江。过去岷江上曾修有大桥，名叫汉安桥，宽一里半，但每逢夏秋水大时桥总是被冲垮，交通中断，且需年年耗资费时进行修理。李严任犍为太守后，组织人力凿通了天社山，再沿江修筑了可通车的大道，另从上游用船摆渡过岷江。改道以后，行人、商旅大得其便，“吏民悦之”，都赞誉李严整修道路的功劳。李严还在郡城中大兴土木，把郡城整修一新，“城观壮丽，为一州胜字”。史书上评论，作为犍为郡的太守，两汉三国间没有人比李严更著名的了（《华阳国志·蜀志·犍为郡》）。

对李严治政的才干和他在犍为太守任上的功劳，诸葛亮和刘备都给予很高的评价。诸葛亮很赏识李严处理政事的敏捷和果断，曾称赞说：“部分如流，趋舍罔滞，正方性也。”意思是治政像流水一样无滞留，既迅速又恰当，这就是李严的特点。刘备也非常器重李严，公元 222 年，刘备伐吴兵败退回后，特地把李严召到永安（今重庆奉节），提升李严为尚书令；公元 223 年，刘备病重，托孤给诸葛亮和李严，让李严作为诸葛亮的副手，任命李严“为中都护，统内外军事，留镇永安”。当然，李严得到如此殊遇，一方面因为他的才干和功劳，另一方面刘备也把他看作刘璋旧部中能效忠于蜀汉的典型。从此，李严作为顾命大臣之一，官职不断升迁，先后任前将军、骠骑将军等高级武职，地位日渐显赫。

二、弄权术误国祸家

李严权高位重之后，再也不思进取，自身的缺点和贪欲不断膨胀，非但没能有所建树，反而时时为诸葛亮完成统一大业掣肘。李严在家乡做官时，为人就薄情寡义，贪图私利。家乡人编了顺口溜说：“李严这个人切勿与他亲切，他像鱼鳞甲一样又滑又刺人。”李严在蜀汉位居高官后，更是一味追逐权力和名利，尽量扩大家产。他劝诸葛亮接受九锡（封建时代帝王对臣子的最高待遇），晋爵称王，其用意就在于随诸葛亮之后也大大提高自己的官职地位。诸葛亮婉言谢绝了，并且告诫他要以国事为重。后来，诸葛亮准备率军伐魏时，要李严将所辖部队抽调两万人去协助镇守汉中，李严想方设法推诿刁难，不但没派出一兵一卒，反而要诸葛亮从益州东部划出五郡另置江州，任命自己当了江州刺史。公元 230 年，曹真、司马懿等率魏国大军三路进攻汉中，诸葛亮一面率蜀军奋力出动据险以待，一面再次命李严率部到汉中增援，要他坐镇汉中。李严根本不知军情的紧急，又提出待遇问题，诸葛亮只得上表朝廷任命李严之子李丰为江州刺史。李严再也无可推诿，才前往汉中。诸葛亮几次对李严让步，均考虑到彼此都是顾命大臣，应该团结同心，完成伐魏大业，所以没有与李严计较。有人对诸葛亮提起李严年轻时家乡的人们就极难与之相处时，诸葛亮笑着说："不可亲近，离他稍远点不就行了吗？"李严到汉中后，诸葛亮又不顾同僚们对李严的议论，让他留守大本营，把处理政事的权力交给李严。

对于诸葛亮至诚待人的行动，李严毫无感悟，不仅仍坚持追求私利，不思改悔，反而变本加厉，对诸葛亮阳奉阴违，终至贻误军机大事，并且嫁祸诬陷诸葛亮。公元 231 年春，诸葛亮挥军再出祁山进攻魏国的陇西，李严留守汉中并负责督运军粮。对于此役，诸葛亮精心准备了两年，并且注意弥补前此三次伐魏战役中蜀军的不足之处，如为解决屡次出现的军粮运输困难，在运输工具上就首次使用了新改制的木牛。考虑到此役时间拖长以后仍可能出现种种不利因素，诸葛亮到前线后又把自己的规划写信通知李严：战况顺利，我军就割断魏国陇西与关中之间的联系，切断陇西魏军的退路并伺机歼灭之，这是上策；敌我实力相当，我军打算在陇西作持久战，等待良机，这是中策；战况不利，如军粮运输不继，我军当采用下策，退驻黄土川水（渭水支流，在今甘肃甘谷）一带。战役进行到夏秋之际，阴雨连绵，道路泥泞，运输困难，加上李严督运不力，军粮供给出现困难。其时与蜀军对峙的司马懿所率的魏军军粮供应也已告罄。李严全不理会诸葛亮已写信通知他的战役规划，派参军马忠、督军成藩到前线去见诸葛亮，要诸葛亮将大军撤回。

当诸葛亮应李严的请求退兵时，李严却假装吃惊，说："我给前线供应的军粮很丰足，大军怎么会撤回呢？"他企图用谎言推卸自己的责任，并把坐失战机的罪名加到诸葛亮头上。另一方面，他又向后主刘禅报告说："诸葛亮撤退是假装的，虚张声势，是为了引诱据险固守的魏军出击，以便决战。"李严干了这些两面三刀的坏事后，自己也非常心虚，害怕露馅，便东躲西藏。听说大军快撤退到他的驻地，李严就以生病为托词跑回后方；大军快退到后方了，李严又想跑回江州，他的部属马忠等反复劝说后李严才没再跑。这时，李严还想用杀掉一两个具体督运粮草的官员来替自己顶罪。诸葛亮对李严的无耻行径十分愤怒，当众拿出李严先后亲笔所写的有关退兵的信件与他对质，充分揭露李严的犯罪事实。在铁证面前，李严再也无法抵赖，这才低头认罪。诸葛亮率臣僚向刘禅上表，历数李严所犯的罪过，建议惩办李严。李严罪责难逃，被罢免了所有的官职，流放到梓潼郡。（李兆成）

魏　延

“反骨”迷局的真相

魏延，字文长，义阳（今河南信阳）人，刘备帐下一员胆略过人的大将。魏延数有战功，最后竟以“背叛”的名义被斩，不白而死，留下一桩历史疑案。

一、守汉中，不负刘备重任

刘备寓居荆州，招募贤士之时，魏延即心向往之，赤壁大战后，成为刘备的将领。刘备入蜀，魏延率部曲跟随，夺关斩将，立下战功，升为牙门将军。

建安二十四年（219），刘备得汉中，称汉中王，将迁治成都，要选拔一员大将镇守汉中。汉中乃蜀之北大门，有“益州咽喉”之称，“若无汉中则无蜀矣”（《三国志·杨洪传》）。因此，镇守汉中的责任仅次于荆州的关羽。众军议论，以为“必在张飞”，而张飞也认为非己莫属。岂知刘备力排众议，提拔魏延为镇远将军，汉中太守，总摄汉中地区的军政事务。这一决定出人意料，“一军皆惊”，全军上下对魏延刮目相看。刘备即将离开汉中，大会朝臣。在会上他问魏延：“今委卿以重任，卿居之作何打算？”魏延说：“若曹操举天下之兵来犯，请为大王拒之；若遣偏将率十万之众而至，请为大王吞之！”这回答掷地作金声，刘备听了拍手称善，而在场的文武官员“咸壮其言”。

魏延不负刘备重托，在独任北方防务中，采用《周易》所载的“重门”之法，创立“围守”御敌，对保卫汉中做出极有成效的贡献。他在汉中一线依地势筑起一座座土围为营寨，各围积粮屯兵。“敌若来攻”，各围即出城，并且相互救援，“使不得入”。这些错落棋布的围寨，在延熙七年（244）曹爽攻汉中时发挥了作用。当时，曹爽率军十万攻蜀，汉中守军不满三万，敌众我寡，诸将惊惶。有人主张撤围守，退保汉、乐二城（今陕西勉县和城固），王平却主张利用诸围拒守，以待援军。结果，“王平捍卫曹爽，皆承此制”，获得成功（《三国志·姜维传》）。姜维主持蜀国军务时，以为诸围错守，“可御敌，不获大利。不若使闻敌至，诸围皆敛兵聚谷，退就汉、乐二城”（《三国志·姜维传》），放敌入汉中，待其疲乏后击之，因而撤围守。对此举，后人评论：“外户不守而却屯以引敌，且欲俟其退而搏之，真开门揖盗之见。”还有人认为这是蜀国灭亡的原因，说：“维之失计，汉之所以亡，良然。”（《三国志·姜维传》注引）蜀亡与撤围守的关系如何，姑且不论，魏延置围守御敌的作用之大，于此可见一斑。

在汉中创置围守，表现了魏延不凡的才干。刘备称帝时，他升为镇北将军。刘禅继位，又晋爵，封都亭侯。

二、建奇策，诸葛亮制而不许

诸葛亮受托孤辅政后，魏延作为受刘备器重的大将，开始也受到尊重。诸葛亮北伐，“驻汉中，更以延为督前部，领丞相司马、凉州刺史”。不过，魏延很快就对诸葛亮产生不满情绪。

在第一次北伐前的军事会议上，魏延提出由子午谷直袭长安之计。他说：“闻坐镇长安的夏侯楙，年少，魏主之女婿，怯而无谋。今若给我精兵五千，负粮五千，直接出褒中（今陕西褒城），沿秦岭而东，则子午谷向北，不过十日，可达长安。蜀军骤然出现在长安城下，夏侯楙必定惶恐失措，弃城而逃。城中只剩下御史、太守等文官，就不足为惧了。百姓闻大军忽至，也会四处逃散。我军可收长安邸阁的储粮接济军食，那是足够军用的。”接着，他提议诸葛亮同时自率大军从斜谷杀入关中，与他配合。不到二十天两军便可会师。“如此，则一举而咸阳以西可定矣。”（《资治通鉴》卷七十一）

汉中与关中相阻于秦岭，当时主要靠褒斜、傥骆、子午等谷道交通。而其中“子午道从杜陵直绝南山，经汉中”（《汉书・王莽传》），是汉中去长安最便捷径，可以出敌不意，兵临长安城下。魏延为汉中太守多年，深知这一点，并且看到当时守城敌将怯弱无谋，因而提出这一极有胆识的用兵方略。

乘虚蹈隙出奇兵，是古代兵家常用的取胜之道。兵出子午谷，偷袭长安，然后夺取潼关，西抚陇右，一举而定秦川，这并非不可能。一生谨慎的诸葛亮却认为：“此县危，不如安从坦道，可以平取陇右，十全必克而无虞。”故而对魏延之计“制而不许”，坚持自己出祁山攻魏的主张。

当兵行之日，选拔先锋将，军中议论，都以为宿将魏延、吴壹等“宜令为先锋，而亮违众拔谡，统大众在前”（《三国志・马良传》附《马谡传》）。诸葛亮违众议误用马谡，造成街亭失守，北伐受挫。

魏延建奇策，诸葛亮置之高阁不用；本是魏延的先锋之任，却授予其亲信马谡，结果铸成首次北伐的败局。这一切使魏延对诸葛亮产生了不满情绪，并且怀疑其军事才干。魏延想到自己在刘备麾下何等受器重，而“每随亮出，辄欲请兵万人，与亮异道会于潼关”，均遭拒绝，因此“常谓亮为怯，叹恨己才用之不尽”。他常常散布说诸葛亮胆怯，自己在他手下无用武之地。这些诋毁自然使诸葛亮不悦。不过，诸葛亮爱他勇武，一时未与之计较。

建兴八年（230），魏延受命入羌中，笼络羌、氐，发展势力，与魏国前将军费瑶、雍州刺史郭淮遭遇，双方激战于阳谿（今甘肃渭源）。魏延大获全胜，升为前军师、征西大将军，假节，进封南郑侯。阳谿一战的胜利，更助长了魏延的矜骄情绪。

三、性矜高，蒙受不白之冤

魏延作为一员战将，“善待士卒，勇猛过人”，这是其长处，也是他受刘备和诸葛亮器重的原因。然而，他傲慢，瞧不起人，这些短处导致他的一生以悲剧告终。他艺高功大，却目中无人，很多将吏都让他几分；唯独长史杨仪，也因自恃其才傲视他人，不把魏延放在眼里。魏延甚为愤恨，二人因此积怨，终至拔刀相见，势如水火。诸葛亮爱惜二人才干，不忍有所偏废，同时也无力解决这一矛盾。

建兴十二年（234）八月，诸葛亮病危，“密与长史杨仪、司马费祎、护军姜维等作身殁之后退军节度”。他把魏延撇在一边，进行了这样的部署：“令延断后，姜维次之；若延或不从命，军便自发。”诸葛亮明知魏延与杨仪互为仇敌，却只向杨仪面授机宜，并且委之总督军务及指挥魏延。“亮固知延非仪所能令矣”（《资治通鉴》卷七十一，胡三省语），却示意“军便自发”。如此，魏延便被一步步逼到反叛的境地。他矜高傲上，得罪了诸葛亮，带来杀身的后果。

诸葛亮刚死，杨仪就令费祎去揣摸魏延的意图。魏延以为是他大展雄才、伐魏歼敌的时机到了，便说：“丞相虽死，吾自见在。府亲官属可将灵柩运回安葬，吾自当率诸军击贼，岂能因一人死而废弃一统天下的大事？”这话虽傲慢犯上，但其伐敌气概可嘉。对杨仪总督军事，令他断后，魏延果然不服。他说：“我魏延乃堂堂大将，岂是杨仪小子可以指挥，为他断后的？”于是，他请费祎和他一起，共同部署军务，并且联名布告诸将。费祎早知诸葛亮的部署，当然不会支持魏延的这种目无君臣的行动，便假意说：“吾为君去劝解杨长史。他身为文吏，不晓军事，不会不听从你的安排。”说完驰马而去。魏延待费祎走后细想，后悔自己的鲁莽，但要挽回自己说的话已经来不及了。

此时，魏延处于孤立和隔绝的状况。全军的行动他不可得知，自己因不听杨仪之令而不知如何行动。他派人去杨仪处察看，发现“诸营相次引军还”。对于被总部遗弃，魏延大怒，丧失了理智。在杨仪率大部队尚未开拔时，他便先行撤离五丈原，经栈道南归汉中，“所过烧绝阁道”，以发泄对杨仪的仇恨。魏延不遵从诸葛亮遗命，擅自行动，并烧毁栈道给蜀军的回返带来困难，这就授人以柄。于是，杨仪向朝廷上表，告魏延反叛。魏延说杨仪假公以报私仇，也告他谋反。二人“各相示叛逆，一日之中，羽檄交至”于成都。后主刘禅不知孰是孰非，询问侍中董允和留府长史蒋琬。由于杨仪受命于诸葛亮，因此二人“咸保仪疑延”。刘禅便令蒋琬率宿卫军北行，以防不测。

当魏延回军至南谷口（今陕西汉中西北）时，杨仪、费祎、姜维等人率领的大部队也随后赶到。魏延领兵逆击杨仪之军，杨仪派王平出战。两军对战，王平指着魏延及其将士说：“诸葛公虽死，而尸骨未寒，尔辈竟胆敢如此！”魏延手下的将士听说，明白理屈，纷纷倒戈，一哄而散，只剩下魏延和他的儿子等数人。魏延无奈，只得向汉中奔逃。途中，被杨仪派马岱追上，斩之。朝廷得知消息，“遂夷延三族”。（许少斌）

张　嶷

西南民族和谐大使

张嶷，字伯岐，巴郡南充国（四川南部）人，生年不详。张嶷出生于下层寒门，了解民间疾苦，同情大众，和抚少数民族，稳定蜀国大后方，在南中民族地区做出杰出的贡献。

一、弱冠显名，识见深远

张嶷出身贫寒家庭，但从小立有大志，“有通壮之节”。约二十岁时，张嶷便担任县里的功曹。刘备平定益州之际，“山寇”乘战乱起事，进攻县城，县令仓皇失计，弃家逃走。张嶷单身一人在刀剑丛中冒险救出县令夫人，使她得免于难。从此，张嶷勇敢、忠诚的名声便传扬四方，很快升任益州从事。其官职虽低，但同郡已名声显赫且位居高官的龚禄、姚伷等人，已争相与张嶷结交，争着把他引为良友。蜀建兴五年（227），诸葛亮率军北驻汉中准备伐魏，广汉（四川射洪）、绵竹（四川德阳）一带的“山贼”乘蜀军主力调往前线、内部兵力有限之机，大举起事，“钞盗军资，劫掠吏民”，造成动荡。蜀汉朝廷任命张嶷为都尉，率军前往讨伐。张嶷考虑大军到后“山贼”必定逃散，反而不能迅速平定，就先施巧计擒杀了“山贼”头目五十余人，进而搜寻其残部，一一击破，前后仅用了十来天便平定了叛乱，“郡界清泰”，稳定了蜀汉的后方，使诸葛亮安心伐魏，无后顾之忧。后来，张嶷多次跟随马忠出征，平定汶山郡和南中四郡的叛乱，“辄有筹画战克之功”。

张嶷还以其善察时势、识见深远而为当时的人们所称道。有一次，魏国境内武都氐王苻健请求归降蜀汉，蜀军前往接应而苻健却未按约定的日期到达，大将军蒋琬很是挂虑。张嶷分析道：“苻健要归降蜀汉看来是情真意至的，过去就经常听说苻健的弟弟非常狡猾，一定是他发难，影响苻健不能如期成行。”过了几天消息传来，果然是苻健的弟弟带着人马跑去投魏了。蒋琬死后，大将军费祎执掌蜀汉军政，张嶷发现费祎滥施厚爱，连刚投降者也亲近轻信，十分危险，就写信劝谏费祎，要他以古人因此失误的事例为戒，提高警惕。费祎未听从张嶷的建议，不久果然被魏国派来假降的人刺杀。又，孙权死后，诸葛恪以顾命大臣的身份执掌了吴国军政，便立即对魏用兵。张嶷写信给蜀国侍中、诸葛亮之子诸葛瞻，请他转告堂兄诸葛恪，劝诸葛恪注意安定吴国的内政，发展生产，等待攻魏的良机；否则内部不稳定，自己又身率大军在外，随时都可能祸起萧墙。诸葛恪没有听从国内国外人们劝他息兵的建议，仍频频大举伐魏。公元 253 年进攻魏国一役失利后，归国果然丧生于内乱，连家族也被诛杀干净。对张嶷深远的识见，《三国志》称赞为“识断明果”，《三国志》作者陈寿在他的另一部史著中，称赞张嶷虽“仪貌辞令，不能骇人，而其策略足以入算，果烈

足以立威……虽古之志士，何以远逾哉！”（本传裴注《益部耆旧传》）

二、和夷抚民，功著南中

张嶷一生主要建功于南中。他为蜀汉朝廷有效地控制南中尤其是越嶲郡，为忠实推行诸葛亮“和抚”的民族政策，为越嶲郡的安定和繁荣，做出了积极的努力。自诸葛亮南征后，越嶲郡“叟夷数反”，太守龚禄、焦璜先后被杀，其后派去的太守更是无法进入越嶲郡的中心地区，只能驻在距郡治邛都八百里的郡界边缘——安上县（四川屏山），蜀汉朝廷并未有效地控制住越嶲郡。为了改变这种状况，延熙三年（240），张嶷被任命为越嶲太守，率军进入越嶲。他对当地各族一方面尽量劝说解谕，“诱以恩信，蛮夷皆服，颇来降附”；另一方面对抗拒不从的部族首领则诉诸武力，他与号称“骁劲”的捉马部族作战，生擒其首领魏狼，非但不杀不辱，还亲自给魏狼松绑，循循劝谕，并且放他回自己的部族。魏狼内心十分感动，回部族后即召集人马表示愿意降附，张嶷立即上表朝廷，封魏狼为邑侯。从此，魏狼和捉马部族“皆安土供职”。对于其他愿意归附的部族首领，张嶷也请朝廷封他们为邑君，让他们继续辖治自己的部族和部族所在的地区。这种做法在当地各族中很有影响，“诸种闻之，多渐降服”，越嶲很快被张嶷牢牢地控制在手中。

张嶷还采取一系列有益于越嶲郡长期安定的措施。当张嶷率军刚进入越嶲郡时，由于这里长期动乱，战祸频仍，郡治邛都县（四川西昌）屡遭创伤而破烂不堪，“郛宇颓坏”，早已成了一座充满断壁残垣的废城。张嶷在邛都城旁修筑坞堡暂驻，同时开始筹集材料，组织重建邛都城。由于这对当地各族生活的安定也直接有益，各族人民给予了积极的支持，“夷种男女莫不致力”。经过三年的艰苦劳动，邛都城郭修缮一新，重新成为越嶲郡的政治中心和各族人民经济文化生活的中心。张嶷还将越嶲郡的盐、铁和漆的生产收归官府控制，委派专职的官吏进行管理。这有利于当地盐、铁生产引进汉族地区的先进技术，使之能得到较科学的管理，也为蜀汉增加了国库收入。

重开旄牛道更是张嶷的一大功劳。旄牛道是从越嶲郡的郡治邛都，经汉嘉郡的旄牛（四川汉源）、临邛（四川邛崃）等地直通成都的一条大道。这条古道很早就开通了，既平顺又近便，不但是从成都到邛都的重要交通干道，而且担负着内地经邛都再往今云南境内的古益州郡、永昌郡交通联系的重任。东汉后期，封建朝廷与西南民族地区的关系恶化后，旄牛夷等民族就封闭了这条古道，越巂与成都之间的交通只得改从经过安上县的另一条路，需翻越险峻的山岭，渡过湍急的江流，“既险且远”，极不方便。为了重开旄牛道。张嶷首先想方设法抚慰旄牛夷的首领狼路，成功地改善了与旄牛夷之间的关系，使之不再叛乱为患。接着，张嶷又派出左右的亲信前往汉嘉郡的旄牛夷地区，赏赐给狼路大量的金帛，并且通过狼路的姑母反复向狼路宣喻重开旄牛道的重要性。狼路被张嶷的诚意感动，率领妻子儿女和兄弟亲属到越巂拜见张嶷，张嶷借此机会与狼路慎重地起誓结盟，妥善地解决了重开古道的问题。经过整治道路桥梁，旄牛道“千里肃清”，畅通无阻。张嶷还派人修复了古道沿途的邮亭驿站，使往来官民和商旅更加便利。旄牛道的重新开通，为蜀汉长期控制越巂乃至整个南中，为这一地区的稳定和经济的繁荣，都有很重要的意义。张嶷也因功晋升为抚戎将军。

张嶷担任越巂郡太守达十五年之久，通过他长期的努力，越巂郡一直比较安定，汉末以来民族关系紧张的状况得到有力的改善；同时，生产也有较大的发展。从考古调查的材料得知，汉末三国时期邛都一带曾一度相当繁荣，这与张嶷在越巂的活动应有相当的关联。从整个三国历史时期来看，蜀汉对于其境内的民族关系，解决得较魏、吴要好一些，这不仅因为诸葛亮洞察时弊，在出山辅助刘备时就能针对东汉后期民族政策的弊病，提出“西和诸戎，南抚夷越”这种在封建时代有进步意义的民族政策，同时还依赖于蜀汉派往民族地区的官吏对这种政策的忠实执行。张嶷就忠实地执行“和抚”政策，在维护蜀汉王朝利益的同时，能安定民族地区，维护汉族与各民族人民的传统友好关系。他与南中任职的蜀汉官吏马忠、霍弋一样很有影响。（李兆成）

蒋　琬

蜀汉的主内大臣

蒋琬是诸葛亮死后的继承者，在蜀汉政权的中期，起过相当重要的作用。因蒋琬才智超群，治国有方，与诸葛亮、费祎、董允四人并称“四相”，又被誉为“四英”（《华阳国志·刘后主志》）。

一、社稷之才不受百里之任

蒋琬字公琰，零陵湘乡（今湖南湘乡）人，年少知名。刘备在荆州，蒋琬以书佐之职不离左右，做秘书工作，因此未能崭露头角。刘备入蜀，署蒋琬为广都（今四川双流）长。对小小县令之职，蒋琬殊感屈才，聪明才智无处施展，便终日嗜酒，“众事不理”。一次，刘备出巡到广都，蒋琬正烂醉如泥，无法前往迎接。见此情景，刘备勃然大怒，立即下令把蒋琬处死。诸葛亮闻此消息，非常着急，立即面见刘备，并劝谏道：“蒋琬，社稷之器，非百里之才也。其为政以安民为本，不以修饰为先，愿主公重加察之。”于是，刘备赦免了蒋琬。没过多久，蒋琬被任用为什邡（今四川什邡）令。这时，蒋琬做了一个噩梦，见一头牛在门前血流如注。他找占梦的赵直圆梦。赵直认为这是大吉之梦，说他将来要当三公丞相，劝他好自为之，所以蒋琬尽心理政。刘备称了汉中王后，真的把蒋琬升调京师成都，委为尚书郎。后来诸葛亮辅后主，军国大政，一决于亮。蒋琬立即被起用为副手，先后任东曹掾、丞相府参军、长史、加领抚军将军。

诸葛亮南征和北出汉中，后方大政委之于蒋琬。蒋琬不负所托，坐镇成都。众事都处理得很有条理。尽管蜀国人力、物力都很薄弱，蒋琬却保证了前线的供应，给北伐以有力的配合。因此，诸葛亮不止一次地称赞蒋琬：“公琰托志忠雅，当与吾共赞王业者也。”

蒋琬不仅在处理国家大事上是诸葛亮的得力助手，在处理中央上层的各种人事关系上，也充分发挥自己的聪明才智，做了许多有益的工作。

第一次北伐，诸葛亮在天水（今甘肃天水）收服姜维后，对他的才干很赏识，并且打算把姜维推荐给刘禅，让刘禅重用他。蒋琬便遵诸葛亮之嘱，把姜维引荐给刘禅。在他后来执政时，十分器重姜维，委以蜀国军机重任。

蒋琬的政治才干很受诸葛亮的推崇，第五次北伐之时，繁重的军务国事和过度劳累，使诸葛亮的病体日益加重，他自知不久于人世，便托以后事，在临终前他秘密上表给后主刘禅：“臣若不幸，后事宜以付琬。”推荐蒋琬继承他的事业。

二、严于律己，宽以待人

诸葛亮逝世后，刘禅遵诸葛亮之嘱，任蒋琬为尚书令，升大将军，封安阳亭侯。蒋琬初居高位，处境非常微妙，一举一动，若不恰当，都会给国事带来不良影响。德高望重的诸葛亮病死于战争前线，外有强敌魏军压境，国内又有杨仪与魏延的不睦，朝野笼罩着惶恐不安的气氛。面对这种局面，蒋琬胸有成竹，镇定自如。他既不因丞相之死而悲悲切切，终日垂泪，不知所措，也不因自己掌了大权而喜于形色，轻狂妄动。他沉着冷静，言谈举止一如往常，处理国家大事时有条不紊。同僚和下属看到蒋琬这样临危不乱，稳重谨慎，无不叹服。刘禅也更加敬重和信赖他，升蒋琬为大司马，总揽国家大政。

对于蒋琬的晋升和显赫权位，并不是所有人都服气的。东曹掾杨戏，向来沉默少言，性格孤高内向，蒋琬每次和他商议公事，他都置若罔闻，不爱搭理，弄得蒋琬十分尴尬。见此情景，有人向蒋琬进言道："你每次与杨戏议事，他都装作没有听见的样子，不予理睬，他这样对你傲慢无礼，确实做得太过分了。"蒋琬听了并不生气，而是心平气和地解释说："人心各有不同，就和人的面容不同一样，如果一个人口是心非，当面一套，背后一套，这种卑劣行为，连古人都鄙弃和引以为戒。我了解杨戏，他不是那种口是心非的人，所以我们议事时，他不愿违心地同意我。但是，如果他公开表示反对，又显得我的意见不对，影响我的威信，所以他只好沉默不语，这样做，正是他认为的恰当办法。"蒋琬这一番体谅他人的恳切谈话，使进言者深受感动。

督农杨敏，高傲自大，目中无人，曾恣意诽谤蒋琬，说他处理问题平庸，工作没有一点起色，远不如他的前任诸葛亮。有人把这话传给蒋琬。蒋琬听后，十分坦然地承认道："吾确实不如前人。"这表现了蒋琬虚怀若谷，严于律己，宽以待人的高尚情怀。后来，杨敏犯罪坐牢，有人以为此次杨敏必死无疑了。对于杨敏犯罪一事，蒋琬并没有借机报复，而是全面客观地分析了杨敏的功过，为减轻其刑期而周旋，主持公道，时人叹服。

三、惨淡经营北伐

蒋琬治政，忠实地执行诸葛成规，陈寿评论说："方整有威重，咸承诸葛之成规，因循而不革，是以边境无虞，邦家和一。”但在北伐这一根本国策上，蒋琬却大胆地提出自己的路线。他认为诸葛亮北出秦川和西取陇右的战略路线，道路崎岖，军粮难济，五次北伐，皆空劳师旅。他重新规划了北伐路线，从水路东下，以舟船运载士兵和粮食，沿汉水、沔水直抵魏国边境上庸（今湖北竹山），以蚕食魏境，待机由南阳进逼洛阳，直插中原。他上表刘禅陈述己见，说：“今涪水陆四通，惟急是应，若东北有虞，赴之不难。”准奏后，他把大本营从汉中迁到涪城（今四川绵阳）驻守，大造舟船，以实现他的计划。

蒋琬规划的北伐路线，有利亦有弊。有利的是，进军不走难行的栈道，由汉、沔东下，行动方便。大本营在涪，便于集中成都平原丰富的粮饷和兵源。不利因素是，顺流东下，进易退难，军若有失，不堪设想。此时，荆州不在蜀国手中，攻上庸鄙地，对魏构不成实际威胁。这一路线，还须从江州进兵配合，而蜀国小弱，实无能力。因此，蒋琬的北伐计划没有付诸实现，他就病逝了。看来蒋琬的北伐只是做出一种姿态，实际目的是休兵息民，平稳地改变诸葛亮的北伐战略，同时也是做给曹魏看的一种策略，即以攻为守。当然，机运到来，也不失为一种北进的方案。总之，蜀国小弱，蒋琬的惨淡经营真是用心良苦。

后主延熙九年（246），蒋琬病逝，谥曰恭。（刘京华）

邓　芝

胆略非凡的使吴外交官

邓芝，字伯苗，义阳新野（今河南新野）人，是东汉光武帝佐命功臣邓禹的后裔。他能言善道，文武兼备，是刘备集团中一位出色的外交家。诸葛亮辅政重修吴蜀联盟旧好，他受命两次出使东吴，为吴蜀通好做出很大的贡献。

邓芝自幼聪慧伶俐，年轻时仕途无门，怀才不遇。后来，到了蜀国，他曾去找过益州从事张裕看相。张裕对他说，将军寿命很长，将来定会拜相封侯。邓芝听说巴西太守庞羲是一个心胸宽广、善识人才的人，于是决定去依附他。刘备占据益州时，邓芝为郫（今四川成都郫县区）邸阁督，是一个守护粮仓的小吏。有一次，刘备到郫县巡视，与邓芝交谈之后，发现他口才不凡，“大奇之”。于是擢升邓芝为郫县令，后迁为广汉太守。邓芝为官清正廉明，执法公允，广汉地区很快呈现一派升平景象。因“所在清严有治绩”，被调入朝中为尚书。

章武三年（223），刘备病逝于白帝城永安宫，诸葛亮奉遗诏辅佐十六岁的太子刘禅继承皇位。当时，军政事务虽多，但诸葛亮都一一处理妥当。只有一件事情，使他忧心忡忡，那就是必须尽快委派一个精明能干的人，出使江东说服孙权，与结盟好。究竟谁去合适呢？诸葛亮正在左右为难之际，恰好碰见邓芝。这时，邓芝前来向诸葛亮进言：“今主上幼弱，初即帝位，应该派遣大臣出使东吴，重结盟好。”邓芝能高瞻远瞩，敏锐地看到当时联吴问题的重要性，并且强调立即遣使出使东吴，这体现出他非凡的才干。诸葛亮喜出望外地说：“这个问题我想了很久，但始终想不出能够完成这个任务的人，今日终于找到了。”邓芝问：“这个人是谁？”诸葛亮回答：“就是你啊！”于是，派遣邓芝出使东吴。

邓芝到了东吴后，果然不出诸葛亮所料，孙权没有立刻见他。邓芝急中生智，上表孙权说：“我此番来江东，不只是为了蜀国，也是为了吴国的利益。”孙权觉得很蹊跷，蜀国使臣不为蜀国的平安，怎么会为我吴国的安危而来呢？于是，孙权传令见他。孙权与邓芝见面后，对邓芝坦率地说：“我是早愿意与蜀和好的，但恐蜀国刚遭新丧，刘禅年幼无知，势单力弱，一旦遭到曹魏的进攻，我也自身难保了，所以有些犹豫。”邓芝针对孙权的矛盾心理，不慌不忙，向孙权分析了吴蜀联盟的有利条件。他指出：“吴、蜀二国据有四州之地，大王是当世之英雄，诸葛亮也是一代俊杰。蜀国有重岭险隘，边境牢固。吴国有长江天险可资凭借，两国的长处加起来，唇齿相依，进取便可以并兼天下，退守也可以鼎足而立。大王今天如果怕得罪魏国，而和它保持臣属关系，曹丕必然要大王入朝，要太子去作人质，没完没了地纳贡。如果你不从命，魏则以反叛为名讨伐你，那时蜀国也会顺流而下，伺机而进，江南的土地恐怕再也不会归大王所有了！”邓芝言简意赅的一番分析，有理、有利、有节，孙权沉默了良久，终于决定与魏绝交，转而与蜀实行联合，并且立即派遣张温去蜀求和。邓芝第一次出使东吴，出色地完成了任务。解除了诸葛亮的后顾之忧，使他能有更多的精力恢复和发展生产。

公元224年，诸葛亮又一次派遣邓芝使吴。孙权与邓芝成了朋友，他便直言不讳地问邓芝："如果将来消灭了曹魏，天下太平，吴、蜀二主各分治一方，岂不是很好的事情吗！"邓芝坦率地回答："天无二日，士无二王，如我们灭掉曹魏之后，两国的君主要各行其德，两国的臣下要各尽其忠，然后整顿兵马，双方再来争夺天下吧！"邓芝的秉直、坦率、诚恳和他的两次谈话，使孙权心悦诚服，稳定了江东与蜀国的联盟。孙权十分赏识邓芝，他在给诸葛亮的书信中称赞说，维系两国的和好，只有邓芝这样的人才能做到。吴蜀联盟的恢复和发展，对诸葛亮所进行的南征和北伐，都起到了有利作用。

邓芝不仅是一位出色的外交家，而且是蜀国的一员上将。建兴六年（228）春天，诸葛亮第一次北伐曹魏，以邓芝为中监军、扬武将军，和赵云领军拒守箕谷，抗拒魏国大将军曹真的进攻。由于魏强蜀弱，致使箕谷失利。虽然战败，但在部队撤退时，"兵将不相失"，而"军资什物，略无所弃"。他配合赵云，在撤退中未损失一兵一卒，显示出他治军"赏罚明断，善恤士卒"，深得诸葛亮的称赞。

建兴十二年（234），邓芝升为前将军，领兖州刺史，封阳武亭侯。蒋琬继诸葛亮主持丞相府事后，让邓芝督镇江州（今重庆市），担任守卫蜀国东疆之重任。

延熙六年（243），邓芝升为车骑将军，并且接受刘禅赐予的符节。延熙十一年（248），巴东涪陵地区大姓徐巨叛乱，邓芝率军征讨，一举获胜。邓芝采取措施，把当地的富豪大姓五千多家迁入蜀地，直接受蜀汉中央政权的控制，并且在当地选拔骁勇的将领管理军队。从此，涪陵地区没有再发生大姓反叛事件，百姓也过上平安的日子。

延熙十四年（251），邓芝辞世，享年七十四岁。（戴惠英）

姜　维

诸葛之志的继承者

三国时代的蜀汉大将姜维，是一位颇具才略的著名羌族将领。在他的一生中，他不仅为蜀汉政权的巩固与发展做出重大贡献，而且在继承和贯彻诸葛亮的“和夷”政策，改善民族关系，加强民族团结等方面，也有不俗的表现。姜维不愧为我国古代少数民族中的杰出人物。

姜维，字伯约，生于公元202年，是天水郡冀县（今甘肃甘谷）人。冀县地处陇右，秦汉以至三国时的陇右一带，历为羌、戎等少数民族居住和活动的地区。姜维的祖先原是天水的姜氏大族，追本溯源，姜维一家属羌族的后裔。古代的“羌”和“姜”本是一字，《后汉书·西羌传》就说，“西羌之本，姜姓之别也”。

姜维的父亲姜冏，是东汉天水郡的功曹，后来死于战场。公元220年，东汉王朝的统治彻底灭亡之后，魏、蜀、吴三股鼎足势力之间的斗争更加激化。偏居于西南的蜀汉，在东与孙吴重新恢复了两国的联盟；对南边的广大少数民族地区，执行“南抚夷越”的政策，使南中地区归服，解除了蜀汉政权的后顾之忧。蜀丞相诸葛亮，看到北伐曹魏的时机已经成熟，在公元228年实行北伐，趁曹魏关中空虚，出兵祁山（今甘肃西和西北），以大规模的军事行动，一举夺取了天水、南安、安定三郡，姜维也归附了蜀汉，被任命为仓曹掾，加奉义将军，当时他只有二十七岁。诸葛亮对姜维十分器重，他很钦佩姜维的为人和才略，曾经写信给蜀国大将蒋琬等人，说姜维“忠勤时事，思虑精密，是凉州上士”，还说“姜伯约甚敏于军事，既有胆义，深解兵意；此人心存汉室，才兼于人”。不久，姜维迁升为中监军、征西将军。

姜维是少数民族羌人，这是诸葛亮对姜维如此器重的又一原因。诸葛亮为了实行“和夷”政策，争取陇右人的归服，在少数民族中发现和提拔负有威望的人才十分重要。姜维是羌人，不仅才武过人，有一定威望，而且还非常熟悉陇右少数民族地区的风俗民情，这正是不可多得的人才。诸葛亮第一次北伐不直取关中而西出祁山陇右，除了不肯弄险的因素，也考虑了陇右是一个民族聚居区，准备在这一带实行“和夷”政策，可以站稳脚跟，然后稳扎稳打继续向东。所以，姜维归蜀，人们都来向诸葛亮庆贺。

姜维归蜀汉以后，随诸葛亮四次北伐，立了不少战功。过了六年，也就是建兴十二年（234），诸葛亮在第五次北伐中，病逝于五丈原（今陕西眉县西南）军中。这时，姜维同杨仪一起按照诸葛亮生前秘不发丧的部署，整顿了军马从容向南撤退，随后姜维回到成都。后主刘禅按诸葛亮临死的推荐，以蒋琬、费祎统管军政大权，并且晋升姜维为右监军、辅汉将军。不久，姜维又迁升镇西大将军，领凉州刺史。延熙十年（247），汶山（今四川茂汶）变乱，姜维率兵前往平定，随后又出兵陇西、南安、金城一带，大战魏将郭淮、夏侯霸于洮西。

这两次出兵，他都注意贯彻诸葛亮生前的“和夷”政策，安抚了少数民族，调整了民族关系，实现了民族团结的局面。蜀汉将士上下团结一致，基本上是执行战略防御的政策，保持了诸葛亮生前的局面。

延熙十六年（253）春费祎死后，姜维掌握了军事大权，调动诸军。就在这一年的夏天，他带领数万人出石营，经董亭围攻南安；公元 255 年，他又出兵狄道（今甘肃临洮），大败雍州刺史王经；公元 256 年，他再率军向祁山方面进攻，在上邽南部的段谷（今甘肃天水东南），因蜀镇西将军胡济没有按期赶到，为魏军邓艾所败，死伤甚为惨重，同时也影响到陇右以西的稳定。以上的连年出兵，对统一江山的大业没有多少成效，加上这次失败使姜维十分难过，自求贬削给予处分，降为后将军，但仍负大将军职责，号令三军。

过了一年，姜维乘曹魏关中空虚，出兵秦川，给魏军以重大打击，缴获了不少粮食，军威大振，不久便又任大将军。但是他回到成都，见刘禅无道，终日花天酒地，听任宦官黄皓专权，黄皓网罗的党羽越来越多。姜维曾对刘禅说：“黄皓奸巧专权，将来国家要败坏在他的手里，应该及早杀掉。”刘禅不听，这便引起姜维的疑惧，于是长期领兵驻扎在沓中（今甘肃舟曲以西、岷县以南地区）。到了公元 262 年，魏将司马昭分兵三路向蜀汉进攻，一路由邓艾率兵三万自狄道指向沓中，攻击姜维；一路由诸葛绪领兵三万，自祁山向阴平（今甘肃文县西北）进攻，以断姜维后路；另一路由钟会统兵十多万人，从斜谷直取汉中。刘禅这时听说魏军真的打来了，才慌忙派廖化往沓中接援姜维，派张翼往阳安关口（今陕西阳平关）防守。但援军未到，汉中、阳安关已经失守，姜维趁机经桥头、阴平，与廖、张两军会合，据守剑阁。邓艾选走阴平一带氐羌等少数民族地区和偏僻故道，绕过剑阁天险，直捣江油、涪城，并且攻破绵竹，成都再无天险可守，刘禅派人捧玺投降。当姜维接到刘禅要他投降的命令时，许多官兵将士“拔刀砍石”，十分悲愤。这样，由公元 221 年刘备称帝到 263 年刘禅投降，经历了四十来年的蜀汉政权，从此告终。后来，姜维想利用魏军大将钟会反司马昭的机会来复兴蜀汉，不但未成，而且一家被杀害。这是公元 264 年的事，姜维死时六十三岁。（郑白华）

第四编

东吴篇

孙氏立国江东，孙策、孙权都是年少风流，青年创业。孙权十九岁承父兄之业，克平暴乱，历尽险阻，创立吴国。孙权在内政、外交、军事各个方面都有卓越建树，是三国时期第一流的政治家。吴国多士，有五儒将、十二员虎将：周瑜、鲁肃、吕蒙、陆逊、陆抗为五儒将；程普、黄盖、韩当、蒋钦、周泰、陈武、董袭、甘宁、凌统、徐盛、潘璋、丁奉，为十二虎将。由于吴国所凭天时、地利、人和均处劣势，所以孙权尽管统事五十三年，仍未能统一中原，成为一个偏安之主。但在三国鼎立中，魏吴对抗，实为主线，孙吴君臣对江南的开发，影响历史深远，在本编所选吴国君臣的评述中，给予了充分的重视。

孙　策

一世英雄，殁于匹夫之手

孙策，字伯符，吴郡富春（今浙江杭州富阳区）人，孙坚长子。孙坚死时，孙策年仅十七岁。他率领父亲部曲一千余人打天下，在群雄中脱颖而出，据有江东，是吴国的创立者。

一、割据江东

孙策之父孙坚，自称是春秋时大军事家孙武的后代，曾任长沙太守，后被封为破虏将军，先后参加镇压黄巾起义和征讨凉州边章、韩遂的战役。特别是在讨伐董卓的战争中，孙坚勇冠三军，战功卓著。《三国演义》第五回描写过关公温酒斩华雄。这个华雄是董卓的一员猛将，他不是被关羽所杀，而是死于孙坚之手，小说家为了塑造关羽的英雄形象，有意张冠李戴。董卓曾经对他的长史刘艾说："关东军的各路首领，一个个都是我的手下败将，不值得畏惧。只有孙坚这个小倔头，颇能用人，要告诉诸将，多加小心。"（本传裴注《山阳公载记》）初平二年（191），孙坚在伐黄祖之役中大胜，轻骑追至湖北岘山，被黄祖部下射死，时年三十七岁。

孙策自幼聪明英武，好结交朋友，声名远播，是个少年英雄。舒（今安徽舒城）人周瑜与孙策同年，慕名来访，一见如故，两人结为生死之交，孙策遂举家迁往舒城，孙坚死后，孙策遭徐州牧陶谦之忌，乃携母徙曲阿（今江苏丹阳），依其舅丹阳太守吴景，并乘机招募了亲兵数百人。

兴平元年（194），孙策率众投靠占据寿春的袁术，很受袁术的赏识，"术常叹曰'使术有子如孙郎，死复何恨！'"（《三国志・孙破虏讨逆传》）但袁术对孙策颇怀戒心，他曾先后两次许诺任孙策为九江太守、庐江太守，但两次都悔约而改授予自己的亲信。孙策知自己不被信任，便准备脱离袁术他去。恰在这时，孙策的舅舅吴景遭到驻在曲阿的扬州刺史刘繇的攻击，被赶出了丹阳城，双方在横江津一带相持不下。"策说术云'家有旧恩在东，愿助舅讨横江；横江拔，因投本土召募，可得三万兵，以佐明使君匡济汉室'。术知其恨，而以刘繇据曲阿，王朗在会稽，谓策未必能定，故许之。"（本传裴注《江表传》）。

袁术放虎归山，孙策如鱼得水。袁术表孙策为折冲校尉，行殄寇将军，又将其父孙坚的旧部千余人尽数拨归他统辖。孙策的宾客千余人也和他一起出发。一路上，由于军纪严明，百姓拥护，这支部队行至历阳（今安徽和县）时，已成为拥有五六千人的浩荡大军。这支军队作战勇敢，势如破竹，打败了刘繇手下的大将张英、樊能，刘繇弃军而奔，诸郡守也望风而逃，孙策没费多大力气就进入了曲阿。有了根据地之后，军力很快得到了扩充，"旬日之间，四面云集，得见兵二万余人，马千余匹，威震江东，形势转盛"（《三国志・江表传》）。

此时江东各地，豪强割据，各不统属，乌程邹他、钱铜，吴人严白虎，前合浦太守王晟及自称为吴郡太守的陈登，各聚兵数千到数万人，称霸一方，其中尤以严白虎的势力最大。孙策采取先弱后强的策略，首先平定了邹他、钱铜、王晟等人，接着便杀向严白虎。正当孙策大军出征严白虎之际，驻守海西的陈瑀却秘密遣其都尉万演渡江，联络豪帅严白虎、祖郎、焦己等，准备偷袭孙策军。孙策发觉此事后，仍亲率大军按计划出发，另派吕范、徐逸率兵进攻海西，大破陈瑀，杀其大将陈牧，获其吏士、妻子四千人。

严白虎见孙策亲自领兵前来，便深沟高垒，坚守不出，同时派其弟严舆赴孙策军营请和。孙策假意允和，并置酒款待严舆。席间，孙策出其不意杀了严舆。严舆是严白虎手下出名的骁将，他的被杀使严白虎一军胆丧。双方军队一接触，严白虎军便败下阵来，严白虎带着少数人逃往余杭。至此，孙策基本平定了江东六郡，自领会稽太守，仍以吴景为丹阳太守。孙策把豫章郡分为豫章、庐陵两郡，以孙贲、孙辅两堂叔分任为太守。朱治为吴郡太守。彭城张昭，广陵张纮、秦松、陈端等为谋主，势力大盛。

建安二年（197），袁术称帝于寿春，孙策上书反对，与袁术绝交。曹操趁此拉拢孙策对抗袁术，表孙策为讨逆将军，封吴侯。这样，孙策名正言顺割据了江东。

二、丹徒遇盗

东汉末太尉乔玄有两女，皆天姿国色，称大乔和小乔。孙策娶了大乔，周瑜娶了小乔。

建安四年（199）袁术病死，其妻子余部往依庐江太守刘勋。孙策以计引诱刘勋进攻上缭，然后从背后偷袭皖城，一举赶走了刘勋。刘勋失去了立足之地，只得与部下数百人投奔曹操。其时，曹操正与袁绍对峙，不愿与孙策交恶，故将其侄女许配给孙策的小弟孙匡，又为其子娶了孙策的堂叔之女，还举荐了孙策之弟孙权为茂才。

攻破刘勋之后，孙策为报父仇，进讨刘表的部将黄祖。建安四年十二月八日，孙策大军进抵黄祖所屯之沙羡（今湖北武汉）。十一日黎明，孙策率领周瑜、孙权、吕范、程普、黄盖等将佐大举出击。孙策亲自在马上擂鼓，兵士借风放火，弓手千弩齐发，大胜黄祖，斩首二万余人，一万余人溺水而死，缴获船只六千余艘，其他财物无数，并且生俘黄祖妻息男女七人，黄祖只身逃走。

建安五年（200），曹操与袁绍大战于官渡。这时，陈瑀之从兄子陈登任广陵太守，治射阳，他为报陈瑀兵败之仇，积极策划进攻孙策。孙策大举出兵，计划先讨平陈登，然后挥师直捣许都，准备挟天子以令诸侯。军行至丹徒，孙策外出射猎。他驰马疾追一鹿，从骑落在后面。突然，事先埋伏的许贡的三个宾客举弓向他射来。孙策奋力射杀一人，自己也中箭落地，受了重伤，另外两人被赶到的孙策从骑击毙。许贡原是吴郡太守，被孙策所杀。许贡的小儿子及宾客亡匿江边。他们侦知孙策常爱独自追猎野兽，故伺机报仇。孙策中箭，医嘱静养可治。可是孙策性情急躁，他引镜自照，见面容憔悴，对左右说："这样一个丑样子，还有面目见人吗？"于是他扔了镜子，大发脾气，缝合的创伤破裂，当夜就死了。这时孙策只有二十六岁。临终，他把印授交给了其弟孙权。孙策对孙权说："举江东之众，决机于两阵之间，与天下争衡，你不如我；举贤任能，各尽其心，以保江东，我不如你。"孙策又嘱张昭、周瑜尽心辅佐。就这样，开创江东基业的孙策与世长辞了。

三、一代天骄

孙策十七岁领兵，只有几百人。经过了九个春秋的战斗，却创下了江东基业，真是一代天骄，当世无人与之伦比。孙策长得英俊，又爱谈笑，而打起仗来勇猛异常，总是一马当先，时人称他为"孙郎"。敌方将士和草野百姓，一听孙郎来了，大都失魂落魄。在攻打笮融的战斗中，他中箭负伤，不能乘马，仍指挥若定，赢得了胜利。在攻打黄祖时，他"身跨马栎陈，手击急鼓，以齐战势"（《三国志·孙策传》本传裴注《吴录》）。正是他这种一往无前的气概，才成就了江东基业。

孙策虽然勇猛，却并不是一介武夫。他治军整肃，百姓爱戴。史称"军士奉令，不敢虏略，鸡犬菜茹，一无所犯，民乃大悦，竟以牛酒诣军"（《三国志·孙策传》本传裴注《江表传》）。他巧离袁术，智取严白虎，奇袭刘勋，不仅展现了出色的战争干才，也显示了他政治上的成熟。他不失时机地抓住袁曹官渡之战的时机，要奇袭许昌，挟天子以令诸侯，这事虽然没有实现，却表现了孙策的远大目光和胸中韬略，不知超过袁绍几多。

孙策善于识才，也善于用才。张昭、张纮是孙策亲自礼聘的，周瑜更是他的盟兄弟。收服太史慈尤表现了孙策的爱才和博大胸怀。太史慈是东莱人，也是一员虎将。他原在刘繇帐下效力。孙策亲自与他交战，打得难解难分，他的头盔也被太史慈夺走了。后来，孙策打败刘繇，俘获了太史慈，爱其勇，不计前仇，亲自替太史慈松了绑，署为门下督。太史慈感戴不已，作战英勇，立了不少战功。东吴人杰吕蒙、吕范、朱然、蒋钦、周泰、陈武、董袭等人，都是孙策聚拢留给孙权的宝贵财富。（周鹏飞）

孙　权

历史上的两副面孔

孙权承父兄之业，尊礼英贤，抚纳豪右；初以诛黄祖，走曹操；然后出濡须，战合肥，北面争霸；既而忍勾践之辱，称臣于魏，袭关羽，败刘备；于是，据有荆州、扬州、交州，与魏、蜀鼎峙而立。

一、少大奇异，志承父兄

孙权，字仲谋，吴郡富春（今浙江杭州富阳区）人，初生之时，方面大口，“目有精光，坚异之，以为有贵象”（本传裴注《江表传》）。其后，善相者刘琬见了孙权也说：在孙坚数子中，只有孙权“形貌奇伟，骨体不恒，有大贵之表，年又最寿”。

孙权少年出众，性情开朗，度量宏大，仁义而有决断，好侠养士，“知名侔于父兄”。他十五岁时，即被吴郡太守朱治察为孝廉，扬州刺史严象又举为秀才，出任阳羡（今江苏宜兴）长，代行奉义校尉，即随兄孙策征战。孙权“每参同计谋，策甚奇之，自以为不及也”。建安五年（200），孙策遇害，临死，令孙权佩上自己的印绶，说“举江东之众，决机于两陈之间，与天下争衡，卿不如我；举贤任能，各尽其心，以保江东，我不如卿”（《孙破虏讨逆传》）。

孙权当时年仅十八岁，正值天下纷争之时，许多江东英豪和北方寄寓之士，“以安危去就为意，未有君臣之固”。他们不知年少的孙权能否成就霸业，有的在徘徊观望，有的拟另寻新主，而“张昭、周瑜等谓权可与共成大业，故委心而服事焉”。因而，“寄寓之士，得用自安”（《三国志·张昭传》），孙策旧部也逐渐归附，听命于孙权。

曹操本欲因丧伐吴，在朝中为侍御史的孙策旧部张纮进谏劝阻说：“乘人之丧，既非古义，若其不克，成仇弃好，不如因而厚之。”（《三国志·张纮传》）曹操从其言，表孙权为讨虏将军，领会稽太守。

于是，孙权名正言顺行使权力。他待张昭以师傅之礼，以周瑜、程普、吕范等人为将率兵。同时，他招延俊秀，聘求名士，一批本地和北方流寓的贤士如鲁肃、诸葛瑾等，受到礼用。然后，他分兵遣将，征不从命者，稳定自己在江东的统治。

庐江太守李术在孙策死后不肯臣服孙权，声称“有德见归，无德见叛”。孙权大怒，一方面上表曹操，列举李术罪行，孤立李术；一方面领兵征讨。由于曹操不救李术，郡治皖城（今安徽潜山）很快被攻破，李术被杀。收复庐江郡后，孙权开始了征讨山越和攻打黄祖的行动。

二、镇抚山越，进灭黄祖

当时，江东的会稽、吴郡、丹阳、豫章、庐陵、庐江等六郡为孙氏地盘。但是，这六郡中很多县处于深山险地，为山越占领，不从号令。山越即秦汉时代的百越，由于统治者的剥削和压迫，逃奔山林，以血缘关系群居。在汉末群雄割据时，他们拥“宗帅”自立，组成“宗部”“宗伍”，大者数万家，小者数千户，拒绝向官府纳税服役。山越人强悍好武，勇于作战，难以对付。

孙权初承兄业，即“分部诸将，镇抚山越”，但收效不大。建安八年（203）他发兵征讨，使征虏中郎将吕范平鄱阳（今江西鄱阳），荡寇中郎将程普讨乐安（今江西德兴）。同时，孙权派将到山越群居，难以治理的县镇守。例如：以建昌都尉太史慈领海昏（今江西永修），别部司马韩当为安乐长，周泰为宜春（今江西宜春）长，吕蒙为广德（今安徽广德）长。韩当在乐安，“山越畏服”，周泰在宜春，“食其征赋”。这些将领镇服了山越。同时，孙权又派南部都尉贺齐征讨建安（今福建建瓯）、汉兴（今福建蒲城）、南平（今福建南平）的山越，“斩首六千级，名帅尽擒，复立县邑，料出兵万人”（《三国志・贺齐传》）。建安十年（205），贺齐又奉命讨上饶（今江西上饶）一带的山越，平定后，分以为建平县（今福建建阳）。经过两次大的征剿，山越的反抗暂时减弱。

为占据荆州，建安八年（203），孙权领兵攻打江夏郡。江夏太守黄祖退至夏口（今湖北武汉），闭城不出。孙权攻而不克，因丹阳、豫章、庐陵三郡的山越动乱而回兵。建安十二年（207），再次领兵攻黄祖，孙权因其母病故，掳江夏百姓而还。

黄祖手下将领甘宁来投奔孙权。他建策夺取荆州，以“渐规巴蜀”；而图取荆州之计，又当“先取黄祖”。他要孙权尽早起兵，不可落于曹操之后。这番话与鲁肃的见解不谋而合。张昭反对出兵远征，甘宁指责他不图进取。孙权十分赏识和信赖甘宁，向他举杯敬酒说：“兴霸，征讨黄祖之任，如同此酒，决定托付给卿。卿当勉建方略，打败黄祖，建立功勋，何必计较张长史之言？”（《三国志・甘宁传》）建安十三年（208）春，孙权亲率大军征黄祖。经过激战，击杀黄祖，夺得江夏。孙权还没有来得及继续西进，曹操就率大军南下，抢先来夺荆州了。

三、赤壁联刘，江淮抗曹

曹操大军南下，刘琮投降，刘备溃败。曹操便给孙权下战书，称“今治水军八十万众，方与将军会猎于吴”。江东君臣，震恐失色，孙权也不知如何是好。经诸葛亮、周瑜、鲁肃等人的分析和劝说，孙权决意联刘抗曹。他拔刀砍座前奏案说：“诸将吏敢复言当迎操者，与此案同！”（《三国志·周瑜传》）由于孙、刘联合，协力同心，在赤壁大败曹军。刘备上表孙权行车骑将军，领徐州牧。孙权承认刘备为荆州牧，“进妹固好”，发展同盟关系。

赤壁大战后，孙权分地置郡，整顿内部，巩固地盘。建安十六年（211），自京（今江苏镇江）徙治秣陵；次年，改秣陵名建业（今江苏南京）。曹操在荆州败北，转而从徐、扬攻孙权。孙权闻曹操将领来攻，采吕蒙之策，在濡须水入江口修筑坞堡待敌。

建安十八年（213）正月，曹操攻濡须口（今安徽无为），出兵攻占水中沙州失利。孙权数次挑战，曹操坚守不出。孙权乃乘船观曹军营塞。曹操令弓弩手放箭。“箭著其船，船偏重将覆，权因回船，复以一面受箭，箭均船平，乃还”。孙权为了引诱曹军出战，又乘轻便船从濡须口入曹军水寨。曹将请战，曹操不许，令军中严密戒备，弓弩不得妄发。孙权船行五六里，回转时还奏起军乐。孙权“舟船器仗军伍整肃”，曹操见了，喟然叹曰：“生子当如孙仲谋！”两军相持不战月余后各自退还。

次年，孙权纳吕蒙之言，亲征皖城。他以吕蒙、甘宁为将督众攻城，很快攻下城池，俘获庐江太守朱光及男女数万口。其后，他又领军十万攻合肥，攻而不克。孙权在逍遥津遭张辽袭击，险些被擒，凌统、吕蒙以死保卫，赖战马跨越津桥才得以幸免。两年后，曹操又领兵屯于居巢（今安徽桐城），攻濡须。双方交战互有胜负。不久，曹操引兵退去。

此间，孙、刘因荆州归属而发生尖锐矛盾。孙权为避免两面受敌，于建安二十二年（217）春，“令都尉徐详诣曹公请降”。曹操“报使修好，誓重结婚”，应允与孙氏再次通婚。孙权便把精力转向荆州。

四、谋夺荆州，忍辱附曹

据有荆州，是孙权的既定国策。但赤壁战后，他除了原有的江夏郡及分长沙为汉昌郡，无所收益。本得南郡，又不得不忍痛借予刘备，以成掎角之势，共御曹操。他曾遣使告刘备，求共取巴蜀。刘备欲独吞益州，诡称“宗室被攻，而不能自救，无面目以立于天下”，不准孙权染指。孙权派兵推进，刘备部署关、张等大将加以阻拦。后刘备自取益州，孙权闻之大怒，说：“猾虏乃敢挟诈！”（《三国志·鲁肃传》）

建安十九年（214），孙权令诸葛瑾去索回荆州诸郡。刘备说：“吾方图凉州，凉州定，乃尽以荆州与吴耳。”孙权对刘备借地不还，一再以虚假之词拖延很恼怒，便设置长沙、零陵、桂阳三郡长吏，去强行接管。不料，他们统统被关羽赶了回来。孙权即派吕蒙、鲁肃领兵攻取，自驻陆口（今湖北嘉鱼西南），为诸军节度。吴军很快拿下三郡。刘备急速从成都领兵下公安（今湖北公安）。双方剑拔弩张，大战一触即发，适逢曹操领军入汉中，刘备怕益州有失，遣使向孙权求和。孙权也因力量不足，令诸葛瑾回报。双方又重申盟好，于是中分荆州：长沙、江夏、桂阳东属孙权；南郡、零陵、武陵西属刘备。

建安二十二年（217），吕蒙接替鲁肃督荆州诸郡。他劝孙权放弃进攻徐州，转而西攻关羽，全据荆州，发展势力。孙权深以为然。于是，他放弃孙、刘联盟，向曹操请降，窥测时机，谋夺荆州。两年后，关羽重兵围襄阳，后方空虚。孙权上书曹操，求袭关羽。曹操许以事成后孙权独占荆州。孙权袭杀关羽，向曹操奉上关羽首级，同时进献贡奉。曹操表孙权为骠骑将军，假节，领荆州牧，封南昌侯。

公元221年，刘备领兵伐吴，欲夺回荆州。孙权一方面以陆逊为大都督，率朱然、潘璋、韩当、徐盛等大将拒之，另一方面向魏文帝曹丕“遣使称臣，卑辞奉章”。曹丕接受孙权的投降，拜孙权为吴王。东吴群臣以为不应接受魏国封号，孙权说：“昔沛公亦受项羽拜为汉王，此盖时宜耳，复何损邪？”并遣使称谢。曹丕乘机索求大批珠宝异物。东吴群臣又反对，说：“贡有常典，魏所求珍玩之物非礼也，宜勿与。”孙权说：“彼所求者，于我瓦石耳，孤何惜焉？”他认为，刘备大军压境，舍珍玩求保荆州，是“以轻代重”；况且曹丕为帝，自己称臣，所求不过如此，和他哪有理可讲；因此，“皆具以与之”。

孙权低声下气向曹魏称臣，一再遣使纳贡，奉献方物。曹丕受到迷惑，孙权避免了魏的攻击，得以全力对蜀。吴黄武元年（222）三月，陆逊大败刘备，最后确立了对荆州的统治权。

最初，孙权称臣于曹魏，魏国谋臣刘晔就指出，孙权并非诚心。因此，曹丕曾要求孙权送太子为人质。孙权面对魏使浩周，流涕沾襟，指天为誓，表明心迹。当孙权打败刘备后，“魏乃遣侍中辛毗、尚书桓阶往与盟誓，并征任子”，孙权一一拒绝。曹丕大怒，于公元 222 年九月发兵，一路出洞口（今安徽和县），一路出濡须，一路围南郡，攻打孙权。孙权慌忙调兵遣将相拒。但是，当时境内“扬、越蛮夷多未平集，内难未弭”，他不得不“卑辞上书，求自改厉”。他说：“若罪在难除，必不见置，当奉还土地人民，乞寄命交州，以终余年。”然而曹丕不再上当受骗，要见到人质太子孙登，才肯罢兵。孙权无可奈何，只得应战。

既然曹魏翻脸，而荆州已在手中，孙权就在这年十二月派使向刘备求和。次年，刘备病死，孙权又“遣立信都尉冯熙聘于蜀，吊备丧”。同时，孙权仍然表示臣服于魏，遣冯熙使魏与之周旋，继续麻痹曹魏。直到蜀国邓芝使吴，孙权才完全断绝了与魏的关系，又重新与蜀结盟，共拒曹魏。

五、发展生产，通好海外

在开展军事、外交活动和扩大地盘的同时，孙权注重发展生产，富国强兵。他接替其兄主事不久，大约在建安七八年，即开始推行屯田。东吴屯田分军屯和民屯，设典农校尉、典农都尉、屯田都尉等职官管理。屯田兵且耕且战，屯田户只需种田，免除民役。屯田地区分布很广，屯田的军民多少不等。皖城的屯田基地有屯兵数千家，而毗陵的屯田民则有男女数万口。东吴屯田的规模可观，且多用牛耕，耕作技术也较先进。

黄武五年（226），陆逊以所在少谷，上表请令诸将增广农田，拓开屯田。孙权回报说：“甚善。今孤父子亲自受田，车中八牛以为四耦，虽未及古人，亦欲与众均等其劳也。”孙权同意扩大屯田面积，并且将驾车的牛改作耕牛，亲自耕田，鼓励将吏屯垦。

孙权也注意兴修水利。他于黄龙二年（230）筑东兴堤，以遏巢湖水。又于赤乌十三年（250）作堂邑涂塘（今江苏南京六合区瓦梁堰）。此外，还开凿了几条运河，这些运河既是内河航道，又有灌溉作用。

为了恢复和发展生产，孙权多次宽赋息调。夺取荆州后，“尽除荆州民租税”，并下令诸将，要居安思危，加强武备，崇尚节俭。黄武五年（226），孙权下令说：“军兴日久，民离农畔，父子夫妇，不能相恤，孤甚愍之。今北虏缩窜，方外无事，其下州郡，有以宽息。”其后，于黄龙三年（231）正月下诏：“兵久不辍，民困于役，岁或不登。”孙权要求放宽催收农夫所欠租税，并且不要再征租赋。又于赤乌三年（240）正月，下令禁止“当农桑时，以役事扰民”，以保证春耕正常进行。

孙权为扩大势力，曾于黄龙二年（230）“遣将军卫温、诸葛直将甲士万人，浮海求夷洲及亶洲”，吴军到了夷洲（即台湾岛）。孙权还进一步巩固了对交州的统治，积极派人与徼外的扶南（今柬埔寨）、林邑（今越南南方）诸国建立友好关系。以后，他又派交州刺史出使南洋诸国，与印度建立联系。

六、称帝建国，宠信奸佞

在曹丕、刘备相继称帝后，孙权也有称帝之意，但“以位次尚少，无以威众，又欲先卑而后踞之”，所以没有急于行动。黄武二年（223），群臣上孙权尊号，孙权辞让说：“汉家衰败，不能存救，亦无心去相争。”群臣称天命符瑞，固重以请。他只好对将相说心里话。他怕过早称帝，会促使曹魏征讨。魏、蜀同时出兵，吴将二处受敌，请诸君理解他的“低屈之趣”。直到公元229年，曹丕死，魏国幼子即位；吴蜀同盟已牢不可破，孙权的统治也十分稳固，他才称帝改元，正式建立吴国。登上皇帝宝座后，孙权的猜忌之性和自以为是的恶习，逐渐暴露。

嘉禾元年（232），割据辽东的公孙渊向吴称臣。孙权大喜，为之大赦天下，并派太常张弥、执金吾许晏、将军贺达等将兵万人，携金银珠宝去授公孙渊为燕王，并赐九锡。满朝文武以张昭、顾雍为首，纷纷进谏，认为公孙渊乃反复小人，不可轻信。孙权固执不听。张昭力谏，孙权竟拔刀在手，要杀张昭。后来，公孙渊斩杀吴国大臣，倒向魏国。孙权受骗后，不思自己不听规劝之过，反而迁怒于公孙渊。

孙权即位后猜疑心加重，设置校事、察战两职，监视文武官员。吕壹为中书校事时，滥相纠举，使“无罪无辜，横受大刑”，而孙权却十分宠信他。丞相顾雍无故被举罪，遭到软禁；江夏太守刁嘉被诬陷，几乎受诛。太子孙登屡次劝谏，孙权不听。大将军陆逊见吕壹“窃弄权柄，擅作威福”，无人可禁止，与太常潘濬“同心忧之，言至流涕”（《三国志·陆逊传》）。骠骑将军步骘多次上书，揭露吕壹罪行，希望孙权改变“虽有大臣，复不信任”的状况，信用顾雍、陆逊、潘濬等忠贞股肱之臣（《三国志·步骘传》）。而孙权置若罔闻。潘濬见孙权如此不听忠言，意想借宴会袭杀吕壹。孙权宠信奸人吕壹的程度，使东吴群臣无法忍受。后来，吕壹虽因陷害左将军朱据，事情败露被杀，但校事之官仍然不废。

吕壹被处死后，孙权也引咎自责，承认过失，还派中书郎袁礼去向大臣们征求对时政的意见，但大臣们不再畅所欲言了。诸葛瑾、步骘、朱然、吕岱推说不掌民事，缄口不言。而陆逊、潘濬“怀执危怖，有不自安之心”，也不愿说什么。孙权得知，下诏责备他们，替自己辩护。孙权后期的刚愎自用和日益发展的猜忌心，使东吴前期那种君臣和睦、上下同心的局面一去不复返了。

七、废立太子，残杀忠良

公元221年，孙权为吴王，即立长子孙登为王太子。称帝后，孙权又以登为皇太子。孙登不幸于赤乌五年（242）夭亡。其时，次子孙虑早亡，便立第三子孙和为皇太子，以第四子孙霸为鲁王。孙权偏宠鲁王，使他与太子同居一宫，享受同等礼遇。后因大臣上言，“以为太子、国王上下有序，礼秩宜异”（《三国志·孙和传》裴注引殷基《通语》）。于是，孙权使二子分宫，各置僚属。

孙霸觊觎太子之位，便拉帮结党，发展势力。骠骑将军步骘、镇南将军吕岱、大司马全琮、左将军吕据、中书令孙弘等阴附鲁王，潜毁太子。丞相陆逊、大将军诸葛恪、太常顾谭、骠骑将军朱据、会稽太守滕胤、大都督施绩、尚书丁密等奉礼而行，宗事太子。中朝外朝之官僚、将军、大臣举国中分，形成拥嫡和拥庶两派。孙霸谋夺太子位的野心日益暴露，陆逊、顾谭及太子太傅吾粲等拥嫡派数陈嫡庶之义，理不可夺。而孙权听信拥庶派全寄、杨竺的谗言，流放顾谭，诛杀吾粲。

关于皇太子之位的斗争愈演愈烈，孙权看到“子弟不睦，臣下分部，将有袁氏之败”，十分担心。赤乌九年（246），他不分是非曲直，幽闭太子孙和。拥嫡派朱据、屈晃、陈正、陈象等人上书固谏不止，孙权大怒，“族诛正、象、据，晃牵入殿，杖一百”（《三国志·孙和传》）。陆逊因数次上书陈述嫡庶之分，孙权也派宦官去指责，致使陆逊忧愤成疾而死。赤乌十三年（250），孙权废除太子孙和，群臣纷纷劝谏，孙权又诛杀或流放进谏的朝臣大将数十人，“众咸冤之”。同时，他又下令孙霸自杀，并且以结党诬陷孙和的罪名，诛杀了拥庶的全寄、吴安、孙奇、杨竺等人。这一事件，使得吴国一大批文臣武将先后遭到贬官、流放或诛杀。

废除孙和后，孙权立少子孙亮为太子。不到两年，他就患病死了。孙亮即位，年仅十岁。

八、英雄一生，晚年昏聩

孙权的晚年和他的前期相比，判若两人，可以说历史上有两个孙权。在创业时期，他以周瑜战赤壁，吕蒙袭荆州，陆逊败刘备，礼贤下士，任人尚计，为人所称道。对将吏，他倾心竭力，卑曲若心，体恤备至，曾“泣周泰之夷，殉陈武之妾，请吕蒙之命，育凌统之孤”（《三国志·凌统传》注引），赢得全军将士为之舍身效命。他与群臣推诚相处。有人告发诸葛瑾里通蜀汉，孙权说：“孤与子瑜，可谓神交，非外言所间。”陆逊坐镇荆州，孙权复刻自己大印一枚交他，全权委以与蜀交往事宜。胡三省不由得赞叹：“观孙权君臣之间，推诚相与，谗间不行于其间，所以能保有江东也。”（《资治通鉴·魏纪·黄初二年》注）孙权称帝时，蜀国有人主张攻伐，诸葛亮说：“彼贤才尚多，将相缉穆，未可一朝定也。”（本传裴注《汉晋春秋》）

在创业时期，孙权周旋于魏、蜀之间，忍辱求存，从中渔利。赤壁之战时，他联刘抗曹；在襄阳之战和夷陵之战前后，又称臣于曹，以对付刘备，夺取荆州；当荆州到手，又再次联蜀，对抗曹魏。他屈身忍辱，以柔胜刚，成就了鼎足江东的霸业，被称为有“勾践之奇”。

为了富国强兵，孙权广置屯田，征讨山越，开拓岭南地区，对南方政治、经济、文化的发展做出贡献。孙吴时代，江南的农业，以及瓷器制造、纺织、煮盐、造船、酿酒等手工业都得到发展。台湾与大陆的联系开始加强，南洋诸国与我国的交往也更加频繁。

东吴使臣赵咨曾告诉魏文帝曹丕，孙权是一个聪明、仁智、雄略的人主。他说：“孙权纳鲁肃于凡品，是其聪也；拔吕蒙于行阵，是其明也；获于禁而不害，是其仁也；取荆州而兵不血刃，是其智也；据三州而虎视天下，是其雄也；屈身于陛下，是其略也。”这样一位才智杰出的英雄，在立国称帝后，猜忌群臣，宠信佞人，刚愎自用，不听规劝，晚年志衰昏聩，以致残杀忠良，何等可悲，可叹！（谭良啸 赵生群）

张　昭

犟脾气的“江东管仲”

张昭，字子布，东汉末彭城（今江苏徐州）人。他辅佐孙策、孙权兄弟开创并巩固了东吴政权，是吴国的开国勋臣和重要决策人物。

一、才冠当世，见重孙策

张昭少年时就刻苦好学，曾跟白侯子安学习《左氏春秋》，并且博览群书，隶书也写得很好。他和赵昱、王朗是好朋友，都是当时的知名之士。张昭二十岁时被举为孝廉，他不肯就。当时任汝南主簿的应劭发表议论，主张为旧君讳名。许多人都发表意见，有赞成的，也有反对的。张昭写文章反对应劭的主张，文章征引古今，持论有据，受到同乡才士陈琳等人的赞赏。徐州刺史陶谦举张昭为茂才，张昭不就，陶谦认为他轻视自己，便把他关押起来。幸得赵昱尽力营救，才得获释。当时天下大乱，徐州居民纷纷到江东避乱，张昭也到了江东。这时，孙策正在江东征伐创业，张昭就做了他的谋士。孙策得到张昭，非常高兴，对他说："我正在征讨四方，创建大业，要重用贤士，我可不能轻待你啊。"孙策任命张昭作长史、抚军中郎将，并且与他一同拜见自己的母亲，待他像密友一样。孙策对张昭极为尊重和信任，文武大事都交付他全权办理。张昭也竭尽全力为孙策出谋划策。张昭与孙策的另一位谋臣张纮都是孙策身边最重要的助手，孙策每次出征，总是让他们两人一人留守后方，一人随军参谋，张昭的文才很好，孙策的公文奏章常由他和张纮撰写。有一次，荆州牧刘表亲自给孙策写了封信，先让著名的文士祢衡看，祢衡看了以后，耻笑他说："你这样的文字是准备拿给孙策帐下的军士看呢，还是打算让张子布看呢？"可见张昭的文才高妙，已为当世公认。张昭的声名渐渐远播，一些北方的士大夫给他写信，把东吴的成就都归功于他，张昭深感不安，他想秘而不宣，则怕对孙策不忠，宣示出来，又怕孙策知道后不高兴，真是进退为难。性行阔达、善于用人的孙策听到此事后非常高兴，欢笑道："从前管仲给齐桓公作相，桓公尊他为仲父，事事都请教他，终于成就了霸业。如今子布是当代贤才，我能信用他，功名还能不归于我吗！"孙策以辅佐齐桓公称霸诸侯的管仲来比拟张昭，足见他对张昭是如何敬重了。

二、顾命佐权，平定江东

公元200年，孙策在打猎时遇刺，伤势很重，他于临危之际把张昭等人请来，把弟弟孙权托付给他说："中国方乱，夫以吴越之众，三江之固，足以观成败。公等善相吾弟！”（《孙破虏讨逆传》）孙策又叫来孙权，亲自为他佩上印绶。二十六岁的孙策在东吴政权刚刚草创之时死去了。当时，孙策到江东时间不长，威望还不是很高，江东人心还没有完全归顺他，他实际控制的地方只有会稽、吴郡、丹阳、豫章、庐陵五郡，在深山险阻之地还盘踞着许多反叛势力。所以孙策突然死去，江东人心惶惶，各处的英雄豪杰和寄居江东避乱的士人都在观望形势，一些反叛势力也乘机蠢蠢欲动，局势非常严峻。在此危急关头，张昭迅速果断地执行了孙策的遗命，率领群僚拥立孙权，他把孙权继位之事一面上报朝廷，一面通告所属州郡，同时严令各地统兵将校各奉职守。孙权这时才十八岁，他伤悼哥哥之死，整天悲伤哭泣，无心料理政事。张昭劝孙权说：“孝廉，现在难道是哭的时候吗？如今群雄角逐，盗贼遍地，局势如此危急，你怎么能够像普通百姓居丧那样一味伤泣呢？你应该承担起哥哥留下的重任，把他的事业发扬光大，那才不愧为他的继承者啊。”于是，张昭为孙权换掉丧服，亲自扶他上马，出外巡视军队。孙策的部众看到孙权前来巡视，知道江东有了新的领袖，都安下了心。曹操表孙权为讨虏将军、领会稽太守，孙权的地位算是得到了朝廷的正式承认。张昭在孙策突然死去，孙权还年少不更事的危急关头受顾命之重任，他迅速采取果断措施以稳定军心，安抚百姓，并且敦促孙权迅速职掌权力，使江东人心有归，免致群龙无首的变乱，这是张昭卓越政治才干的表现，也是他为东吴政权建立的第一个巨大功勋。

孙权继孙策成为江东的领袖后，对张昭十分敬重，任张昭为长史，待他以师傅之礼。张昭时时不忘孙策重托，对这位年轻的继承人尽心辅佐。在张昭和周瑜等人的尽力辅佐下，孙权广揽贤才，礼聘名士，得到了鲁肃、诸葛谨等人。孙权内有张昭等人出谋划策，外有周瑜等将帅领兵作战，于是清除反叛，安抚山越，继续孙策平定江东的大业。“权每出征，留昭镇守，领幕府事”。孙权征合肥，命昭别讨匡琦，又督领诸将，攻破豫章贼帅周凤等于南城。自此以后，张昭很少出征，而常在孙权左右，为谋谟臣。建安七年（202），孙权的母亲吴夫人去世，临终前召见张昭等人，嘱以后事。张昭先后受孙策和吴夫人之托，对孙权自然尽力辅佐，而孙权对于这位兄长的旧臣也非常敬重和信任。张昭从孙策的“仲父”又成了孙权的元老重臣兼师傅。

三、赤壁鏖兵，畏曹主和

公元 208 年，正当孙权消灭黄祖，占领黟（今安徽黟县）、歙（今安徽歙县），并积极准备吞并荆州之时，曹操率领大军南下，兵不血刃占领了荆州，接着又顺流而下，想一举荡平东吴。强敌压境，东吴朝野震恐。孙权召集群臣商议对策，张昭和秦松带头主和。张昭认为曹操打着朝廷旗号，得了荆州水军之助，声势浩大不可抵挡。只有鲁肃和周瑜二人主战，弄得孙权六神无主。

张昭作为元老重臣，在群僚中有很大影响，但他有恐曹心理。早在公元 202 年，曹操乘破袁术之声威，派使向孙权征质，张昭就拿不定主意。当时就是周瑜坚决主张不送质子，孙权和吴夫人都很高兴。这次面临曹兵压境，张昭主张投降，使孙权大失所望。

公元 221 年，曹丕封孙权为吴王，张昭制作了朝仪。张昭封由拳侯。公元 229 年，孙权在武昌称帝，大会群臣，盛赞周瑜、鲁肃二人主张抗曹之功。这时，张昭向孙权举笏庆贺，还未开口，就被孙权奚落道："当年如果听从张公的主张，我如今就得乞食为生了。""昭大惭，伏地流汗"（本传裴注《江表传》）。从这件事中可以看出，孙权在赤壁大战二十年后对张昭当年的投降主张仍然耿耿于怀。孙权设置丞相职务时，群臣都建议让张昭任丞相，孙权却说："如今天下多事，丞相责任太重，不宜让张公受累。"结果让孙邵做了丞相。孙邵死后，群臣又推举张昭，孙权说："我难道是吝惜丞相这个官职而舍不得给子布吗？当丞相事务繁杂，而张公性格刚直，如不听他的主张便要怨愤，这对他没有好处。"结果任命了顾雍。孙权两次驳回群臣的建议，用种种借口不任命张昭为相，表面上是说为张昭着想，实际上乃是由于当年张昭主张投降一事使孙权对他深为失望，不愿对他再委以重任。

张昭知道自己已经失去了孙权的信任，便以年老多病为由辞去官职。孙权另拜他为辅吴将军，改封为娄侯，食邑万户，他闲居无事，便闭门著书，撰写了《春秋左氏传解》和《论语注》。

四、忠直敢谏，举国敬畏

张昭性格刚直，对孙权经常犯颜谏争，从不偷容取合。孙权年轻时喜爱打猎，常骑着马去射虎，有时被老虎扑到马鞍上。张昭气得变了脸色，对孙权说：“将军这样冒险值得吗？作为君主，是要能够驾驭英雄、任用贤才，而不是在原野上和猛兽角力。万一发生意外，岂不要为天下人取笑吗？”孙权忙向张昭道歉说：“我年纪轻，考虑事情不周到，实在惭愧。”孙权称帝后，有一次在武昌钓台边上大宴群臣，孙权喝得大醉，派人用水洒群臣，对大家说：“今天都要痛饮，要醉倒钓台中为止。”张昭很生气，便板起面孔走了出去，孙权派人把他叫回，说：“我是为了和大家一起作乐，你为何发怒呢？”张昭回答他说：“从前殷纣王造酒池肉林作长夜之饮时，也认为是作乐而不是作恶啊。”孙权听后非常惭愧，立刻停止了酒宴。

顾雍任宰相时，从不在朝堂上与孙权争辩，有什么建议都是私下向孙权提出，孙权不采纳他也不说什么，所以孙权很看重顾雍。张昭却不同，常常在朝廷上当众指出孙权的过失，使得孙权很不高兴。有一次，孙权向大臣们询问朝政得失，张昭当即指出人们都抱怨法令太严、刑罚太重，应该改变。孙权默然不应，问顾雍的意见如何，顾雍回答说，他听到的情况也和张昭所说的一样，孙权这才下令减轻刑罚。

张昭在外交场合也常以词严义正使邻国使臣折服。公元 221 年，魏文帝曹丕派使臣邢贞到吴国来拜孙权为吴王，邢贞自以为是大国使臣，非常傲慢，进门后还不下车，张昭非常愤怒，当场斥责邢贞说：“对于不讲礼敬的人，就要使用刑法，你竟敢如此狂妄自大，莫非以为我们江南弱小，连一把杀你的刀都没有吗？”吓得邢贞连忙下车。有一次，张昭因直言谏争得罪了孙权，不得入朝。这时，蜀国派使臣来吴，使臣在朝见时盛夸蜀国德化之美，吴国群臣竟无人能够反驳，孙权感到很丢脸，不禁叹息说：“如果张公在座，他早被驳得哑口无言了，哪里还敢自夸呢？”第二天，孙权就去看望张昭，张昭感慨地对他说：“从前，太后和桓王（即孙策）不是把老臣托付给陛下，而是把陛下托付给老臣我，所以我总想尽到臣子的责任，以报答他们的厚恩，使自己在死后也能得到一点好评。但由于自己见识短浅，违逆了陛下的旨意，自以为从此将永遭罢弃，想不到又受陛下接见。但我只知尽忠国家，死而后已，如要我改变心意，偷荣取容，那我是做不到的。”孙权连忙向他道歉。

由于张昭性格刚直，又自认为是顾命老臣，对孙权常直言抗争，就常常引起孙权的恼怒，君臣之间有时冲突得非常厉害。公元 232 年冬十月，魏辽东太守公孙渊反叛魏国，派人到吴国向孙权称藩，孙权大喜，便要派张弥、许宴率兵万人，带金宝珍货、九锡备物渡海去辽东封公孙渊为燕王。张昭和丞相顾雍都不同意这样做，张昭谏劝孙权说："公孙渊并非真心投吴，他是怕魏国讨伐才来向吴国求援的。万一他变了卦，要向魏表示忠诚，那我们的两个使臣就回不来了，岂不要被天下的人耻笑吗？"孙权还是不听，张昭坚决反对，孙权不能忍受，按着佩刀发怒说："吴国群臣进宫拜我，出宫就拜你，我对你的尊敬也到极点了。而你屡屡在众人面前顶撞我，我可真是难以容忍了！"张昭毫不惧怕，直瞪着孙权说："我明知自己的主张不被采用，但还总想竭尽愚忠，实在是因为太后临终时的嘱咐至今难忘。"说着，张昭不禁痛哭流涕。孙权也把刀扔到地上，与张昭相对而泣。但孙权还是派两位使臣去了辽东。张昭见孙权对自己的忠告毫不理会，非常气愤，便称病不朝。孙权恨张昭用装病的办法表示对自己的不满，便下令用土封了张昭的家门，张昭更加生气，便在门内也封上土，表示坚决不出。孙权的使臣到辽东后，果然如张昭所料，被公孙渊杀掉，拿他们的头向魏国请功，兵士和珍宝也都被没收。孙权气愤之极，要发兵征讨公孙渊，经群臣再三劝阻才罢。这时孙权才后悔没有听张昭之言，自觉对不起张昭，便多次派人去慰问，向他致歉。张昭仍然不出。孙权便亲自到张昭门外，喊他出来。张昭隔门回答说，病重不能出门。孙权便下令放火烧门，想逼张昭出来，但张昭不但不出，反而紧闭门户，孙权只好又急忙灭火，在门外久久守候。张昭的儿子们见孙权一直在门外守候，便硬把张昭扶出大门，孙权用车把张昭接到宫中，向他深深道歉。张昭无奈，只得继续上朝。

张昭死于公元 236 年，享年八十一岁。孙权亲临吊祭，谥为文侯。（段宪文）

顾　雍

社稷重臣，白璧无瑕

孙权建国后，能有所建树，使邦内清肃，是他“外仗顾、陆、朱、张，内近胡综、薛综”等人的结果（《三国志·陆凯传》）。列于位首的“顾”，即指顾氏家族中的顾雍。顾雍为相十九年，以德辅政，多进良言，甚受孙权依重，是东吴的社稷重臣。

顾雍，字元叹，吴郡吴县（今江苏苏州）人。年幼时，拜蔡邕为师，学习弹琴和书法。他才思敏捷，心静专一，对蔡邕所教一学便会。蔡邕又惊又喜，特别器重他，说：“卿必能成就大事，把我的名送给你。”所以，顾雍与蔡邕同名。又由于他被蔡邕赞叹，因而字元叹。

顾氏是江东吴郡的显赫大族。因而顾雍以名第和才德，十几岁就受到州官郡吏的表荐和推举，不到二十岁即出任合肥县（今安徽合肥）县令，以后又到娄（今江苏昆山）、曲阿（今江苏丹阳）、上虞（今浙江绍兴上虞区）等地当县令。他每到一地，忠勤职守，都留下治绩。孙权领会稽太守时，顾雍做了他的郡丞。孙权因军事屯吴，未能到郡赴任，便令顾雍代行太守大权。顾雍到郡后，领兵征讨寇贼，消除动乱，使全郡得以安宁，吏民归服。后来，孙权进封吴王，他又屡次升迁，历任大理奉常，领尚书令，封阳遂乡侯。顾雍淡于爵禄，升官封侯后回到官舍，也不给家人和下属讲。事后，大家从旁得知，才大吃一惊。

顾雍不会饮酒，平常也不多言语，他对人处事，举动恰当，说话中肯。孙权常常赞叹说：“顾君不言，言必有中。”夸他说话能切中要害。至于在宴饮狂欢之时，大家都不愿顾雍在场。他看到谁醉酒失态，便加指责，乃至处罚。大家怕受到他的指责，往往不敢开怀尽兴，放肆喝个痛快。连孙权也畏惧他三分，说“顾公在座，使人不乐”。

黄武四年（225），顾雍把母亲接到吴地官舍。顾母到后，孙权立即去看望，并且亲自在大堂上拜见顾母。满朝公卿大臣也都纷纷去拜见。后来，太子孙登也去拜望致意。顾雍君臣相处和谐，他在江东的地位，于此也可见一斑。

这年四月，丞相孙邵卒。张昭德高望重，上次群臣推举为相，孙权不同意；这次满朝文武又认为张昭当为丞相，不料，孙权却以顾雍为相。顾雍出任丞相后，选用的文武将吏各依其才能授任，不凭个人好恶来决定。他时常去各地巡视，到民间查访，了解民情和官吏任职情况，然后秘密写成奏折交给孙权。有的被孙权采用了，他就归功于孙权的明断；有的没被采用，他就秘而不宣。长此以往，孙权因此更加器重他。

在朝廷陈述政见和谏言，顾雍虽和颜述说，却秉公执正，据理力争。孙权对于公孙渊上表称臣甚为心喜，要派人去授封号。顾雍说：“公孙渊不可轻信，否则将后悔莫及。”孙权不听，他追着孙权力谏，直到宫中，他伏地磕头说：“这是国家大事，臣将以死争之！”孙权令左右把顾雍扶出宫去，仍固执己见，结果被公孙渊所骗。一次，孙权询问朝政得失，张昭奏上他听到的情况，说：“吏民以为法令繁多，刑罚偏重，应该有所减损。”孙权听了不以为然，便回头问顾雍：“君以为是这样吗？”顾雍回答说：“臣所听到的，也同张昭陈奏的相同。”孙权这才同意省法减刑。

顾雍深得孙权敬重和信任。孙权常常派中书郎到顾雍那里，咨询政事得当与否。顾雍若认为此事合理，可以施行，便摆设酒食，招待中书郎，和他反复研究讨论；若不同意此事，他便神色严肃，默然不语，也不摆设酒食。中书郎立即告退回宫。孙权说：“顾公欢悦，那此事就是合适可行的；若他不言语，此事就有不恰当之处，我当再好好考虑。”一天，孙权去拜访顾雍，说：“江边守将，纷纷进言，要求出兵袭击敌人，卿以为如何？”顾雍说：“兵法要求，不贪小利，诸将的陈奏，是想邀功名，为自己谋私利，并非为国家，陛下应当制止。一次军事行动，假如不能杀伤敌人，显示我们的军威，是不宜允许施行的。”孙权认为他说得对。江东的军国得失，行事可否，顾雍的意见曾经起着举足轻重的作用。

但是，孙权后期猜忌心加重，设官监视文武大臣。顾雍也受到奸人中书校事吕壹的诽谤，遭到打击，甚至被吕壹派人软禁，不得入宫面见孙权。太子孙登、大将军陆逊、太常潘濬、骠骑将军步骘等屡次劝谏孙权，要他信任大臣，特别是像顾雍这种“志在竭诚”“安国利民”的股肱之臣，并且揭发吕壹“窃弄权柄，擅作威福”，诬陷无辜、毁伤忠良的种种罪行。但是，孙权充耳不闻。

为了救顾雍，黄门侍郎谢厷心生一计。他问吕壹：“顾公的官司如何？”吕壹说：“很不妙。”他又问：“若顾公被免官，这丞相谁来接替呢？”吕壹不答。谢厷说：“大概是太常潘濬吧？”吕壹想了很久说：“你猜得差不多。”谢厷说：“潘太常对你切齿仇恨，他若今日代顾公为相，明日便捕你杀你。”吕壹害怕，便一笔勾销了给顾雍捏造的罪名，解除了软禁，顾雍得以恢复丞相职权。后来，吕壹罪行败露，被下狱，成了阶下囚。顾雍去审案，依然和颜悦色，临走还问吕壹有没有要申辩的。吕壹叩头谢罪，没有说什么。当时，尚书郎怀叙在场，就唾吕壹之面，辱骂了他一顿。顾雍责备怀叙说：“自有国法惩治他，你何必如此。”

孙权的堂女出嫁给顾雍的外甥，结婚那天，孙权请顾雍父子和他的长孙顾谭赴宴。顾谭当时任选曹尚书，位高职显。在宴会上，孙权很高兴。顾谭也喝得大醉，失去常态，他三次离座起舞，竟不能自制。顾雍见了，心中愤怒。次日，他叫来顾谭，训斥说："君王含垢为德，臣下以恭谦为节。过去萧何、吴汉，都立有大功，而萧何每见高帝，仿佛不会说话；吴汉侍奉光武，也信守忠勤。你为国家立下过什么汗马功劳，做出过什么可以书于竹帛的事吗？只是凭借门第，受到恩宠，居于显位，哪有起舞而不能自止的道理？虽是酒后，也是由于仗恃恩宠而忘了恭敬之礼。可见你谦虚不足，日后必将毁我顾氏家庭。"他气得面壁而卧，让顾谭站立了一个时辰才放走。后来，顾谭果然被免官，兄弟几人也因他而免官，流徙到交州。

赤乌六年（243），顾雍患病卧床，孙权派太医赵泉诊视。事后，孙权拜顾雍小儿子顾济为骑都尉。顾雍得知，悲伤地说："赵泉能知生死，我活不久了。所以，皇上想趁我未死，看到儿子拜官。"这年十一月，顾雍病故。孙权着素衣亲自吊丧，谥曰肃侯。（谭良啸）

周　瑜

被误解的“既生瑜，何生亮”

周瑜是三国时期一位文武兼备、风流儒雅的青年将军。在他短暂的一生中，为孙吴政权建树了丰功伟绩。他协助孙策在江东站稳了脚跟，辅助孙权立国江东，在三十三岁那年，取得赤壁之战的辉煌胜利，是促使三国局面形成的一个举足轻重的人物。

一、佐孙策，辅孙权，立脚江东

周瑜字公瑾，庐江舒县（今安徽舒城）人。出身于世家大族，有深厚的文化修养。他的曾祖周荣在东汉章帝、和帝时任尚书令，堂祖周景以“廉能见称”，官至太尉。父亲周异曾任东汉洛阳令。叔父周尚为丹阳（今安徽宣城）太守。周瑜少时练武习文，胸有大志，十几岁时已为乡里所知。周瑜好交游，与孙策同年，特别友好。公元 189 年，孙坚兴义兵讨董卓，孙策与其母从吴郡富春迁到舒县，依托于周瑜家。周瑜十分豪爽慷慨，拨出道南一幢大宅给孙氏母子居住。公元 192 年，孙坚战死，孙策代领父兵，依附于袁术。公元 195 年，孙策脱离袁术开拓江东基业，写信相召周瑜。周瑜从叔父周尚那里带兵迎孙策。孙策高兴地说：“我得到你，大事一定可成。”可见孙策倚重之深。周瑜与孙策向扬州刺史刘繇的领地进攻。连破横江、当利（均在今安徽和县东）、湖孰（今江苏南京江宁区）、江乘（今江苏句容北），进入曲阿（今江苏丹阳），赶走了刘繇。这时，孙策已拥兵数万，就遣周瑜回丹阳镇守。不久，袁术委派堂弟袁胤为丹阳太守，周瑜转为居巢长。建安三年（198），孙策与周瑜领两千人马去镇守长江要津牛渚圻（今安徽当涂西北），当时周瑜二十四岁，人皆呼为“周郎”。不久，孙策委周瑜为中护军，领丹阳太守，发兵攻皖（今安徽潜山）。攻破皖城之后，得到貌美倾国的乔玄二女，大乔嫁给孙策，小乔嫁给周瑜。建安五年（200）四月，孙策被仇人刺客所杀，周瑜便和长史张昭共同辅佐孙权，成为孙权的左膀右臂。在这个胆识和才华过人的青年身上，表现出不同凡响的气魄。建安七年（202），曹操乘击破袁绍之声威，下书责令孙权送质子到许昌。孙权慑于曹操的兵势，又怕受到挟制，犹豫不决，便召集群臣商量对策。在张昭、秦松等人拿不定主意的情况下，孙权便把周瑜叫到家里和他的母亲吴夫人共同密议。周瑜斩钉截铁地说：“昔楚国初封于荆山之侧，不满百里之地，继嗣贤能，广土开境，立基于郢，遂据荆扬，至于南海，传业延祚，九百余年。今将军承父兄余资，兼六郡之众，兵精粮多，将士用命，铸山为铜，煮海为盐，境内富饶，人不思乱，泛舟举帆，朝发夕到，士风劲勇，所向无敌，有何逼迫，而欲送质？质一入，不得不与曹氏相首尾，与相首尾，则命召不得不往，便见制于人也，极不过一侯印，仆从十余人，车数乘，马数匹，岂与南面称孤同哉？不如勿遣，徐观其变。若曹氏能率义以正天下，将军事之未晚。若图为暴乱，兵犹火也，不戢将自焚。

将军韬勇抗威，以待天命，何送质之有！”（《三国志·周瑜传》）周瑜的一席话，正合孙权的心意，吴夫人也极表赞同。吴夫人高兴地说：“公瑾议是也。公瑾与伯符同年，小一月耳，我视之如子也，汝其兄事之。”（同上）在周瑜的劝说下，孙权决心不送质子给曹操，从而保持独立自主的地位。

二、析敌情，战赤壁，三国鼎立

建安十三年（208），曹操平荆州，顺流东下，号称八十万大军，要与孙权决战。在强敌压境之际，孙权六神无主，急忙召集群臣会议。大家都面面相觑，“莫不响震失色”。大臣之间主战主降的双方，展开了激烈的辩论，意见很不统一。尽管鲁肃从夏口请诸葛亮来到柴桑，表示孙刘联合，力陈抗曹的主张，但孙权还是慑于曹操的威势，难以下定决心。这时，周瑜奉命驻守鄱阳，所以鲁肃建议孙权急速把他召回，以便决定抗曹大计。

周瑜回来以后，在群臣会议席上，以张昭为首的文臣极力主张投降。他们的理由是：“曹公，豺虎也，然托名汉相，挟天子以征四方，动以朝廷为辞，今日拒之，事更不顺。”（《资治通鉴·赤壁之战》）这说明他们在精神和舆论上已被曹操所慑服，因而丧失了抗曹信心，结论是只有投降这一条路。张昭既是文臣之首，他的主张代表了多数人的心情。周瑜当时力排众议，挺身而出，驳斥了这种投降的论调。他首先指出，“操虽托名汉相，其实汉贼也”。既然是汉贼，那么为汉王朝讨贼，自然是正义之师。这在精神上建立了支柱，在理论上名正言顺，有了根据，以此号召天下，可以取得更广泛的支持。从眼前来说，正是鼓舞士气，同仇敌忾，以便为孙氏政权效死的大好时机。接着，他说：“将军以神武雄才，兼仗父兄之烈，割据江东，地方数千里，兵精足用，英雄乐业，尚当横行天下，为汉家除残去秽。况操自送死，而可迎之耶？”（《资治通鉴·赤壁之战》）周瑜这番话，正是针对孙权及群臣胆怯心理而发的。但这并未完全解除孙权的担忧。再接着，他又指出操军不利的四个方面：一是北土未安，操有后患；二是北方步卒，不习水战；三是战线太长，供应不济；四是北兵不习水土，必生疾病。周瑜透过曹军强大的表面现象，洞悉了曹军虚弱的本质，故而得出正确的结论：“此数四者，用兵之患也，而操皆冒行之。将军擒操，宜在今日。瑜请得精兵三万人，进驻夏口，保为将军破之。”（《三国志·周瑜传》）孙权听了周瑜精辟的分析，解除了顾虑，信心倍增，精神大振，说：“孤与老贼，势不两立。”猛地拔出佩刀向奏案斫去，大声说：“诸将吏敢复有言当迎操者，与此案同！”孙权表明了自己的决心，并且决定联合刘备，共破曹操，而这个决心，正是周瑜影响的结果。

散会的当夜，周瑜又面见孙权，进一步分析双方的力量对比。周瑜说：“曹操下战书，声称八十万，完全是虚张声势，就把张子布等人吓住了。实际上，曹操只有十五六万人，已经十分疲乏，所得七八万荆州水军，尚未心服。曹操用疲病之卒，驱赶着狐疑之众来和东吴较量，是自来送死。主公给我五万精兵，就足以对付曹操了。”周瑜这一席话使孙权彻底安下心来，他说：“五万兵一时难以聚合，你先领三万兵前去对敌，我领大军继后。”孙权于是任命周瑜为左督，程普为右督，领兵三万，与曹军在赤壁山（今湖北赤壁西北）隔江对峙。

周瑜认为以少胜众只可智取，不可力敌。他趁曹军初到水上，还不习水战，且又在进行中没有准备应战，突然向曹军发起了进攻，打了一个胜仗。初战胜利，大大鼓舞了江东士气。曹操停止了前进，把大军收缩在江北，又下令把战船用铁链连接起来，在上边加紧训练士卒。周瑜又用黄盖诈降计，火攻曹军。曹军此役损失惨重，只得退回北方。孙刘联军经过一年的征战，刘备得了江南四郡，周瑜占了江北的南郡、江夏等郡。自此，三国鼎立的局面基本形成。

三、说孙权，进西川，巴丘殒命

《三国演义》把周瑜描写成一个气度褊狭、忌才妒能的人物，被诸葛亮用计气死。实际上，周瑜是一个儒雅风流、气度轩昂，很有大将风度的人物。周瑜精通音乐，醉酒之时也能听辨出曲子是否弹奏得准确。所以，江东流行着这样的话：“曲有误，周郎顾。”

周瑜虽然不是被诸葛亮直接气死的，但他的死确实与刘备集团和诸葛亮有点关系。赤壁战后，周瑜与曹仁争夺南郡，打了一年多的仗，周瑜虽然取得了胜利，却也费了很大的力气，左肋还受了箭伤。孙权拜他为偏将军，领南郡太守，屯驻江陵。刘备在江南，刘琦死后，他称荆州牧，驻屯在公安。卧床之侧，岂容他人酣睡，实在是周瑜心上的一块心病。

建安十五年（210），周瑜劝孙权把刘备笼络起来，由他带兵去打西川，实现孙吴统治长江的计划。孙权眼看刘备实力壮大，又在长江上游，也很感头疼。孙权为了联结刘备，就把妹妹嫁给刘备。刘备也觉得周瑜挡住了自己的出路，无法施展。他趁联姻的机会到东吴去面见孙权，要借南郡。诸葛亮认为这太冒险，不让刘备去。刘备说："不入虎穴，焉得虎子，终日困在公安，不是长久之计。孙权惧怕曹操，他不会下决心和我们断绝，东吴之行是一定要去的。"刘备到建业（今江苏南京），周瑜和吕范同时上书孙权，建议把刘备扣留起来。办法是："盛为筑宫室，多其美女玩好，以娱其耳目。"周瑜在书里对孙权说："你只要笼络住刘备，我就能指挥得动关羽、张飞为东吴效力。"周瑜的建议遭到鲁肃的反对，孙权认真地权衡利弊，没有采纳。

接着，周瑜又提出了第二个建议，兵伐西川。他说："趁曹操吃了赤壁大败仗的机会，让我和奋威将军孙瑜一起去取蜀，再并了汉中张鲁，然后留下奋威守西川，我前据襄阳，压迫曹操。实现了这一步，北方也可以拿下来。"孙瑜是孙权的堂弟，一直与周瑜并肩作战，是孙氏宗室勇将。进西川要大举发兵，为了打消孙权的疑虑，周瑜提出与孙瑜同行。为此，周瑜回到建业与孙权商量。这一次孙权同意了，让周瑜带领大军西上。周瑜进行到巴丘（今湖南岳阳），箭疮复发，死在那里，时年三十六岁。

周瑜死后，孙权极为悲哀。他说："公瑾有王佐之资，今忽短命，孤何赖哉！"后来，孙权称帝，抚今追昔，还念念不忘地说："孤非周公瑾，不帝矣！"由此可见周瑜对孙吴政权的贡献了。（曾昭伟）

鲁　肃

一己之力促成孙刘联盟

鲁肃，字子敬，临淮东城（今安徽定远）人。出生士族，文武兼备，吴国名将，联蜀抗曹的策划者与执行者。赤壁之战，孙刘结盟，鲁肃起到至关重要的作用。

一、少怀壮志，学击剑骑射

鲁肃出身富家，但祖上几世衰微，湮没无闻。鲁肃一出世，便失去了父亲，依靠祖母抚养成人。他身材魁梧，体貌健壮，少有大志，不治家事，性好施与。他曾标价出卖田地，大散钱财，救济贫困，在家乡很有威信。

汉末，豪强蜂起，鲁肃为应对时变，学剑习射，常聚集一批青年，以出猎为名，往山中练武治兵。

建安三年（198），周瑜出任居巢（今安徽桐城）长，积极为孙策扩大势力谋划。居巢离东城三百余里，周瑜特带领几百人专程拜访鲁肃，并且请他资助军粮。鲁肃家有两大粮仓，每仓藏米三万斛，他即拨一仓米周济周瑜。鲁肃与周瑜素昧平生，便如此慷慨，使周瑜十分感动，知道鲁肃为人非同寻常，从此结为知己。

这时，袁术在寿春（今安徽寿县）称帝，听到鲁肃的名声，特任命他为东城长，但鲁肃见袁术行事了无纲纪，不足与图大事，辞不奉命，带着家小及年轻勇士百余人到南边居巢去投奔周瑜。这表现了鲁肃的远见卓识。不久，周瑜东渡还吴（今江苏苏州）往依孙策，鲁肃与周瑜同行，将家属安置在曲阿（今江苏丹阳），正要与周瑜共同辅佐孙策，不幸祖母去世，鲁肃只得留下料理丧事。将祖母灵柩运回老家东城安葬。

二、初见孙权，纵论帝王之业

建安五年（200），鲁肃办完祖母丧事回到曲阿，不料孙氏集团发生了非常事变，孙策遭人刺杀，年少的二弟孙权任事，面临严重危机。为此，鲁肃不得不考虑自己的去向。他打算北归故里，静观时变。周瑜及时加以劝阻，言说孙权亲贤贵士，是位人主。于是，鲁肃听从了周瑜的意见，去投孙权。

因有周瑜的大力推荐，对于鲁肃的到来，孙权十分高兴，立即接见，并单独宴请密谈。孙权表示：如今汉朝岌岌可危，四方豪杰并起，自己继父兄遗业，拟建齐桓、晋文之功，希望能给予帮助。鲁肃当即指出，汉朝已名存实亡，不可能再复兴，曹操已牢牢控制了天子，又不能把他马上除掉，您怎么能做齐桓、晋文呢？为今之计，只有鼎足江东，静观整个形势发展，相机占领长江流域，然后建号以图天下。一席话表现了鲁肃的卓识远见，孙权只恨相见之晚。

三、赤壁大战，首创联刘拒曹之策

孙权任事之后，尊贤纳士，悉心整顿内部，经过几年努力，先后粉碎庐陵太守孙辅、庐江太守李术、丹阳大都督妫览等多次叛乱，平定江东各处地方豪强武装，攻杀黄祖，圆满完成了鲁肃所谓的“鼎足江东”的任务，进一步壮大力量的时机成熟了。

建安十三年（208）荆州刘表病逝。鲁肃不失时机立即向孙权进言，言说荆州外有长江、汉水环绕，内有山陵屏障，土地广大肥沃，人民生活富足，将它据而有之，是成就帝王大业的保证。而荆州内部矛盾重重，刘表的两个儿子刘琦、刘琮一向不合，军中诸将分成两派，各自拥护一方。刘备一世英雄，寄居荆州，若刘备能与荆州方面同心协力，上下一致，就应当支持他们，使其和我们结盟交好；如果不能，就应当相机行事，另想办法。于是，他主动要求以吊丧为名，出使荆州，慰问军中诸将，并且劝说刘备，安抚刘表旧部，齐心协力，对付曹操。最后指出，此事要立即办，不然的话，恐怕会被曹操抢在前头。鲁肃首倡联刘拒曹的战略方针，意义深远，他的深谋周虑、远见卓识又一次得到证明。孙权完全采纳了鲁肃的建议，当即命他启程前往荆州。

果然不出所料，鲁肃刚到夏口（今湖北武汉），就听到曹操大军南下的消息。他昼夜兼程，等赶到南郡（今湖北江陵），形势又发生突变。刘琮投降曹操，刘备战败南逃，正是千钧一发之际。鲁肃临危不惧，毅然亲赴前线，在当阳（今湖北当阳）长坂坡遇见刘备，转达孙权旨意，劝说刘备与孙权联合。刘备处在败军之际，正待有人支援，自是欣然同意。孙刘联盟于是告成，功在鲁肃。

鲁肃胜利完成出使荆州使命，回到柴桑（今江西九江）复命，事态又陡然发生巨变。孙权得到曹操下来战书，东吴群臣震惊失色，以长史张昭为首，极力主张投降曹操，孙权也有动摇。只有鲁肃力排众议，针对孙权的个人得失晓以利害，说：如今我鲁肃可以投降曹操，但是主公您不行。为什么呢？我鲁肃投降，曹操把我送回家乡，根据我的名声地位，仍然有官可当，有车可坐，有随员士兵跟从，可以交朋结友，升官还可以当太守。主公投降曹操，能有什么结果呢？孙权听后，坚定了联刘拒曹的意志，于是派人到鄱阳（今江西鄱阳）

召回周瑜，命为都督，率军与刘备联合，迎战曹操。鲁肃被任命为赞军校尉，协助周瑜制定作战方略。

孙刘联盟是赤壁大战的根本保证。赤壁大战的胜利，就军事指挥而言，首功当推周瑜；就战略决策言，首功则当推鲁肃。赤壁大战结束，鲁肃先回柴桑，孙权率诸将吏出迎。他对鲁肃说："子敬，我持鞍下马亲自欢迎你，你该感到光荣吧？"鲁肃回答说："不！"众人听到这话无不吃惊，鲁肃接着说："愿您威德遍及四海，统一天下，完成帝王大业，另用软轮小车召见我，那才感到光荣哩！"孙权拊掌大笑。于此又见鲁肃的豪情壮志与幽默风趣。

四、维护孙刘联盟，终身不易

建安十五年（210），周瑜病逝，鲁肃被任命为奋武校尉，代周瑜领兵，屯驻江陵。鲁肃即劝孙权将荆州借给刘备，以共同对抗曹操。借荆州，是鲁肃接替周瑜主持军务所采取的一项极其重要的战略措施，意义十分重大。

赤壁大战后，三足鼎立之势已成，但论实力，仍是孙、刘弱而曹操强，无论孙权还是刘备，都不足以与曹操单独对抗。孙、刘只有联合，否则必被各个击破，或者投降曹操，三足鼎立会不复存在；如果两弱相斗，更有利于强者，加速自身灭亡，所以孙刘联合是关系双方生死存亡的大事。然而，这时孙刘联盟却因荆州归属出现了危机。刘备在取西川前，要依靠荆州为立足之地，取西川后，要利用荆州作北伐的前哨，这是《隆中对》所规划好的方略，而孙权把荆州看作是夺取天下的保证，岂能让与他人？矛盾无法从根本上解决，除非兵戎相见，却又与基本战略方针相违背。既要维护孙刘联盟，又不失去荆州，这是鲁肃接替周瑜时面临的难题。于是，鲁肃来了个"借荆州"。既是"借"，说明荆州的主权属吴，力量不足以吃掉对手时，可以让你使用；力量够时，随时可以收回。"借荆州"，既有原则性，又有灵活性。不借荆州，长江以南的长沙、桂阳、武陵、零陵四郡，已经为刘备所控制，如果不使用武力夺回，借与不借是一样的。东吴控制的荆州，只是江北的南郡、江夏两郡，所谓"借荆州"，其实不过是把南郡让出来而已，江夏仍在东吴掌握中。"借荆州"，使东吴在政治上赢得了主动。在军事上，"借荆州"对东吴也是有利的。东吴占据江北的南郡、江夏直接与曹军对峙，把刘备隔在江南，实际上是给他人当保镖、打头阵，让刘备坐观鹬蚌相争。现在让出南郡，把他人推到前面给自己当屏障，实属便宜之事。可惜孙权没能真正认识“借荆州”的深意，否则缩短西边战线，大力在东边发展，形势会是另一个样子。倒是曹操很有战略眼光，“曹公闻权以土地业备，方作书，落笔于地”(《三国志·鲁肃传》)。

“借荆州”后，鲁肃领兵四千从江陵移师陆口（今湖北嘉鱼西南）驻防，一边操练，一边扩军。鲁肃带兵，赏罚公允，纪律严明，深受士兵爱戴。部队迅速扩大到万余人，他被任命为汉昌太守，升偏将军。建安十九年（214），他随孙权攻破皖城（今安徽潜山），又升横江将军，这表明，鲁肃当时不仅韬略过人，也很有领兵作战的实际才能。孙权曾与陆逊评论周瑜、鲁肃、吕蒙长短，在谈及鲁肃治军时说：“然其作军，屯营不失，令行禁止，部界无废负，路无拾遗，其法亦美也。”(《三国志·吕蒙传》)当时，关羽守江陵，鲁肃防区与关羽相邻，关羽曾多次因猜忌而生异心，每次鲁肃都以友好的态度安抚，目的都是为了孙刘联盟不受损害。

建安二十年（215），刘备取得益州，孙权令中司马诸葛瑾去成都要求刘备还荆州诸郡。刘备不答应，孙权大发脾气，派吕蒙带兵取长沙、零陵、桂阳三郡。长沙、桂阳当即投降。刘备得知，亲自从成都赶到公安（今湖北公安），派关羽带兵争三郡。孙权也即进驻陆口，派鲁肃屯兵益阳，抵挡关羽，一时剑拔弩张，大战迫在眼前，为不使孙刘联盟彻底破裂，鲁肃决心做最后努力，打算当面和关羽商谈。当时，鲁肃部下担心发生意外，纷纷劝阻鲁肃。鲁肃说：今日之事，应当开导劝说。是刘备对不起我们，是非还没弄清，量他关羽不敢乱来。于是，他邀请关羽见面，各自把军队留在百步之外，只是将领们各自携带单刀相会。会谈时，鲁肃义正词严，说得关羽哑口无言，使一触即发的紧张局势得以缓和。随后，刘备派人与孙权讲和，双方商定平分荆州，以湘水为界，长沙、江夏、桂阳以东属孙权，南郡、零陵、武陵以西属刘备，于是孙刘联盟得以继续维持。这次单刀会后来经戏剧家、小说家敷衍（见关汉卿《单刀会》及《三国演义》六十六回），关羽成了威风凛凛、智勇双全的英雄，而鲁肃则成了鼠目寸光、骨软胆怯的侏儒。实际情况并不是那样。历史的真实是，大义凛然、单刀赴会的主角是鲁肃，而不是关羽。

鲁肃不仅一手促成了孙刘联盟，并且为维护这个联盟呕心沥血、费尽心力，诚如王夫之所说“守之终身而不易”(《通鉴论》卷九)。鲁肃之所以如此，“鲁、葛定交合力以与操争存亡，一时之大计有出于此者”（同前引）。建安二十二年（217），鲁肃病逝，孙权为他治丧，并且亲自送葬。诸葛亮也对他的去世表示哀悼，这都说明了鲁肃在当时吴蜀两国的影响。黄龙元年（229），孙权称帝，临坛，环视公卿大臣，对他们说：“当年鲁子敬就曾讲到此事，可说是明于大事啊！”孙权的赞语充分肯定了鲁肃在吴国形成中所起的重大作用。（邓堪）

吕　蒙

从草根到国士的翻身之路

吕蒙，是三国时期一位以自学成才、文武兼备著称于世的吴国名将。他少年从军，本粗野无文；后勤学不懈，学问开益，智谋冠于三军。他善于运用心理战术击败对手，在激烈的竞争中创造出不少“用兵善诈”“出奇制胜”的生动战例，对东吴的创立和开拓，建有殊勋，特别是他所主持的智取荆州、擒获蜀汉虎将关羽之役，使吴汉之间的疆域得到均衡和稳定，终于形成三分天下的局面。

一、自学成才

吕蒙字子明，汝南郡富陂县（今安徽阜南）人，他出身贫贱，幼年丧父，又逢战乱，在家乡孤苦无依，无以为生，十多岁时，随同母亲到江南投靠姐夫邓当。邓当在孙策部下任军职，经常要奉命出征。吕蒙自动悄悄跟上出征队伍学习作战。姐夫禁他不得，告知其母。母亲怪他小小年纪作战危险，严厉斥责。吕蒙回答说："出身贫穷卑微，要想成家立业，总得作一番奋斗。"于是，十五六岁的吕蒙就从军了。

初时，吕蒙学习行军打仗，偏重胆略，唯以勇武自励，好凶猛斗杀，未免粗野。有一次，有个军吏欺他年少，讥刺他说："你这毛孩子，上战场能干点什么，还不是白白往虎口里去送死！"吕蒙听了一时愤激，当即拔刀杀死了这军吏。事后躲避不得，只好通过校尉袁雄自首。孙策却十分赏识吕蒙的胆略，免了他的罪，留他在自己身边。这是吕蒙增长见识的好机会。他认识到浮躁冲动、轻率妄杀的缺点，并且从孙策的指挥艺术中得到启迪。邓当病逝，吕蒙受命继邓当为别部司马。

孙策死后，孙权继孙策为吴侯，整顿军队，每见将领年轻稚弱、军队装备粗劣的，就予以合并。当时，吕蒙才二十二岁，苦于军费拮据，装备不齐，为了免遭淘汰，及时向人赊账，装备一新。到了校阅那天，孙权见吕蒙所练军队军容严整，操练精熟，十分满意，不但不予裁并，还给他增添了兵员，让他从征。孙权为报杀父之仇，向黄祖开战。黄祖令都督陈就率水军对阵。吕蒙为了打击对方的士气，带领一队精兵直奔陈就的"都督"大旗，亲自带头杀死陈就，使敌军军心动摇。这时吕蒙高高地举起陈就的首级，向友邻部队大声呼唤。于是各路奋进，击溃敌方主力，俘获黄祖。孙权评价这次战役吕蒙居首功，把他从都尉提升为中郎将。

孙权在与吕蒙接触中，发现他有才干而无文化，深感可惜。告诫他，勇而寡谋，野而少文，不能成大将。要他经常读书，首先要读好《孙子》《六韬》《左传》《国语》及三史，即《史记》《汉书》《东观汉纪》。吕蒙感到为难，说："军务繁忙，哪有时间顾得上读书？"孙权向他指出：学习与平时的军务同样重要，学好了可以更好地带兵打仗。还谈了自己日理万机，百忙中挤时间读书的体会。吕蒙领悟以后，开始用心读书，努力弥补从小不学无文的缺陷。他勤学不倦，日有进益，积年累月，所浏览的史传之多，连年老博学的读书人也很少胜过他，他读书注重实际，讲求心得，进步甚快。大将鲁肃早年就认识吕蒙，后再交接时，发现吕蒙已前后判若两人，非常钦佩地称赞他说：我原以为您只有武略，如今才知道您学识英博，不再是当年的“吴下阿蒙”了。后来，孙权也对吕蒙刮目相看，认为他“学问开益，筹略奇至”，已不亚于周瑜了。

二、巧挫曹军

人们都知道三国时期最著名的一次战役——赤壁之战——是周瑜指挥的，而往往忽视吕蒙在这次战役中的重要贡献。陈寿在《三国志》中做了客观的记载说：“吕蒙又与周瑜、程普等，西破曹公于乌林，围曹仁于南郡。”乌林就在江南赤壁山遥相对应的江北岸边，是赤壁之战曹操驻兵之地。南郡是荆州重镇江陵城，赤壁战后为周瑜所得。这里指明了吕蒙在赤壁之战与争南郡之战中协助周瑜，共同成就大功。

在东吴与曹魏对攻的多次战斗中，吕蒙曾一再设谋划策，挫败曹军。南郡夷陵之役，曹军围攻甘宁，甘宁危急求救。周瑜苦于兵力不足，集诸将商议，诸将都反对分兵援救，而甘宁部危在旦夕，势将影响全局。经吕蒙妥为谋划，先集中全力击断其一指，伏兵险道，袭杀曹兵，顺势渡江立屯，逼走曹仁，抚定夷陵、南郡。吕蒙因这次战功从中郎将升为偏将军。

庐江之役，曹军朱光屯田固守，又以张辽精兵为后援，咄咄逼人。东吴军本拟“作土山，添攻具，长围久困，稳扎稳打”。吕蒙力排众议，指出“作土山”费时日，长围久困，贻误战机，有腹背受敌之虞。他针对敌方弱点，提出速战速决方案，推荐甘宁为前锋，自率精兵四面并进，拂晓前后攻破北城。张辽援兵赶来，已晚到一步，只好退去。

濡须之役，吕蒙事先劝孙权利用地形夹水立坞。诸将以此引为笑话，议论道：“上岸击敌，洗足入船，何必筑坞，费工示弱。”吕蒙却预见东吴水军登陆，与曹军骑兵作战，是很难保证百战百胜的。倘有意外，敌骑兵步兵紧追不舍，那时要退兵上船，也不容易了。为此他坚持筑坞，进可以攻，退可以守。后来，孙权为张辽所袭，曹操又亲统大军出濡须进迫，吴军处境危急。所幸吕蒙在水边险要处立有坞寨，掩护撤退。吕蒙在坞上预置强弩万张，见曹军汹涌而来，梆子一响，万矢齐发，曹军前锋立脚不住，纷纷溃散，蒙军乘势出击，击退曹操大军。

这些战斗的实践，证明吕蒙平时熟习兵书史籍，用于实际，取得成效。他屡次建功立业，之所以超于诸将，究其原因，主要在于他“学问开益，筹略奇至”，具有远见卓识。曹军大将曹仁、张辽、朱光、谢奇等一个一个被吕蒙击败，连善于用兵的曹操本人也两次受挫，绝不是偶然的。

三、妙诈郝普

孙、刘联兵击退曹操以后。孙权把从曹操手中夺来的荆州暂时借给刘备立足。后刘备西取益州，留关羽镇守荆州，雄踞一方，威胁到东吴的发展。于是，孙、刘之间开始了角逐荆湘地区的长期斗争。

孙权命吕蒙攻取长沙、零陵、桂阳三郡。吕蒙利用政治攻势降服了长沙、桂阳。但零陵太守郝普坚守待援，拒不投降。这时刘备发兵来救，已到公安，关羽也统兵南下来争夺三郡。孙权闻讯，急命吕蒙立即放弃对零陵的进攻，火速回兵援助鲁肃，以迎接即将爆发的与刘备、关羽的厮杀。

吕蒙不赞同孙权的策略，又不能违抗孙权的命令，他盘算如何利用北撤前的片刻时光做出创举，迅速降服零陵守军。原来吕蒙南进途中得知流寓在衡山附近的邓玄之与郝普有深交，把他顺路接至军中，待以礼遇，而对他封锁消息。吕蒙在接到孙权命令后，不动声色，在邓玄之面前虚张声势，并且派他连夜进城做说客。邓玄之果然对郝普情真意切地陈以利害，告知此城孤立无援，迟早必破，届时玉石俱焚，连累老母，于事无补，言及此声泪俱下。谈话时邓玄之不知不觉传进了许多假信息：刘备正被夏侯渊围困在汉中，关羽受阻于南郡，均无力南顾；而东吴方面孙权亲统大军源源不断地向零陵开来……郝普听了，感到待援无望，孤城难守，不如早降。翌晨，郝普轻骑简从出城议降，吕蒙早已在城门附近暗伏四将，各率勇士百人，乘机突入。就这样，不费一箭，不伤一卒，只一顿饭的工夫，竟顺利地解除守军的武装，领有零陵郡。

吕蒙一面传令启程北归，一面接见郝普，执着郝普的手并肩下船。笑谈片刻，吕蒙出示孙权手谕，郝普才获悉刘备援兵已到公安，关羽亦抵益阳会师，零陵不久即可得救，而且孙权已下令退兵，自知中了吕蒙之计，惭愧得无地自容。吕蒙拊掌大笑，抚慰一番，催军前进。

孙权见吕蒙及时赶到，又听说三郡尽得，喜出望外。而刘备、关羽因三郡尽失，进退失据，陷入被动，只好请盟。东吴赖吕蒙谋略，以优势地位与刘备谈判，满足了划湘水为界的要求，并且避免了一场恶战。

四、智取荆州

湘水划界并没有从根本上解决荆州的争端。东吴对荆州志在必得，因它关系到吴国的安危和稳定。但荆州的战略位置，引起各方争逐，兵连祸结，前后近三十年。早在公元 191 年，孙权之父因争夺荆州被刘表黄祖部射死，孙权之兄孙策几番争夺竟也未能如愿，把未竟事业留给孙权；孙权赖吕蒙杀死黄祖报了父仇，正筹划西进，而荆州已为曹操捷足先登；赤壁之战，迫使曹操北撤，荆州却为刘备实际控制，后由关羽盘踞，虎视眈眈，威胁着扬州上游。关羽威势日盛、兵强马壮的现实，使东吴将帅们不敢与之抗争。鲁肃主持东吴军务时，多次用外交途径交涉荆州疆土，毫无结果，东吴君臣为此怪怨鲁肃，鲁肃也无能为力。只有吕蒙接替鲁肃后，敢于“图取关羽”。

吕蒙深知关羽勇武骄矜，不易力敌，可以智擒，因骄者自视过高，必有疏漏，纵其骄气，自可擒制。计议既定，便有意与关羽加倍结好，不断遣使聘问，礼仪隆盛，书礼谦卑，麻痹关羽，使其丧失警惕，放心北伐。

当然，关羽并不是简单的人物。他在讨伐樊城时，在后方的公安、南郡留有一定数量的兵力，沿江设有哨所，自以为一旦有警，便可随时调动兵力应付事变。他是有两手准备的。

吕蒙探知关羽留有足够兵力防备着自己，急切尚难攻取，就采取进一步的方法，假装病重，以“治病”为名，请求给假，从前沿的陆口返回建业。他与孙权暗中通气，孙权让年轻小将陆逊代理吕蒙的职务，批准吕蒙带着本部兵回都城疗养。他们故意把往返公文不封口，公开传递。消息很快传到关羽那里。原来关羽提防着东吴，派出间谍打听东吴动静，探知大将吕蒙病倒，小将陆逊代理军务，指挥力量和兵力均已削弱，大为放心。正当襄、樊战事紧急之际，便抽调后方预备兵力增补北线。

关羽在樊城战役中“水淹七军”，大获胜利，尽俘曹军大将于禁以下数万之众。他们加紧向后方索取粮食准备继续向北推进。在一片庆功声中，将骄兵惰，后方更加疏忽大意了。

吕蒙见时机成熟，一面让陆逊出面向关羽称贺，刻意逢迎，吹捧关羽“巍巍功勋，足以长世”，助长他的骄傲大意；一面挑选精兵藏于大型商船中，摇船的士兵全都打扮成商人模样，日夜兼行，直往荆州地区进发。关羽所设置江边烽火台上守军望见下游驶来商船靠岸，便加以盘问。吴人回答：“我等都是客商，因江中阻风，到此一避。”拿些财物送给守台军士，军士也就不多追究，任其停泊江边。夜间精兵齐出，将哨所守军全部缚倒，无一漏网。后续部队陆续赶到，一夜之间，尽占沿江交通要道，长驱大进，径取荆州，完全无人知觉。到达荆州城下，利用所俘官兵赚开城门，吕蒙率军突进，袭了荆州。

吕蒙传出命令：“如有妄杀一人，妄取民间一物，定按军法处理。”吕蒙有乡亲在军中任职，取民家一箬笠蔽雨，依法处斩。于是，军纪肃然，毫无骚扰。荆州守将傅士仁、糜芳等皆率部投降，所属公安等各县均归附，吕蒙让原任官吏，悉依旧职，只管安心工作。吴军驻守城寨，巡逻街道，维护治安，保护府库与跟随关羽一起出征者的家属，人心遂定。

吕蒙深知民心、军心的向背，为决定胜负的关键。为此特别注意犒军安民，对将士之家按月发给粮米，有患病者遣医治疗，缺衣缺物的给予供应，将士之家感其恩惠，消除敌意，释除疑虑。甚至感到吕蒙比关羽对待军民还好。

不久，关羽得知荆州被吕蒙占去，派人来探问情由。吕蒙厚待来使并陪同访问关羽手下将士之家。家属一概称颂吕蒙恩德，都告诉使者家门无恙，衣食不缺。有附家书，有传口信。这些信息带回关羽军中，无疑成了强大的宣传攻势、政治攻势。

这时，关羽前后受敌。眼看家属、府库、粮草、军械及一切军需物资，尽落入吕蒙掌握之中，心慌意乱。军心瓦解，将士纷纷抛弃关羽，各自逃回荆州，使不久前叱咤风云的英雄人物，一时陷于孤立。关羽父子被迫走上穷途末路，结果被吴军伏兵手到擒来。至此，荆州正式纳入吴国版图。

五、国士之量

占据荆州，是东吴孙氏三代梦寐以求的大功业，关系到三国的大局。鼎足之势虽在赤壁之战后已见端倪，但三分并未成立。因刘备立足荆州时，处在吴、魏双重压力下，很难立国，必须另图基业。刘备入蜀后，荆州孤悬于纷争的旋涡中，蜀汉事实上不易保有这块战略要地；而东吴必须争得荆州作为屏障，才能使江汉荆湘联成一气，立国江东。所以公元 219 年，吕蒙取荆州，使吴汉间从此疆域稳定，两国地理均势成立，才真正开始了三国分立时期（魏于 220 年称帝，蜀于 221 年称帝，吴于 222 年称吴王）。这就不难看出吕蒙智取荆州之役的重要性了。但吕蒙对此并不居功。孙权为此赏给他钱一亿、黄金五百斤，吕蒙固辞，孙权不允退还，吕蒙仍在临死前全数封存，遗嘱管理府库人员在他“命绝之日上还”。

他在攻取荆州时确实有病，是带病作战的。战争刚告一段落，吕蒙就病倒了。由于他的存在关系到东吴的命运，吴国君臣对他像家人有病一样关切。孙权把吕蒙置内殿，派人小心治护，募境内有能治愈吕蒙疾病的赐千金，每日隔着壁缝关切地观察着他的病情，见他稍能下食则喜，病势加重则忧，甚至夜不能寐，为之瘦损。大臣将吏也都十分关切，闻吕蒙病稍痊而贺，闻加重而愁虑不安。及至噩耗传出，军民咸感哀痛，足见他平时为人深得人心。

吕蒙处世的风范，表现于严于律己，好学不倦，宽宏待人，诚恳敦笃，居安思危，眼界开阔。成当等同僚病卒，遗下子弟幼小，吕蒙辅助他们成长，爱护无微不至；蔡遗曾揭发吕蒙部属短处，吕蒙不计私怨，推荐蔡遗升迁；甘宁粗暴好斗，吕蒙宽容为怀，用其所长；袭肃来降，孙权拟将袭肃军并入吕蒙麾下，吕蒙以大义为重，请求保留袭肃军的编制；吕蒙有三子，直到临死不为子孙谋取福利，遗嘱把大量金宝上缴国库，身后丧事力求简约。这些朴素的行事，在那个时代里表现出很高的精神境界。史学家陈寿为吕蒙立传，评论他“有国士之量”，可谓“恰如其分”。（邹身城）

黄　盖

三世老将，名震赤壁

黄盖是三国时期东吴的著名将领。他自跟随孙坚起事，历经三世，纵横东南，战功卓著。黄盖一生为东吴政权的巩固做出重大贡献，特别是在决定“三分天下”的赤壁之战中，立下不朽的功劳。

一、江东宿将，效命三世

黄盖字公覆，零陵泉陵（今湖南永州零陵区）人。年幼时父母双亡，他茕茕孑立，形影相吊，饱尝了人间苦难。尽管生活艰辛，但他常常利用打柴的休息时间，勤于学问，而特别好论兵事。

黄盖最早曾以孝廉被举荐，做过郡吏。孙坚起兵时，即随孙坚“南破山贼，北走董卓”，被授予别部司马之职。汉献帝初平二年（191），孙坚被黄祖的士兵用暗箭射死，黄盖继续跟随其子孙策和孙权，转战南北，驰骋疆场。

黄盖追随孙坚、孙策、孙权打天下，是江东创业的宿将之一，效命三世，献出了他的一生。他长期为地方长吏，历任九县，为巩固江东政权，做出了卓越的成绩。

当时，江东一带居住着大量的山越人，这是一个人数众多的少数民族，大部分是秦和西汉时期的闽越、南越人的后裔。他们分别散处在今江苏南部及浙江、安徽、福建、江西等地山区，以宗族形式组织在一起，好武习战。他们承受着孙吴政权的沉重负担，加之曹操派奸细煽动，山越经常发动暴动。他们凭借深山幽谷的险阻地势，攻击城邑，杀虏长吏，给孙吴的统治造成了严重的威胁。当时，江东一些县城被山越人进攻、扰乱，孙权就派智勇双全的黄盖去镇守。黄盖每到一处，绝不轻率行事，总是根据具体情势，策划谋略，以致所到之处，皆能平定扰乱。因而，派他前去镇守过的九个县，都相继出现安定的局面。

二、克己奉公，执法不阿

石城（今安徽马鞍山）在当时是一个很难治理的地方，那里的长吏恣意违法行事。黄盖去后，立即委派两个官吏，让他们分别掌管下面各官署。一天，他对二人说：“从前这个地方的县令品行不正，以致出现不稳定，到处是叛贼，军队时常有战事。在这样的情况下，我委派你们二人来管治各官署，你们千万要认真约束好下属，带头奉公守法，如有错误须及时纠正。你们所布置的事情，办事人应积极办理。假如发现其中有欺诈行为，我将不用鞭杖来处理问题。你们只管各自竭尽全力，努力工作，做出表率。”开始，大家都惧怕他的威严，日夜勤勤恳恳，尽忠尽职。时间一长，大家就不以为然了。两个官吏发现黄盖从不查看公文，渐渐忘记了他的教诲。黄盖也察觉他们办事马虎，并有不轨行为。果然，黄盖不久就听到了许多关于两个官吏违法的事件。他非常气愤。一日，他请来许多下属官吏，赐予他们酒食，并就那些传闻查问那两人。开始，两人还极力辩解，待到黄盖举出许多事例时，他们理屈词穷，才慌忙叩头认错，表示悔改。这时，黄盖不慌不忙地对他们说："以前，我告诫过你们，我不会用鞭杖来惩罚你们，这并不是句空话。"说完，立即令人将两人斩首。事后，石城县沸腾了，大家纷纷议论此事，对黄盖执法严明、干练果断十分敬佩。不久，黄盖先后被任命为春谷（今安徽芜湖西南）、寻阳（今湖北黄梅）县令。后又转丹阳（郡治今江苏南京）都尉。在那里，他也采取一系列措施，抑制豪强扶持弱民，使丹阳出现了新的局面。

黄盖为人正直，秉公办事，他的军队纪律严明，令行禁止。他处理很多事情，都能够顾及民众的利益，这就感动了山越人，使他们愿意率部族归降。他们心悦诚服地归顺东吴，这对东吴政权的巩固起了很大作用。

三、善于养众，得效死命

据《三国志》记载："盖姿貌严毅""善于养众"。黄盖不但严于责己，执法严明，而且对于士兵十分关心爱护。作为一个长期带兵打仗的将领，这一点尤其难能可贵。在当时你争我夺、战争频繁的混乱局面下，士兵常常有倒戈投敌的可能。而黄盖的部队上阵，士兵们总是争先恐后，勇敢冲锋，拼死作战。

汉献帝建安四年（199），黄盖作为武锋中郎将，随孙策进讨黄祖于沙羡县（今湖北武汉）。不料，武陵郡（今湖南常德）发生叛乱，叛军攻占城邑，情况十分危急。孙策就派黄盖为太守，去平定叛乱。当时，武陵郡城中仅有兵卒五百，敌我力量悬殊。黄盖对此情况进行仔细的分析，他知道硬拼决然不行，须用妙计智取。由于黄盖与士兵同甘共苦，得效死命，兵虽少而精，上下一体，为施行奇策妙计奠定了基础。于是，他令人将城门敞开，让寇贼长驱直入。当他们半数人马入城后，五百伏兵猛然出击，城中顿时杀声震天。叛军在惊慌失措中，阵脚大乱，霎时间，贼兵人头纷纷落地，剩下部众均投降了黄盖。事后，黄盖只斩了头领，将随从全部释放，叛军士兵感激涕零。由此可见，黄盖对敌军不是单纯靠武力镇压，而是以德服人。几个月后，叛乱基本平定。在黄盖的影响下，僻静深远的巴、醴、由、诞的少数民族首领，也开始改变自己的习俗，以礼拜见黄盖。从此武陵边境平安无事。之后，孙吴又派黄盖去平定长沙益阳（今湖南益阳）的叛乱，加封为偏将军。黄盖在武陵太守的职任上直到病故，默默地为东吴献出一生。

四、施苦肉计，诈赚曹兵

黄盖不仅治军有方，而且在战争中深谋远虑，表现出非凡的才能。他的这一品质和才能，在赤壁之战中建立了特殊的功勋。

赤壁之战，周瑜统帅的孙刘联军，只有三万多人，而敌方曹军有二十多万，众寡悬殊。周瑜愁眉不展，不知用何方略才好破敌。黄盖见曹军不习水战，把船舰用铁链首尾相接，连在一起，便心生一计。他把火烧曹军的计谋献给了周瑜。周瑜十分高兴，立即采纳。黄盖又自告奋勇来担当火攻的先锋。他取来十艘大型战舰，装满干柴，上面浇上油，周围用幕帐围起来，并且在舰上插着旗帜。又预备了十只轻便快艇，各系在大舰后面。战斗打响之际，黄盖率领所有舰队一齐驶向曹营，他身先士卒，站在最前面的战舰上指挥。

在此之前，他还与周瑜密谋，用苦肉计诈降曹操。他写好降书，派人送至曹操处，书中写道：自己虽“受孙氏厚恩”“然顾天下事有大势”“众寡不敌海内所共见也”“今日归命，是其实计”，并表示在交锋之时“当因事变化，效命在近”，以此博得曹操信任。

曹操看到黄盖战舰，以为是黄盖来降，说道：“盖若信实，当授爵赏，超于前后也。”他手下的士兵也毫无防备之心。不一会儿，当舰队快接近曹营水寨时，突然，黄盖一声号令，十艘战舰同时放火。此时，江风猛起，风助火势，火趁风威，曹舰很快全部着火。江面烟火弥漫，火势一直蔓延到岸上的曹营，曹军人马溺死、烧死的不计其数。黄盖在恶战中被暗箭射中，堕入水里，后被士兵救起。

战后，孙权为了嘉奖黄盖，特将他战前训练水军的湖泊命名为黄盖湖，并且把周围一带地方封赐给他。他死后，赐予他儿子黄柄“关内侯”的爵位。（夏嘉）

陆　逊

使蜀汉走向衰落的关键人物

唐代大诗人杜甫在《八阵图》诗中咏诸葛亮功绩说："功盖三分国，名成八阵图。江流石不转，遗恨失吞吴。"末句"遗恨失吞吴"，是对蜀汉帝业不成的慨叹。造成蜀汉失去"吞吴"之举的关键人物，便是东吴继周瑜、鲁肃、吕蒙之后的第四位声望颇高、功绩卓著的将领——吴郡人陆逊。

一、青年脱颖，才调长者

陆逊字伯言，吴郡吴县（今江苏苏州）人。本名议，后称逊，家世为江东冠族。祖父陆纡很有学问，官至城门校尉；父陆骏，东汉末年任九江（今安徽寿春东）都尉。陆逊十岁时丧父，随母在从祖陆康家长大。陆逊少小知名，与陆康之子陆绩齐名于江东。

陆康任庐江太守，与袁术有矛盾。袁术举兵相攻，陆逊只得带着陆康的眷属回到吴县，这时，只有十五六岁的陆逊肩负起一个大家庭的生活重担。公元204年，陆逊二十二岁，被孙权征召为掾属，历东西曹令史，出为海昌屯田都尉，代理县令职务。

海昌在今浙江余杭东南，是当时的一个贫瘠地区。陆逊在任时连年干旱，他毅然开仓赈济，又"劝课农桑，鼓励生产"，"百姓蒙赖"，号为"神君"（《世说新语》卷五注引《吴书》）。当时又值会稽一带山越暴动，陆逊挥师往讨，"所向皆服"，发展部曲达两千余人。接着陆逊又讨平鄱阳地区尤突等人的暴乱，因功拜定威校尉。陆逊初露军事才华。

陆逊有才又有德，有古时祁奚举贤不避仇的长者之风。会稽太守淳于式曾上书告发陆逊"枉取民人，愁扰所在"。陆逊进京见孙权，反称赞淳于式是"佳吏"。孙权很奇怪，问陆逊："人家告你状，你却为何称赞他？"陆逊回答："淳于式告我出于爱民之心，此乃良吏，我怎么能反过来挟仇诬告他呢！"孙权非常钦佩，更加器重陆逊，将孙策女儿许配给他，倚为心腹，数访世务。陆逊在东吴政治上的地位也就更加巩固了。

二、麻痹关羽，巧夺荆州

公元214年，孙权索取荆州南三郡，孙、刘两家兵戎相见。此后，双方都严加防范。孙吴派驻陆口的大将是吕蒙，关羽非常忌疑他。公元219年，关羽围襄、樊，取得胜利，威震荆、襄，引起了孙、曹两家的注目。吕蒙认为这是夺取荆州的一个好时机。为了麻痹关羽，让他全力向北，吕蒙想好了一个策略，向孙权献计，他称病回建业，举荐足智多谋的陆逊为荆州督。陆逊在征讨丹阳山越时已显示了他的非凡军事才能。当时，叛乱的山越有几万人，陆逊带兵不多，他设疑兵之计，多建部队番号，乘夜进入山谷，到处鸣起军号鼓角之声，造成有千军万马的声势，从心理上瓦解了叛军，然后一鼓作气冲击，很快就平息了丹阳的叛乱。但是，骄狂自大的关羽根本看不起陆逊，又被襄阳的眼前胜利所鼓舞，一定会放松对东吴的戒备，撤下荆州守卫去增援襄、樊。吕蒙的计策得到孙权的赞成，于是陆逊来到了陆口孙吴的西部前线。

陆逊到了陆口后，为蒙蔽关羽，写信称赞他用兵及时，战功卓著，“小举大克，一何巍巍”，打败敌国，真是同盟之福；擒获于禁，是流芳百世的胜利，可与春秋城濮之战和楚汉时韩信的井陉之战相媲美。陆逊在信中还说：“操猾虏也，忿不思难，恐潜增众，以逞其心。”（《三国志·陆逊传》）意思是，曹操不甘失败，会向前线增援。陆逊提醒关羽要注意，打了胜仗，不要骄傲，要全力以赴去争取最后的胜利。陆逊摆出一副十分关切的样子说：“愿将军广为方计，以全独克。”关羽得书，见陆逊言辞卑下，十分得意。于是，他把荆州防吴的守军全都撤下来调到了襄阳前线。这时，曹操的增援军队也赶到了。曹将徐晃向关羽发起进攻，关羽失利。这时吕蒙已率孙吴大军，兵不血刃拿下了荆州。关羽发现中计，连忙解围撤退。

关羽率疲惫之卒来争荆州，军无斗志，一路逃散。他不敢南下收复江陵，向西退走。十一月到了麦城（今湖北当阳东南），被孙吴包围。他竖起了假降之旗，带领十余骑突围，行至临沮（今湖北远安北），被吴将马忠俘获，蜀汉的荆州军全部瓦解。陆逊配合吕蒙，全线出击，直插到秭归三峡地区，收降夷汉兵凡数万计。孙权以功升陆逊为右护军、镇西将军，封娄侯。

三、以弱胜强，夷陵败蜀

公元221年，刘备称帝，立即发动了夷陵之战，讨伐孙吴，替关羽报仇，欲夺回荆州。刘备此举，失去理智。赵云曾劝说：“国贼是曹操，非孙权也，且先灭魏，则吴自服。”刘备听不进去，孙权也怕两线作战于己不利，便遣使求和，刘备不从，亲自带领近十万大军从白帝顺流而下杀向东吴。孙权求和不成，也起兵应敌，拜陆逊为大都督，假节，率五万兵西击刘备。东吴战将朱然、潘璋、韩当、徐盛等都受陆逊节制。

七月，刘备派吴班、冯习等率兵四万击破吴军李异、刘阿等部，占领吴地秭归、巫县（今重庆巫山西北），留赵云于江州（今重庆市）为后援，策应主力行动，自己率大军顺江而下。公元222年正月，蜀将吴班、陈式又率水军屯据长江北岸的夷陵（今湖北宜昌东南）。一时间蜀军势不可当，吴国上下一片焦虑。面对蜀军的强大攻势和节节胜利，陆逊没有被其声势所压倒，也没有因暂时的失败而丧失信心。他从敌强我弱的实际情况出发，采取了诱敌深入、疲敌师志的战略方针，先让一步，主动放弃大片土地和战略要地，将部队撤至今湖北宜都市长江南岸的夷道和北岸的猇亭，把五六百里山区让给蜀军，完成了战略退却，待机全线反击。

陆逊战略性质的大步后退，引起部下的不满。老将韩当、徐盛等认为他怯敌，纷纷要求出击，与蜀军决战。陆逊对部下求战心切而不考虑全局的想法，一方面按剑施令"不可犯矣"，一方面陈述利害晓喻大义。他说："备举军东下，锐气始盛，且乘高守险，难以卒攻，攻之纵下，犹难尽克，若有不利，损我大势，非小故也。"（《三国志·陆逊传》）作为一个军事统帅审时度势、知己知彼才能立于不败之地。陆逊得兵法要旨，沉着冷静排除干扰，稳健地按照自己的战略行事，捕捉最佳的决战时机。

陆逊坚守不出，刘备屡攻不下，两军相持长达半年之久，蜀军失去锐气，弱点开始暴露出来。刘备把十万大军屯驻在从巫峡至夷陵的一百余里的山地上，分散四十余营，陆逊担心刘备水陆俱下，这样蜀军居高临下扑向荆州，在平川上打消耗战，胜负难料。现在刘备把蜀军屯在漫长的山谷间，无所作为，意气沮丧。陆逊把反攻时刻定在了公元222年六月，正是暑势之时，采用火攻，致使蜀军全线崩溃，刘备也差点成了俘虏。这一仗，陆逊创造了中国战争史上以弱胜强的光辉战例。孙权加拜陆逊为辅国将军，领荆州牧，改封江陵侯。

四、出将入相，忧郁而逝

公元228年五月，曹魏大司马曹休中吴鄱阳太守周鲂的诈降计，率十万大军入皖。陆逊奉命率朱桓、全琮等截击，在石亭（今安徽怀宁、桐城间）大败曹军，斩获万计。陆逊凯旋，当他路过武昌时，孙权命令用自己的御盖以覆陆逊。第二年，陆逊拜上大将军、大都护，镇守武昌（今湖北鄂州）。

陆逊身为将帅，不仅有着高超的军事才能，同时有一整套治国安民的谋略。

他虽然长期驻军在外，但时刻不忘国家大事。他曾上疏给孙权，对当时的严法苛刑提出批评。他说："夫峻法严刑，非帝王之隆业，有罚无恕，非怀远之弘规也。"(《三国志·陆逊传》)他建议孙权像西汉刘邦那样轻刑便民，用黄老之法治理国家，又说："臣闻治乱讨逆，须兵为威，农桑衣食，民之本业，而干戈未戢，民有饥寒。臣愚以为宜育养士民，宽其租赋，众克在和，义以劝勇，则河渭可平，九有统一矣。"(同上)陆逊再次阐明战争的危害性，劝说孙权尽量少动干戈，务以养本保民要紧，只有与民休息、轻徭薄赋，才能富国强兵，统一天下。公元 244 年，陆逊入都代顾雍为丞相。孙权给予高度的评价，称他："惟君天资聪睿，明德显融，统任上将，匡国弭难。夫有超世之功者，必应光大之宠；怀文武之才者，必荷社稷之重。昔伊尹隆汤，吕尚翼周，内外之任，君实兼之。"(同上)孙权把陆逊誉为成汤之伊尹和周初之姜子牙。

公元 245 年三月，正当陆逊为相施展治国才能时，由于卷入孙权两子孙和、孙霸争夺太子的事件中，被孙权遣使责让，陆逊气愤交加，忧郁死去，享年六十三岁。(舒大刚)

诸葛恪

小时了了，大未必佳

诸葛恪，字元逊，琅琊阳都（今山东沂南）人。其父诸葛瑾为吴国大将军，深得孙权信任，而诸葛恪在吴国的后半期也身居要职，起了重大的作用。

一、年少机敏，深得吴主器重

诸葛恪自幼聪明，特别是随机应变的辩才很突出。史称“恪少有才名，发藻岐疑，辩论应机，莫与为对”（《三国志·诸葛恪传》本传裴注引《江表传》）。以下几个小故事，充分说明诸葛恪的才思敏捷。

有一回，孙权大会群臣，叫人牵了一头驴子进来，在驴脸上贴了一张标签，上面题“诸葛子瑜”四字，以讽诸葛瑾面长似驴。诸葛恪征得孙权同意，拿起笔在四个字的下面添上“之驴”二字，于是引得满座皆笑。孙权就把这头驴子赐给了诸葛恪。

过了几天，孙权再见到诸葛恪，叫诸葛恪依次行酒。走到张昭面前，张昭已有醉态，不敢再喝，认为此非养老之礼。诸葛恪反驳张昭说：“从前，师尚父九十岁时，还执旗持，并未告老。今天带兵作战的事，让你老将军靠后，喝酒吃饭的事，请你老将军为先，怎么能说是对老年人不尊敬无礼貌呢？”说得张昭哑口无言，只好干杯。

后来，蜀国的使者至，吴主设宴招待，群臣作陪。席间，孙权对使者说：“这位诸葛恪向来爱马，请回去告诉诸葛丞相，为他挑送好马来。”诸葛恪马上离席向孙权拜谢恩典。孙权笑着说：“怎么，马还未送来你就拜谢？”诸葛恪笑道：“蜀国只不过是陛下的马房，现在恩诏已下，马肯定送来，臣安敢不谢！”

一天，有一群白头鸟飞集在吴主宫殿前，诸葛恪告诉孙权这种鸟称白头翁。张昭又沉不住气了，自以为是在座人中年纪最老的，认为诸葛恪借鸟来嘲弄自己，于是禀告吴主孙权：“诸葛恪欺骗陛下，从来未听说有这样的鸟名，否则让他再找一种母的白头鸟来。”诸葛恪当即反驳：“有一种鸟，名叫鹦母，未必有相对的雄鸟名鹦父？”张昭一句话也回答不出，在场者哄堂大笑。

还有一次，孙权问诸葛恪：“你父亲同你叔父相比，哪个贤明？”诸葛恪马上答道：“臣下父亲优于叔父。”孙权又问道：“为什么你这样认为呢？”诸葛恪说：“臣下父亲知道为吴主效忠，而叔父却不知，那当然父亲优于叔父。”孙权听罢，哈哈大笑。诸葛恪其实对父亲与叔父的才能高下，心里十分清楚，只是投其所好而已。

诸葛恪颇得吴主孙权的欢心和信任，弱冠就被拜为骑都尉，后又从中庶子升为左辅都尉。孙权曾以十分赞许的口气对诸葛瑾说：“你儿子真是如蓝田所生之玉，名不虚传啊！”

诚然，诸葛恪父亲诸葛瑾与吴主孙权私交甚笃，但是诸葛恪能被孙权委以重任，却是凭借自己的才华和学识。

二、初试才情，抚平山越

东吴孙权势力在江南的扩张，遇到了山越人顽强的抵抗。山越人居住在江南深山中，他们不纳租赋，依仗地势险要，“未尝入城邑，对长吏，皆仗兵野逸，白首于林莽”。山越人自己种植谷物，并能自铸甲兵。一些山越头人接受曹操委署的封号，时常反叛，成为孙吴的忧患。于是，孙权在陆逊的建议下，屡次进攻山越，巩固统治基础。

在多次进攻山越的战争中，以诸葛恪围困丹阳山越所取得的成效最大。吴嘉禾三年（234），诸葛恪毛遂自荐，愿到丹阳围困山越，保证三年可得甲士四万。虽然朝中大臣纷纷表示怀疑，甚至诸葛瑾也表示此事办不到，但诸葛恪据理力争，认为必获大捷，从而说服了孙权。于是，孙权任命诸葛恪为抚越将军，领丹阳太守，授棨戟武骑三百。

诸葛恪到任后，马上采取了以下措施：第一，移书与丹阳邻接的吴兴、会稽、新都、鄱阳四郡属城长吏，令他们各保住疆界，约束其部队，各郡从化之平民，全都屯居，不得随意离开；第二，令部下诸将分兵把守险峻隘口，修筑工事，不得与山越交锋，待山越庄稼成熟之际，派兵割光，粒种不留。起初，山越不以为然，但时间一久，存粮吃尽，新田无收获，加之官兵把守，根本无法接近，最后只好携老扶幼，出山向东吴官兵投诚。

诸葛恪马上下令，对山越人去恶从化者，一律安抚慰问，并且迁徙到外县安置落户，不准官吏任意拘捕。臼阳长胡伉得到降民周遣，此人昔日为山越顽民，由于困迫，暂时出降，而内图叛乱，胡伉将他缚送至府。诸葛恪以胡伉违抗命令，将其斩首示众，并奏报吴主。山越人听到此事，消除了顾虑，于是成千上万的山越人纷纷出山归顺。经过三年围困，诸葛恪如期实现自己征兵四万的计划。在这三年中，山越前后有十万人出山投降，其中丁壮四万被补入军队。诸葛恪自己留下丁壮万人，其余丁壮划给诸将统领，剩下的成为郡县编户。孙权为嘉奖诸葛恪，拜诸葛恪为威北将军，封都乡侯。

山越人出山虽然是在东吴的军事压迫下被迫进行的，但客观上加速了山越人的汉化，加速了东南地区一统的历史进程。诸葛恪在丹阳一反过去那种对山越以武力镇压、血腥屠杀的手段，“兵不染锷，甲不沾汗”，围困安抚，这毕竟是对少数民族统治的一大进步。诸葛恪在这件事情上，是有贡献的。

三、总揽朝政，死于非命

东吴赤乌九年（246），诸葛恪向丞相陆逊呈书，拉拢关系。陆逊谢世之后，诸葛恪便被任命为大将军，假节钺，屯驻武昌，代替陆逊领荆州事务。东吴太元元年，孙权的病体每况愈下，而太子年少，乃命诸葛恪以大将军领太子太傅，总领军国大政。不久，孙权病情加重，召重臣诸葛恪、孙弘、滕胤、吕据、孙峻至病榻前，托付后事。当时，朝廷上下都注目诸葛恪，孙权虽然器重诸葛恪，但认为其刚愎自用，恐误大事。东吴宗室孙峻竭力保荐，称许诸葛恪“器任辅政，可付大事”。孙权这才放心地召诸葛恪受诏于床前。孙权对诸葛恪说：“我病得很重，恐怕再也不能见面，一切事都委托给你了！”并“诏有司诸事一统于恪，惟生杀大事然后以闻”。诸葛恪成为顾命大臣的第二天，孙权离世。然而，孙权尸骨未寒，宫廷就展开了一场激烈的权力之争。

中书令孙弘素来与诸葛恪不和，害怕受制于诸葛恪，于是严密封锁孙权死讯，秘不发丧，妄图以矫诏杀掉诸葛恪。哪知侍中孙峻将此事通知了诸葛恪，诸葛恪已有戒备，因此也动了杀机。不久，诸葛恪请孙弘前来议事，将孙弘杀于座中。诸葛恪这才为孙权发丧制服，同时采取各种措施安定吴国上下。吴帝孙亮以诸葛恪为太傅。

诸葛恪秉政的初期所采取的一系列措施，是值得肯定的。例如：他罢除每月初一告祭明堂祖庙后的听政惯例和裁撤监视文武百官的校事官等，深得朝廷内外的拥护。他豁免百姓积欠政府的债务，除去关津杂税，注意体恤民力，发展生产。由于这些政策措施的执行，吴人对他的印象非常好，“恪每出入，百姓延颈思见其状”。诸葛恪施政初期所采取的一系列措施，重心是对内，而不是向外。当时，东吴矛盾错综复杂，特别是孙权废太子和，命孙霸自杀，而立少子孙亮为太子，矛盾便达到一触即发的程度。诸葛恪辅政后，未能完全控制整个局面，所以他就把主要精力放在内政的整顿上，不对外轻启边衅。这是十分明智的。

东吴大帝孙权于太元二年（252）四月逝去，同年十月，诸葛恪锐意修复巢湖东兴堤（今安徽含山），阻遏湖水，以振军威，矛头直指曹魏。诸葛恪集中民工数万，很快就筑好东兴大堤，并且为两端筑城，命部将全端、留略各领兵千人镇守，筑堤侵入魏国疆土。魏国即刻命大将胡遵、诸葛诞等率兵七万“欲攻围两坞，图坏堤遏”。诸葛恪闻警，发兵四万，晨夜赶往赴救，遣将军留赞、吕据、唐咨、丁奉为前部。当时天降大雪，魏国兵将见留赞等兵少，根本未放在眼里。吴军乘魏将饮酒作乐之际，发起猛攻。魏军措手不及，惊扰散走，纷纷争夺浮桥逃命，桥断，人皆落水，互相蹈藉，死数万人，魏乐安太守桓嘉等也被淹死。此战，吴军获车乘牛马驴骡数以千计，资财器械堆积如山。朝廷进封诸葛恪为阳都侯，加封荆扬二州牧，督中外诸军事，赐金一百斤，马二百匹，绘布各万匹。

东兴之战虽是小胜，但使诸葛恪产生了轻敌之心。第二年春，他打算出兵攻魏。为了取得朝廷上下的支持，他特地著文论述了这次行动的必要性和可行性。在文中他强调，联蜀伐魏是吴谋求统一的唯一途径。他根据三国现状，得出吴、蜀所以今天能攻魏，在于“操时兵众，于今适尽，而后生者未悉长大，正是贼衰少未盛之时”，所以“当今伐土，是其厄会”（《资治通鉴》卷七十六）。他赞美自己叔父诸葛亮上表出师志在伐魏的精神，自己不忍“俛仰年老”，任凭仇敌强大。他最后说“若一朝陨殁，志画不立，贵令来世知我所忧，可思于后”（《三国志·诸葛恪传》）。大权在握、专断孤行的诸葛恪这时已从执政初的低头对内，而变为昂首向外了。

东吴建兴二年（253）三月，诸葛恪调发各州郡兵马，组成浩浩荡荡的二十万大军，开始北伐。大规模的军事行动引起国内骚乱，人心渐失。诸葛恪本打算挥兵直指淮南，然后俘掠百姓而归，但在众将反对之下，转而围攻曹魏的合肥新城。从四月围攻到八月，由于时值暑天，加之士兵疲劳，很多人中暑泄下，病者大半。这时，诸葛恪反而认为下面的情形不实，欲斩杀前来报告的诸营小吏，甚至撤掉将军朱异之职，迫使献策的都尉蔡林不得不策马降魏。魏军探知吴军疲惫，乃发救兵反击。诸葛恪只得撤退。撤退时，其士兵惨状不忍目睹：有的流散道路，有的顿仆坑壑，有的被魏俘虏，有的呼喊叹息。面对这一切，诸葛恪却“晏然自若”，居然在长江边驻扎大军一月，后又打算在浔阳（今江西九江）围垦开田。朝廷的诏书接二连三下来，他才不得不慢慢班师回朝。

诸葛恪一回都城，在府馆坐定，马上召见中书令孙嘿，厉声质问："你简直大胆妄为，为什么连续拟诏？"孙嘿吓得两腿发软，因病还家。诸葛恪此时怒气未平，他还将在他出征后，凡起草过奏折的令长职司一律罢除，重新更换；动不动就呵斥部下，作威作福；又改易宿卫，挑选亲信充当；再一次严整部伍，准备北伐青州、徐州。由于诸葛恪热衷对外用兵，使吏民失望，以致朝野怨艾，但他却执迷不悟。当东吴内部矛盾更加尖锐，危及诸葛恪本人时，他仍然蒙在鼓里。

侍中孙峻曾推荐诸葛恪，并且救过诸葛恪的性命，按理诸葛恪应加强与他的团结。但孙峻并没有得到诸葛恪的恩报，反而成了他平素侮慢的对象。孙峻对此十分激愤，于是利用众人对诸葛恪的不满，在年幼的吴主孙亮面前，诬称诸葛恪企图谋变，罗织罪名，进行陷害，以图报复。东吴建兴二年（253）十月，孙峻用置酒宴恪的方式，席间亲手将诸葛恪斩杀，并夷三族。诸葛恪死时年五十一。（范传贤 杨代欣）

第五编

三分归晋篇

中国历史的发展，呈现出“合久必分，分久必合”的格局，但统一才是主流，分裂是暂时的。因此，三国归一统是历史的必然。司马氏代魏，三分归一，司马懿的奠基功业不能抹杀。公元 263 年，司马昭灭蜀，统兵大将为钟会、邓艾。公元 280 年，晋武帝司马炎平吴，灭吴晋师有六路大军，而居首功者为杜预、王濬。所以，本编所选五人，即为司马懿、钟会、邓艾、杜预、王濬。《司马懿传》载于《晋书·本纪》，他实为曹魏大臣，故特用于殿卷，既体现一统三国人物之意义，又揭示西晋一统之意义，喻义双关，读者亦能谅焉。

钟　会

三天时间，从灭蜀功臣到反魏叛贼

钟会是曹魏后期执政者司马师、司马昭兄弟的重要谋士。他多智善谋、文武兼备，在司马氏确立政权的过程中起到关键作用，也是统一蜀汉之役的策划者和首要军事指挥者。

一、建功淮南

钟会，字士季，颍川长社（今河南长葛东北）人，出身世家，为魏太傅钟繇晚年所得之少子。钟会与兄钟毓均为敏慧早成。时魏大臣蒋济善相人。钟会五岁，蒋济观其眸子甚异，曰："非常人也。"及长，钟会勤奋好学，常夜以继日，博览群书，由于才华出众，年方弱冠就在士人中有甚高声誉，与当时另一少年才子王弼并知名于世。他"精练名理"，尝论"易无互体，才学同异"，并著有"道论"二十篇。

钟会有高才，又为名公之子，在仕途上一直顺利。他从正始年间开始，历任秘书郎、尚书、中书侍郎等清要之职，后赐爵关内侯。

曹爽被诛后，钟会政治上积极靠拢司马氏。他与司马师、司马昭兄弟关系密切，并且受他们重视和信任。正元二年（255），忠于曹魏的镇东将军毌丘俭、扬州刺史文钦，不满司马氏之专权，矫太后诏，发淮南戍兵反抗司马氏。时司马师为大将军执政，因新割目瘤未愈，不宜外出。有人建议司马师另遣将率兵出征，司马师犹豫不决。考虑到朝廷内外不满司马氏的人很多，万一战败，必成崩溃之势，故作为司马师亲信的钟会与河南尹王肃、尚书傅嘏等均力劝司马师率军亲征淮南。司马师从之。钟会随军，出谋划策，"典知密事"，很快平定了叛乱，毌丘俭被杀，文钦逃往东吴。钟会在此役中立下大功。

但司马师未及返洛，即因目疾恶化病逝于许昌军中。司马师临死，令其弟卫将军司马昭总统诸军。时魏帝曹髦欲乘机夺取司马氏军权，下诏令尚书傅嘏先率诸军还洛，而让司马昭留许昌。在此非常时刻，钟会建议司马昭违抗朝命，亲率大军返洛，以武力压迫朝廷就范。果然，昭军还洛，魏帝被迫任司马昭为大将军，录尚书事，继其兄执政。钟会为司马昭立下大功，迁升黄门侍郎，封东武亭侯。

甘露二年（257），司马昭欲剥夺忠于曹魏的淮南大将诸葛诞之兵权，用长史贾充策，以诸葛诞为司空，召其赴京师。时钟会因生母死，在家守丧，闻此事"策诞必不从令"，驰见司马昭，欲阻之。司马昭以事已施行，不复追改。

果然，诸葛诞闻诏后即反。他攻夺扬州，据寿春（今安徽寿县），发淮南、淮北及扬州兵十余万反抗司马昭，并遣子向东吴求援。东吴派将领全怿、全端、唐咨、王祚与文钦率精兵三万，进入寿春城，并复发大军以应之。

司马昭大为震惊，后悔莫及，遂挟魏帝、太后，督诸军二十万讨诞。钟会为主要谋士，从行，司马昭军围攻寿春城半年未下。时吴将全怿弟子全辉、全仪因家内争讼，携母奔魏。钟会献反间之计，司马昭采纳之。于是，假借全辉等名义作书，说："吴中怒怿等不能拨寿春，欲尽诛诸将家，故逃来归命。"（《三国志·钟会传》）全怿、全端等接信恐被诛，率部下数千人出降。城中震惧，由是乖离，很快发生内乱而被攻破。

这次战争，作为主要智囊的钟会谋划居多，故司马昭对其"亲待日隆"，委以腹心之任。钟会也因此被人们视为司马昭之"子房"（张良）。诏书赞其功曰："会典综军事，参同计策，料敌制胜，有谋谟之勋。"（《三国志·钟会传》）战后，钟会功封陈侯，并迁为太仆。但他固辞之，以中郎在司马昭大将军府管记室事。后又迁升司隶校尉，虽为外官，但"时政损益，当世与夺"，无不综典，实为司马昭决策集团核心人物。

钟会还积极策划了对司马氏反对派的打击。因其建议，名士嵇康和士人吕安被司马昭诛杀。

二、西征灭蜀

钟会文武兼备，善于用兵。他一贯力主先灭蜀，后吞吴，统一天下，并有整套作战方略。嘉平元年（249），魏将夏侯霸降蜀时，对姜维说，京师俊士有钟会士季者，"其人虽少，终为吴蜀之忧"（本传裴注《世语》及《晋汉春秋》）。

景元三年（262）司马昭为早日受禅，欲出兵灭蜀。众人"皆言蜀不可伐"，连与蜀军作战多年，时任征西将军都督陇右诸军事的老将邓艾，也认为"蜀未有衅"，不可伐之而"屡陈异议"。独钟会劝之，断定时机成熟，"蜀可取"，并为司马昭分析形势，筹划伐蜀方略。

于是，司马昭下了决心，并向臣下谈及钟会帮助拟定的伐蜀战略，说："自定寿春以来，息役六年，治兵缮甲以拟二虏。今吴地广大而下湿，攻之，用功差难，不如先定巴蜀。三年之后，因顺流之势，水陆并进，此灭虢取虞之势也。"（《资治通鉴》卷七十八）又说："计蜀战士九万，居守成都及备他境不下四万，然则余众不过五万，今绊姜维于沓中，使不得东顾，直指骆谷，出其空虚之地以袭汉中，以刘禅之暗，而边城外破，士女内震，其亡可知也。"（同上）

之后，司马昭开始了伐蜀军事行动。当年冬，任钟会为镇西将军都督关中诸军事，做攻蜀准备。为声东击西，又令青、徐、兖、豫、荆、扬诸州制造船舰，令降将唐咨做浮海大船，声称将伐吴，以迷惑蜀汉。

景元四年（263）夏五月，司马昭下令按预定步骤正式伐蜀。他派邓艾与雍州刺史诸葛绪各统军三万为偏师，从陇右南攻蜀。其中，邓艾自狄道（今甘肃临洮）攻甘松（今四川松潘）、沓中（今甘肃舟曲），牵制为经营陇右而屯田沓中之姜维蜀军主力，诸葛绪则由祁山直取武街桥头，截断姜维归路。钟会率主力十余万人由关中经斜谷、骆谷、子午谷三道南攻汉中。以廷尉卫瓘持节监伐蜀军事，行镇西军司，随钟会军行动。

钟会治军严整。出兵时，他令牙门将许仪在前修整道路，因桥涧穿落马足，钟会追究责任，将许仪斩首。许仪为名将许褚之嗣子，褚有大功于王室，而钟会犹不宽贷，于是诸军莫不震慑。

蜀军后主刘禅采纳姜维建议，令汉中诸围皆不得战，集中兵力退保汉城、乐城。钟会令将军荀恺、李辅各领兵万人围之，自己亲率大军直趋汉中至巴蜀之战略要冲——阳安关口，以护军胡烈为前锋，攻破关城。

姜维已率军冲破诸葛绪军之阻挠，经武街桥头还至阴平（今甘肃文县西北），欲赴阳安关。闻关城已破，遂撤向白水与廖化、张翼、董厥诸援军会合后，退守巴蜀门户——剑阁（今四川剑阁东北）。

钟会军继进，与诸葛绪军会于白水。钟会欲独揽军权，于是向司马昭密告诸葛绪畏缩不进。诸葛绪因此被治罪，其军悉属钟会。钟会军猛攻剑阁，姜维列营守险，钟会久攻而不能克，但已将蜀军主力吸引至剑阁一线。

与此同时，邓艾乘蜀后方空虚之机，偷渡阴平道，袭取江油，接着在绵竹大破蜀之大将诸葛瞻军，阵斩诸葛瞻，消灭了留守军主力，乘胜直取成都。在这种情况下，成都无兵可守，调援兵也来不及，刘禅只好投降，蜀亡。

姜维闻邓艾攻入蜀地，乃引步骑五万回援，东入于巴，西救成都，已至郪县（今四川三台郪江镇）。刘禅遣使令姜维及诸郡县围守均降魏，于是，姜维被迫诣涪（今四川绵阳东）降于钟会。钟会厚待姜维等，暂还其印绶节钺。钟会与姜维关系日益密切，出则同车，入则同席。钟会十分佩服姜维之雄才大略，曾对其长史杜预说："以伯约（姜维字）比中土名士，公休（诸葛诞）、太初（夏侯玄）不能胜也。"（《三国志·姜维传》）

蜀平，钟会立下首功，被封为司徒，增邑万户，二子封亭侯，邑各千户。

诏书称赞其“所向摧弊，前无强敌”“谋无遗策，举无废功”“全胜独克，有征无战，拓平西夏，方隅清晏”。

钟会所惮唯邓艾。时艾据成都以功自矜，“承制专事”，引起同僚的不满。于是钟会与监军卫瓘、将军胡烈等皆向司马昭密告邓艾欲反，司马昭下诏令捕邓艾。邓艾父子被困，遂被收捕，用囚车押赴京都。钟会入据成都，独统大军二十余万，威震西土，他禁止将士抄掠，虚己诱纳，以结交蜀之降官，争取人心。

三、谋叛被诛

钟会深知司马昭阴险猜忌、刻薄寡恩之为人，于是蓄谋在伐蜀中扩大力量以对抗司马昭。钟会利用司马昭的阴狠毒辣来除掉诸葛绪、邓艾，以并其军。司马昭也利用钟会来收拾邓艾，逐个制伏功臣。姜维揣知钟会之意，于是力劝钟会起兵反司马昭，以乘机复蜀。姜维说：“闻君自淮南以来，算无遗策，晋道克昌，皆君之力。今复定蜀，威德振世，民高其功，主畏其谋，欲以此安归乎？夫韩信不背汉于扰攘，以见疑于既平，大夫种不从范蠡于五湖，卒伏剑而妄死，彼岂暗主愚臣哉，利害使之然也。”（《三国志·姜维传》裴注《汉晋春秋》）钟会也自谓功名盖世，威高震主，不可复为人下，加之猛将、贤士、锐卒皆在己手，遂决意谋反。

钟会计划以清君侧为名使姜维率蜀兵五万为前驱，而自将大军随其后，出斜谷，取关中，据长安。之后再令骑士从陆道，步兵从水道，至渭入河，五日抵达孟津（今河南洛阳孟津区），与骑兵会攻洛阳，以定天下。

此时，在夫人王氏、大臣贾充等人劝说下，司马昭也对钟会产生了猜忌。故在令钟会收捕邓艾的同时，又遣中护军贾充将步骑万人，入斜谷，欲据汉中；司马昭则自统大军十万与魏帝西屯长安。这一系列部署，使钟会大为震惊，说：“但取邓艾，相国知我能独办之，今来大重，必觉我异矣！便当速发。事成，可得天下；不成，退保蜀汉，不失作刘备也。我自淮南以来，画无遗策，四海所共知也，我欲持此安归乎！”（《三国志·钟会传》）

景元五年（264）正月十五日至十六日，钟会集其部下护军、郡守、牙门骑督以上将领，及蜀降官于戒备森严之蜀朝堂，为太后发哀；并矫太后遗诏，使钟会起兵废司马昭。钟会将“遗诏”颁示众官后，让大家讨论。事出突然，众将惊诧，他们功成名就，家属又均在北为质，故多不欲反叛，相国左司马夏侯和、骑士曹属朱抚、郎中羊琇等人甚至公开反对，谴责钟会。这一切出乎钟会之意料，使之张皇失措。后来，虽然大多数将领慑于武力威胁，勉强同意此举，但钟会却不敢再放他们回去。之后，即关闭城门、宫门，将军官们扣押在益州统诸曹室中，严兵围守之，只让他们“各内一人”，出取饮食。

当时，有人劝钟会剪除异己，杀掉将领胡烈等，以镇军心。钟会与监军卫瓘商量，卫瓘也怀异心，故坚决反对杀胡烈等。钟会犹豫不决，既怕滥杀引起混乱，又怕不杀他们会策动兵变，拖延三日，一筹莫展。

结果“当断不断，反受其乱”，被扣押的中领军司马贾辅首先散布谣言，对出入取饮食的散将王起说，钟会“奸逆凶暴”，欲尽杀将领与士兵。又说司马昭已率大军三十万西行讨伐钟会，寡不敌众，要将士们起来反对钟会。王起回营后，一夜之间，士卒皆知，军心动荡。钟会采取措施，杀掉了驰马至诸营传播谣言的虎贲张修，但无济于事。而此时被软禁的卫瓘也装病移至外廨，于十七日暮，作檄令诸军共同起来反对钟会。

十八日中午，胡渊因闻钟会欲诛其父胡烈，便率胡烈部下首先起事，擂鼓出门，欲救胡烈。紧接着，诸营将士纷纷擂鼓而出，争先赴城，进攻钟会。“倚梯登城，或烧城屋，蚁附乱进，矢下如雨。”这时钟会急忙发给蜀军武器，欲尽杀所扣押将官，镇压哗变士兵。但时间来不及了，很快乱兵攻进城门，被押将官也乘乱逃出。姜维率钟会亲兵作战，手杀五六人但寡不敌众，最后钟会、姜维均为乱兵所杀。战斗中，将士死者数百人，汉太子、姜维家眷及部分蜀官被害，死伤狼藉。卫瓘令诸将维持秩序，数日乃定，后邓艾也被卫瓘杀害。

事定后，司马昭特赦在蜀之将士，并嘉奖事变中的有功之臣。封夏侯和、贾辅为乡侯，羊琇、朱抚为关内侯，王起为部曲将，张修已死，赐其弟张倚为关内侯（《三国志·陈留王纪》）。

钟会失败的原因，不在其军力不强。当时，他统精锐魏军二十余万，加已降蜀军共计三十万，而司马昭不过十万之众，又草率成军，故钟会北上争天下是有相当把握的。但他与诸军相处日短，尚未得众心；而蜀军新降，难以依靠，故军队一旦不为所用，就可能成为其威胁。又，起事后，钟会犹豫不决，当断不断，既未及时剪除异己以树军威，也未向士兵宣布其意图，以致流言传播，军心动荡，终于一败涂地，不可收拾。（许少斌）

邓　艾

功高震主，死于非命

公元263年十一月的一天，蜀汉国都成都的城门打开了，从城中走出了蜀汉后主刘禅和他的太子、诸王、大臣六十余人，他们捆着双手，车载着棺木，来到魏征西将军邓艾的军营投降。邓艾迎上前去，为他们解去绳索，烧掉了棺木，表示接受他们的投降并不予加罪。由刘备、诸葛亮等人艰苦创立、割据巴蜀四十二年的蜀汉政权就这样灭亡了。给予蜀汉政权致命一击的，就是这位足智多谋、用兵如神的征西将军邓艾。

一、家贫志高，苦读兵法

邓艾，字士载，生于公元 197 年，东汉义阳郡棘阳（今河南新野东北）人。曹操占领荆州时，他家迁居到汝南（今河南上蔡西南）。邓艾自幼就失去了父亲，家境十分贫困，为了维持生计，他小小年纪就去为人家放牛。这个贫贱的牧牛儿内心却有着高远的志向。他十二岁时随母亲去颍川，看到汉桓帝时曾任太丘长的陈寔的碑文中有“文为世范，行为士则”二句，非常倾慕，便把自己的名改为范，字改为士则。后来，因为宗族中有人已取了这个名字，他只好又改用原名。谒者郭玄信因事获罪，回到阳翟（今河南禹州）老家，请典农司马派人为他驾车，典农司马就派邓艾和石苞前去。一路上，郭玄信和他们交谈，感到这两个少年很不寻常，郭玄信很高兴，说他们将来都会位居佐相。

邓艾长大后做了都尉学士，由于他有口吃的缺陷，没能当上干佐，只当了个稻田守丛草吏。邓艾虽然身为微贱的小吏，却怀有非凡的大志，他看到当时三国鼎立，连年争战，便努力钻研兵法。每到高山大泽之处，他总要仔细察看地形，指画着说哪里可以扎营，哪里可以屯兵。周围的人看到这个贫寒的小吏指指画画，俨然像一位大将军在布置军事，都讥笑他，他也并不在意。

二、进献良策，淮南屯田

后来，邓艾当上了典农纲纪，奉使去见太尉司马懿。司马懿与他交谈后，惊奇于他的学识才干，便聘他做自己的属官，后又升为尚书郎。司马懿当时正打算广垦田地，积蓄粮草，为消灭吴、蜀准备军资，便派邓艾去陈（今河南淮阳）、项（今河南沈丘）以东至寿春（今安徽寿县）一带察看情况。邓艾察看了这些地方的农田水利情况后，认为应该兴修河渠，引水灌溉，才能提高农田产量，并且可利用水道运输军队、物资。他写了一篇《济河论》，阐述自己的主张。他又建议司马懿学习曹操当年分兵屯田以积蓄军粮的办法，在淮北、淮南驻兵五万屯田，六七年后就可积蓄三千万斛粮食于淮上，以便顺利伐吴。司马懿对邓艾的建议极为赞赏，便于正始二年（241）开始大修漕渠。漕渠修好之后，每当东南边境有事，魏军便乘船沿漕渠直达淮河、长江，沿途军粮供应充足，再也不必为从陆上运兵、运粮草而耗费人力了。邓艾为司马懿筹划的济河屯田之策为增强魏国军力、做好伐吴准备起了重要的作用。

三、料敌如神，屡建战功

不久，邓艾被任命为南安太守，参加了魏蜀间的战争。自幼好学兵法的邓艾一旦登上战争的舞台，立刻就显示出卓越的军事才干。公元 249 年，邓艾与征西将军郭淮一起抗击蜀国大将姜维的进攻，姜维率军撤退，郭淮便要向西去进攻羌人。邓艾提醒他说：“敌人撤走不远，有可能重新回来，应分出一些军队防备万一。”郭淮便留下邓艾的部队驻守白水北岸。三天之后，蜀军果然折回，姜维派廖化率军从白水南岸架桥，好像要进攻邓艾。邓艾对部将们说：“姜维突然回军，我军兵少，按兵法他该迅速渡河进攻才对，可是他却让廖化慢慢地架桥，这显然是有意让廖化牵制住我们，姜维一定是率兵去东边袭击洮城了。”于是邓艾连夜率军出发，赶到六十里外的洮城，果然姜维正在洮城对岸渡河，邓艾抢先入城据守，使姜维偷袭洮城的计划落了空。由于战功卓著，邓艾被封为关内侯，加讨寇将军。

不久，邓艾又转城阳太守，后又调任汝南太守、兖州刺史。邓艾深深明白发展农业生产对于战争的重要意义，他每到一地，都要大力开垦荒地，奖励农耕，并且亲自下田耕作，“身被乌衣，手执耒耜，以率将士”。他还上书朝廷说：“然农者，胜之本也。孔子曰‘足食足兵’，食在兵前也。上无设爵之劝，则下无财畜之功。今使考绩之赏，在于积粟富民，则交游之路绝，浮华之原塞矣。”（《三国志·邓艾传》）在他的大力倡导下，他所治理的地方荒地都得到开垦，军民丰衣足食。

公元 254 年，高贵乡公曹髦即位，邓艾进封方城亭侯。公元 255 年，在讨伐毌丘俭、文钦叛乱，抵御吴军入侵的战争中，邓艾又立下战功，进封方城乡侯、行安西将军。蜀国大将姜维出兵狄道（今甘肃临洮），魏雍州刺史王经兵败被围。邓艾率兵击退姜维，解了狄道之围。魏军诸将都认为姜维经此挫败，已势穷力竭，不会再出兵东进了，但邓艾却不以为然。他分析了敌我形势，认为姜维一定会再次来犯，下令全军严加戒备。果然不出邓艾所料，姜维不久又率兵向祁山大举进攻，他看到邓艾早有防备，便回军从董亭进攻南安。邓艾据守武城山防御，双方抢夺有利地形，姜维没有得手，便连夜渡过渭水，沿山路向东面的上邽（今甘肃天水）进军。邓艾率军在上邽南面的段谷（今甘肃天水东南）与姜维激战，大败姜维，蜀军伤亡惨重。姜维遭此挫败，自请降职为后将军。段谷之战，邓艾以少击众，大破姜维，声威大振，朝廷特下诏书褒奖，任他为镇西将军，封邓侯。公元 257 年，姜维又出兵秦川，邓艾在长城抗击姜维，姜维退还。公元 262 年，邓艾又在侯合击败姜维，姜维退守沓中（今甘肃舟曲以西、岷县以南地区）。姜维是一位智勇双全的统帅，诸葛亮曾称赞他“甚敏于军事，既有胆义，深解兵意”（《三国志·姜维传》），他继承诸葛亮遗志，致力北伐，多次进攻陇右，使魏国“民夷骚动，西土不宁”。自从邓艾驻军陇右，姜维就遇上了一个可怕的对手。姜维足智多谋，善出奇兵，而邓艾总是料敌如神，先期制敌，使得多谋善战的姜维屡次败在他的手下。此后，蜀军也无力出击，全面伐蜀的条件成熟了。

四、攻敌不备，偷渡阴平

公元 263 年秋，司马昭调集各路兵马，大举伐蜀。魏军兵分三路，一路由司马昭的亲信智囊镇西将军钟会率兵十万，从斜谷、骆谷进攻汉中；一路由雍州刺史诸葛绪率兵三万，进军阴平、桥头，截断姜维还蜀之路；一路由邓艾率兵三万，进攻甘松、沓中的姜维军队。从司马昭的安排来看，很明显是想把灭蜀的大功让钟会来得，给邓艾的任务只是替钟会牵制姜维。邓艾受命之后，即派天水太守王颀等进攻姜维大营，另派陇西太守牵弘等拦截姜维的退路，又派金城太守杨欣进攻甘松。姜维得知钟会攻占汉中后，立刻率军还蜀，杨欣等率军追赶，在强川口大战一场，姜维败走。姜维巧施调虎离山计，使奉命断他后路的诸葛绪扑了个空。蜀军得以经过桥头东归，与刘禅派来接应的廖化、张翼会合，据守剑阁天险。钟会率军进攻剑阁，蜀军据险坚守，钟会久攻不克，粮草又接济不上，只好准备撤回。司马昭精心制订的灭蜀计划眼看就要夭折。这时，足智多谋的邓艾提出一个出奇制胜的计划，他上书朝廷说：“现在敌人败退，正应乘胜进击。从阴平抄小路经过汉德阳亭直取涪城，离成都就只有三百多里了。这样出奇兵直捣敌人心脏，剑阁守敌必然回军救涪，那钟会大军就可长驱直入了。如剑阁守敌不还，那涪城守敌就不堪一击，我军就可攻下涪城、直取成都。兵法上说‘攻其不备，出其不意’。我们奇袭敌人的空虚之处，必定能够攻灭蜀国。”邓艾决计从阴平古道奇袭蜀国，便整训军队，挑选精锐，并邀诸葛绪一道进军。诸葛绪认为这不是自己分内的任务，拒绝参加，邓艾便率领自己的三万孤军踏上了伐蜀的征途。

从阴平到江油七百多里，都是荒无人烟的崇山峻岭、深谷绝壁，邓艾率领将士们凿山开路架桥造阁，一路上历尽艰险。粮食也接济不上，情况非常危险。六十六岁的邓艾处处身先士卒，用自己的勇气激励将士，在一处无路可行的绝壁前，邓艾用毡裹住身体，率先从山上滚了下去，将士们看到主帅这样，个个奋勇争先，攀木缘崖而进。经过二十多天的艰苦跋涉，邓艾终于率领自己的部队进抵江油城下。邓艾对着疲惫不堪、缺衣少食的部下大声激励道：“现在，我们已经没有退路了，前面的江油城中粮食很多，攻下江油就可以得生，后退只有死路一条，大家都要拼命进攻！”将士们齐声应道：“愿决一死战！”邓艾便率军进攻江油。

五、苦战灭蜀，安抚降众

驻守江油的蜀军以为魏军还被姜维阻挡在剑阁，看到邓艾突然兵临城下，大为惊慌，江油守将马邈投降。蜀国卫将军诸葛瞻听到邓艾兵至江油，立刻从涪城进军绵竹，准备拦击邓艾。邓艾占领江油后，迅即向绵竹进发，正遇诸葛瞻在此列阵迎候。邓艾命令儿子邓忠和部将师纂分两路进攻蜀军，结果战败退回，二人对邓艾说：“敌人还很强大，现在不能进攻。”邓艾大怒，呵斥道：“我军生死存亡，在此一举，还有什么不能进攻呢！”并欲将二人斩首，邓忠和师纂只得回身再战，拼命进攻，终于大破蜀军，蜀军主将诸葛瞻和儿子诸葛尚、尚书张遵都被魏军杀死。邓艾乘胜前进，进军雒城（今四川广汉），蜀国都城成都已经遥遥在望了。

蜀汉后主刘禅听到诸葛瞻战败、邓艾兵临雒城的消息，大为震惊，慌忙召集群臣商议，刘禅采纳了谯周的建议，派使者带着降书和自己的印玺、绶带到雒城向邓艾请降。公元 263 年十一月，邓艾率军进入成都，割据巴蜀四十二年的蜀汉灭亡了。

邓艾灭蜀后，立刻采取一系列措施安抚蜀国君臣百姓。他严格约束军队，禁止掳掠，对降顺的蜀国百姓都让他们各安旧业，蜀国百姓称颂不已。邓艾仿效东汉刘秀的大将军邓禹平定河东时的做法，承制拜刘禅行骠骑将军，刘禅的太子、诸王也都拜为奉车、驸马都尉。对蜀国的官吏们也按其官职高低任命为魏国的官吏，或用为邓艾自己的僚属。邓艾下令在绵竹筑台为京观，以显扬自己的战功，将战死的魏兵和蜀兵一起埋葬。邓艾一举灭蜀，不免有点居功自傲，他对蜀国的降官们说："你们幸而遇到了我，才得有今天。如果遇上吴汉这样好杀的人，早都被杀光了。"又说："姜维本为一代雄才，但他碰上我就无计可施了。"有见识的人都暗暗讥笑他的矜夸。这年十二月，朝廷下诏书褒奖邓艾，称赞他："兵不逾时，战不终日，云彻席卷，荡定巴蜀。虽白起破强楚，韩信克劲赵，吴汉擒子阳，亚夫灭七国，计功论美，不足比勋也。"（《三国志·邓艾传》）进封邓艾为太尉，增邑二万户，并封其二子为亭侯，各食邑千户，邓艾的功业达到辉煌的顶点。

六、忠信见疑，蒙冤受诛

深谋远虑的邓艾在平定蜀国之后，又开始考虑灭吴的大计了。他建议司马昭"因平蜀之势以乘吴"。为使吴国早日归降，他主张在灭吴之前先不要把刘禅送往京城洛阳，以免给吴国造成归降之君要遭流徙的印象，不利于吴国的归降。他上书司马昭，请求封刘禅为扶风王，封其子为公侯。司马昭对邓艾在蜀地凡事自作主张很不高兴，便让监军卫瓘告喻邓艾"凡事都必须先请示，不应自己随便处置"。邓艾受到这个指责后，不但没有认错，反而再次上书司马昭，说自己承制拜刘禅等事都是为了安抚降附者之心，并为自己的做法辩解说："《春秋》之义，大夫出疆，有可以安社稷、利国家，专之可也。今吴未宾，势与蜀连，不可拘常以失事机。兵法，进不求名，退不避罪，艾虽无古人之节，终不自嫌以损于国也。"（《三国志·邓艾传》）这就招致猜忌成性的司马昭更深的疑忌。这时，一直忌惮邓艾的钟会便乘机向司马昭进谗言，诬陷邓艾谋反。司马昭立刻下令收捕邓艾。司马昭怕邓艾反抗，便命钟会进军成都，监军卫瓘先到邓艾军营，向邓艾的军队宣读了司马昭的手令，将士全部都放下了武器，表示服从。于是，邓艾被关进囚车。邓艾被捕之时，不禁仰天长叹道："艾忠臣也，一至此乎？白起之酷，复见于今日矣！"（本传裴注《魏氏春秋》）

邓艾被收捕后，钟会进入成都，便与姜维策划反叛，结果激起兵变，钟会和姜维都为乱兵所杀。这时，邓艾的囚车刚离开成都，邓艾的部下见钟会已死，便追上囚车，救出邓艾，迎他回成都。监军卫瓘闻讯，便派田续去追邓艾。田续本是邓艾的部将，因在江油之战中畏怯不前，几乎被邓艾斩首，卫瓘这时便激田续说："这下，你可以报江油之辱了！"田续率兵出发，在绵竹西边赶上邓艾，邓艾和儿子邓忠都惨遭杀害。功勋盖世的一代名将，落得个如此悲惨的结局。

七、段灼上疏，邓朗授官

公元 265 年，司马昭之子司马炎建立晋朝，大赦天下，下诏书说："征西将军邓艾，矜功失节，实应大辟。然被书之日，罢遣人众，束手受罪，比于求生遂为恶者，诚复不同。今大赦得还，若无子孙者听使立后，令祭祀不绝。"（《三国志·邓艾传》）公元 261 年，议郎段灼上疏朝廷，为邓艾申冤。段灼认为邓艾"心怀至忠而荷反逆之名，平定巴蜀而受夷灭之诛"，实在是天大的冤枉。他指出邓艾为国家不辞劳苦，不避死地，立下不朽功勋，却遭到钟会诬陷，"忠而受诛，信而见疑，头悬马市，诸子并斩，见之者垂泣，闻之者叹息"。他建议朝廷"宜收尸丧，还其田宅，以平蜀之功，绍封其孙，使阖棺定谥，死无余恨"。但刻薄寡恩的司马氏政权始终不肯昭雪邓艾的冤案，直到段灼上疏的六年以后，司马炎才下了一道诏书："艾有功勋，受罪不逃刑，而子孙为民隶，朕常愍之。其以嫡孙朗为郎中。"（段宪文）

杜　预

不会骑马的军事家

公元 280 年，晋军一举灭吴，结束了三国鼎立的局面，中华大地又获得了暂时的统一。在这次统一的战争中，西晋名将杜预发挥了举足轻重的作用。

杜预，字元凯，京兆杜陵（今陕西西安）人。出身世家望族，他的祖父杜畿在魏时为尚书仆射，父亲杜恕任幽州刺史，妻子是魏文帝曹丕之妹高陆公主。杜预少有大志，又博学多通，于经济、政治、军事、历法、律令、算术、工程诸方面均有造诣，几乎无所不知，无所不能，时人美称其为“杜武库”。

司马氏代魏，杜预先守河南尹，参与《晋律》的修订并进行注释，又对官吏的考课制度改六年一评为每岁一考，这样，“积优以成陟，累劣以取黜”（《晋书·杜预传》），事不淹迟，人无失察，赏罚分明，用人合度；后任度支尚书管理财政，提出五十多条措施，都被采纳实施，效果显著。他在朝为官七年，补偏救弊，损益万机，朝野无不称美。公元 278 年，首创伐吴大计的名将羊祜病卒，死前举荐一贯力主伐吴的杜预自代。杜预继羊祜为镇南大将军，都督荆州诸军事后，其杰出的军事才华得到了施展。

杜预接替羊祜坐镇襄阳，一上任就以迅雷不及掩耳之势，派遣精兵出其不意，进攻西陵。东吴名将张政猝不及防，吃了败仗，一大批将士被俘。张政怕受到吴主孙皓严责，不敢把败绩如实上报。杜预却特地派人把俘虏押送到建业归还孙皓，孙皓对张政隐瞒军情一事大发雷霆，将张政调离西陵，另派能力不强的留宪来镇守西陵，这正中了杜预的离间之计，为灭吴搬掉了第一块拦路石。大军压境的前夕，孙皓误换边将，表现了他的昏庸，所以杜预深感伐吴的时机已经成熟，他求战心切，主张坚定，旬月之内，连上两表，终于坚定了晋武帝伐吴的决心。

晋武帝雄心勃勃，很早便“密有灭吴之计”，但因以太尉录尚书事的贾充为首的保守派竭力反对，多方阻挠，所以他伐吴的决心迟迟未下。杜预在表中认为，东吴内部极不稳定，力量薄弱，及时伐吴，“有万安之举，无倾败之虑”，如或迟疑，恐坐失良机，孙皓也会怖而生计，加强战备，修固城池，坚壁清野，疏散百姓，到那时伐吴，自会困难更大，阻力倍增。杜预还指责那些干扰和破坏伐吴的人，说他们完全是出于私心，考虑的是个人的功过得失，而不是国家的长远利益。杜预再次请战的奏疏送到时，适值中书令张华与晋武帝在下棋，武帝读毕奏疏，心已有所动；这时，张华推开棋盘对武帝说：“陛下圣明神武，朝野清晏，国富兵强，号令如一。吴主荒淫骄虐，诛杀贤能，当今讨之，可不劳而定。”（《晋书·杜预传》）这样，晋武帝终于下定决心，在公元 279 年的十一月，部署六路兵马，全线出击，大举攻吴。命镇军将军司马伷出涂中（今安徽滁河流域），安东将军王浑出江西，建威将军王戎出武昌（今湖北鄂州），平南将军胡奋出夏口（今湖北武汉），镇南将军杜预出江陵，龙骧将军王濬、广武将军唐彬率巴蜀之众，作为奇兵，顺江而下，声势浩大的灭吴统一战争，从此全面展开。

太康元年（280），杜预出兵江陵，一路上战无不捷，攻无不克，旬日之间，累克城邑，大获胜利。这时，王濬的水军也连战连胜，先打下了东吴军事重镇西陵，杀了都督留宪；接着又拿下荆门、夷道，一路顺风地直逼东乡、江陵，来和杜预会合。在王濬的部队来到东乡之前，杜预先派部将周旨率领八百精兵，绕道而行，于深夜偷渡长江，在巴山虚张旗帜，燃起大火，好似千军万马占领了江防要地。吴军为之丧胆，都督孙歆咋舌惊叹道："北来诸军，怕不是飞渡长江的吧！"紧接着，吴军仓促迎战晋军，被晋军打得一败涂地。在溃退回城时，周旨他们乘乱混进了城里，直入军营，活捉了孙歆并占领了东乡，截断了江陵守敌南逃的归路，为全歼江陵吴军做好了准备。因为杜预足智多谋，出奇制胜，所以军中称赞他"以计代战一当万"。

杜预的大军包围江陵后，坚守江陵的吴军都督伍延假说要投降，实际把精兵埋伏在城楼上的矮墙里，企图等晋军入城时袭杀杜预。不料杜预不为所骗，急令继续攻城。不久城破，伍延被杀，江陵落入晋军手中。由此，杜预军威大振，沅水、湘水以南，零陵、桂阳、衡阳，直到广州，守令皆望风归降。杜预持节安抚，秋毫无犯，继而又挥师挺进，攻战武昌。打下武昌以后，杜预召集各路诸将商讨进取建业之策。在晋军所向披靡、节节胜利之际，有人却反对乘胜进兵，"百年之寇，未可尽克"，又说雨期将至，疾疫必起，因此要求偃旗息鼓，班师回朝。如果这种意见占上风，伐吴统一之举势必半途而废，功亏一篑。这时，杜预却说："昔日乐毅籍西一战遂并强齐，现在兵威已振，势如破竹，数节之后，皆迎刃而解，怎么能在这时退兵罢手呢？"他毫不迟疑，当机立断，指挥大军径趋秣陵（今江苏南京江宁区），步步进逼吴都建业（今江苏南京）。事实证明，杜预多谋善断，料敌制胜，具有大将的智慧和气魄，原来主张班师的人都向他深表歉意。

杜预攻克武昌以后，就受命去收复东吴南方的大片地区，包括今湖南、广东、广西、云南、贵州和江西一带，最后攻取建业。迫降孙皓的是王濬的水军。而王濬能趁胜进击，一鼓作气灭了孙吴，和杜预的支持及鼓励分不开。起先，晋武帝命令王濬攻下建平以后受杜预节制，杜预主动推辞说："如果王濬攻克建平，沿江东下，声威大震，不宜让他再受制于我；如果攻不下建平，也就无法受我节制。"攻下江陵后，杜预又分兵给王濬，以壮大他东下的实力。在王濬拥舟东下、直指建业途中，晋武帝又令王濬受安东将军王浑节度。王浑屯兵江北，并不准备前进；假如王濬听从王浑，对吴国发动的最后进击也就要被迫停止。杜预写信鼓励王濬说："将军已经攻破了东吴西边的防守，应当顺流而下，直接向建业进军，去征伐几辈子的叛逆，拯救吴人脱离火坑。将来得胜还朝，也是一生的大好事。"王濬见信大喜，修表向武帝呈上杜预的信，随即顺流放樟，麾师东下。大军经过三山时，王浑还想以召王濬议事为名阻其东下。王濬因受到杜预的激励，所以并不停留，派人告知王浑"风大不得泊船"，就乘其锋锐，举帆直奔建业。在强大的攻势面前，吴主孙皓不得不肉袒面缚，衔璧牵羊，衰绖舆榇，率兄弟子侄二十一人，出门拜降。至此，魏、蜀、吴三国分立的局面彻底终结，晋王朝的全国统一胜利实现。

在整个伐吴战役中，杜预在关键时刻都发挥了重要作用：伐吴之始，晋武帝举棋不定，是杜预连上战表，再三恳求，加上张华的力谏，使伐吴之役得以提前进行；战争进行之中，杜预先出奇兵，配合王濬攻下东乡，占领江陵，后在众将犹豫彷徨、不敢继续进兵，眼看伐吴之业要毁于一旦之际，他力排众议，一面上表武帝，据理力争，指明平吴已是旦夕之事，不可中道停止，促成武帝下进一步进兵的命令；又不失时机地指挥大军趁势进击，激励王濬直捣建业，终成大事。论功行赏，杜预被封为当阳县侯。

灭吴以后，杜预仍镇守襄阳，他关心民瘼，注重农桑，引滍、淯诸水灌溉原田万余顷，公私皆利，黎民感德，尊他为"杜父"。他又于扬口开渠千余里，引夏水达于巴陵，内泻长江之险，外通零桂之漕，湖广一带作歌谣赞颂他："后世无叛由杜翁，孰认智名与勇功。"晚年，他摒弃名利，潜心著述，完成《春秋经传集解》《春秋释例》《盟会图》《女记赞》等书，为我国学术文化的发展做出有益贡献。公元 284 年，杜预被征为司隶校尉，在赴任途中因病而卒，年六十三岁，死后追谥征南大将军。（俞樟华）

王　濬

古稀之年威震江东的灭吴老将

俗话说“分久必合”，中国自东汉末年分裂了九十年后，天下又出现了统一的趋势。公元 278 年，晋武帝司马炎兵分六路；公元 280 年，一举灭掉了三国中最后一个偏安政权东吴，实现了中国的统一。六路大军中最西一路是来自巴蜀的水军，其统帅便是才兼文武的王濬。

一、志大才高羊公许

王濬，字士治，小字阿童。弘农湖县（今河南灵宝西）人。生于建安十二年（207），其童年时期，东汉政权在曹操的苦心经营下，东征西讨，逐渐削平割据势力，北方趋于统一；积谷屯田，日益恢复中原往日的繁盛，社会比较安定。加之王濬生在“家世二千石”的世家大族（《晋书》本传。以下引文不注出处者俱见本传），故自幼便“博涉坟典”，具有较广博的知识和较全面的才能。不过，他也习染了一些当时纨绔子弟的放荡习气，为人“美姿貌”而“不修名行”，被乡里鄙视。好在后来浪子回头，养成了他“疏通亮达，恢廓有大志”的优秀品质。

曹魏时，濬通过征辟步入仕途，一开始便以清正廉洁著称。初为河东郡（今山西夏县西北）从事官，治下的“守令有廉洁者，皆望风自引而去”，深得凉州刺史徐邈的赏识。这徐邈，就是曹操时犯酒禁，醉后自称“酒中圣贤”，引得曹操大怒的那个尚书郎，性极旷达诙谐。据说徐邈有女才貌双全，性情娴淑，正待字闺中。一天，徐邈大会僚佐，要女儿在帘内自选一个如意郎君，结果王濬当选，成为刺史大人的东床快婿。这说明王濬声名广播，闻于闺闼。

另一个对王濬有知遇之恩的是西晋重臣羊祜。羊祜博学能文，身为将军，“在军中常轻裘缓带，身不被甲”，俨然儒将风采，世称“羊公”，助武帝代魏，内掌机要，外典名邦。武帝为了灭吴，特委羊祜都督荆州诸军事，累迁为征南大将军。王濬入幕做参军。当时有人在羊祜面前诋毁王濬说：“濬为人狂妄，不拘小节，应对他有所节制，不当使其独任一面。”羊公却认为：“濬有大才，必有可用，正应帮助他实现理想。”（《晋书·羊祜传》）便提升他为车骑从事中郎，为时望所重。其后又多次保荐王濬，为他仕途亨通、建功立业铺平道路。

二、政通人和扫民瘼

心存大志，关心民间疾苦，是王濬一生从仕的特点。他在做巴郡（今重庆江北区）太守时，因地界吴边，战事纷纭，兵士苦役，民间“生男多不养”，存在严重的杀婴现象，弃儿溺婴，不仅极不人道，更有甚者，数十年之后，国家将无兵可征，无税可调！王濬感民疾苦，遂“严其科条，宽其徭课”，明令凡生儿育女之家，都免除赋役，鼓励生养，赖以成活者达数千之多。十数年后，王濬领兵征吴，这些婴儿已长成青壮之年，他们的父母告诫儿子：“王府君全活了你们，你们应当勉力效忠，不要贪生怕死！”这些兵士成了军中克敌摧坚的主力。

王濬继而转雒县（今四川广汉）做广汉太守，在那里也是“垂惠布政，百姓赖之”，后升迁益州（今四川成都）刺史。据说王濬在雒县时，夜里曾梦见三刀挂在卧室梁上，一会儿又益一刀，醒来心甚不安，有人解释说：“三刀为州字，益一刀，是为益州，明府将升为益州刺史吧。”说来也巧，后果然应验升为益州刺史。后来“三刀”“梦刀”便成了官吏升迁的嘉话了。王濬到益州时，正值张弘等人起事，前任刺史被杀，人声汹汹，无一宁日。濬到后设方略，出奇兵，尽戮弘等，秩序复旧。益州的西南两面都是少数民族。华夷之分，有史俱存，如何处理好各民族间的关系，是历史上用以安边辑壤的重要问题，也成了衡量国家治否、官吏贤愚的重要标志。王濬镇蜀，“修饰政令，内称治理，又怀辑殊俗，待以威信，蛮夷徼外，多来归降”，一时间外境亦被怀柔。

三、造舰灭吴“水中龙”

由于王濬在蜀颇有治声，因而朝廷征之将拜右卫将军，除大司农。羊祜素知王濬有大志奇略，又认为伐吴大业，必借长江上流高屋建瓴之势，因而密奏，请留王濬继续镇蜀。皇帝从之，并令王濬在蜀中修造战舰，做顺流东下的准备。羊祜这一建议，是使王濬将功业推向顶点的重要契机，也是后来西晋波澜壮阔灭吴之役中最壮丽景观的重要谋划。

王濬既领命，不负朝野所望，发挥聪明巧思，七年之间，建造了大量的船只。长江水急浪高，行船颠簸多险，王濬便多造大船，并两两相连，构成复体巨舰，宽百二十平方步（六尺为步），可容两千余人。这种双体船，保证了在长江舟行的平稳。王濬又在船上用木头筑城，起楼橹，四面开门，可骑马出入，俨如水上堡垒一般。还在船首画鹢鸟怪兽以壮声威。史称“舟楫之盛，自古未有”。

王濬在蜀中造船，碎屑木片盖江蔽水而下，吴国朝野上下，尽皆耸动。吴建平（今重庆巫山）太守捞取这些木片献给吴帝孙皓。提醒他：晋必是在蜀造船，恐为吞吴之计，要求加强西边建平的防御。民间也盛传着“阿童复阿童（王濬小字阿童），衔刀（谓益州）浮渡江。不畏岸上兽，但畏水中龙”的童谣（《晋书·羊祜传》)。可见王濬既已治称域内，亦复声闻敌国了。

不久，朝廷拜王濬为龙骧将军，监梁州、益州诸军事，正式委以伐吴方面的重任。

四、楼船万里平金陵

司马氏集团自公元263年灭蜀以来，积极准备吞灭东吴，内修政理，民康国丰。又派羊祜、杜预相继屯于吴边，他们在那里怀民修德，举动得吴民欢心。王濬又常年造船于蜀，做好了从长江上游攻吴的准备。西晋统一全国的条件日趋成熟。至于东吴，此时经过长期宗室间争权夺位的内争，力量大为削弱，末帝孙皓又昏庸残暴，上下离心，人民怨苦，毫无战斗力。只是司马氏代魏，需要时间安定内部，才暂时搁下东吴未取，使之得以苟延残喘二十余年。早在公元276年，羊祜便已上书请战。由于朝臣意见不一，未能果行。公元278年，王濬认为统一大业已成必然之势，伐吴已到了不能再拖的时候了，于是上书切谏，力陈机不可失。接着，杜预也上书请缨。司马炎遂决计兴师。十一月间，发兵二十万，水陆六路，在东西千余里的战线上，同时出击。自东而西，司马伷向涂中（今安徽滁水流域），王浑向牛渚（今安徽当涂西北），王戎向武昌（今湖北鄂州），胡奋向夏口（今湖北武汉武昌区），杜预向江陵（今湖北江陵），王濬率师乘舰，浮江东下，接应诸路。

东吴人心涣散，晋军所向披靡。杜预、王浑一路克捷。水路的王濬，进军更为壮观。先时，孙皓听中常侍岑昏之计，利用江南多铁和长江天险的优势，打连环索百余条，长数百丈，每环重二三十斤，在沿江险滩峡谷之处横江锁栏。企图用铁链拦住晋船，又用铁锥刺破万一越过铁链的战舰。这严重地威胁着晋军舟师的顺利行进。不过，战前羊祜已得吴间谍，俱知吴人江防情状。有鉴于此，王濬造大木筏数十方，上缚草人，披甲执杖，立于周围，令善水者乘筏先行，吴兵见之，以为活人，望风而逃，暗锥着筏，尽提而去。又在筏上做巨型火炬，长十余丈，大数十围，以麻油灌注，置于大筏前面，遇锁链，燃炬烧之，须臾皆断。于是船无所阻，乘风破浪而前，“所到则土崩瓦解，靡有御者”（《三国志·孙皓传》)。一路上破西陵（今湖北麻城南），下荆州（今湖北松滋东），取乐乡，兵不血刃，攻无坚城。濬又与胡奋、王戎，水陆齐进，克夏口，拔武昌，顺流鼓棹，直逼建业（今江苏南京）。

当时，东吴宰相张悌率领的御敌主力已被晋中路军王浑部所破，悌亦战死。张象所率迎战王濬的水师万人，又望旗而降。晋东路军也近逼建业。孙皓穷蹙无计，又闻王濬水师“旌旗器甲，属天满江，威势甚大，莫不破胆”，只得派遣使者，赍书乞降。公元280年三月，王濬率师八万入驻石头城，孙皓“备亡国之礼”，乘着素车，驾起白马，“肉袒面缚，衔璧牵羊”，士大夫穿起衣服，抬着棺材，请降于王濬营门之下。正如刘禹锡《西塞山怀古》所咏：

王濬楼船下益州，金陵王气黯然收。
千寻铁锁沉江底，一片降幡出石头。

王濬接受孙皓的投降，并且送他到洛阳，晋帝封他为归命侯。濬又“收其图籍，封其府库，军无私焉”，接管了东吴国库的财产。于是，割据江东五十九年，传位四帝三世的东吴政权，至此宣告结束。中国终于又归于统一。

王濬因首入石头第一功，拜辅国大将军，领步兵校尉，并封襄阳县侯，食邑万户。继转镇军大将军，后又迁抚军大将军。太康七年（286）卒，享年八十，谥曰武。（舒大刚）

司马懿

隐忍半生，终成三国赢家

司马懿，出身士族，多谋略，善权变，初为曹操主簿，任太子中庶子，为魏文帝曹丕所信任，魏明帝时任大将军，多次率军与蜀汉诸葛亮对抗，为魏重臣。曹芳即位，司马懿受遗诏与曹爽共同辅政。嘉平元年（249），司马懿杀曹爽，专国政，奠定了西晋禅代的基础。死后其子司马师、司马昭相继专政，至其孙司马炎代魏称帝，建立晋朝，被追尊为宣帝。司马懿终其身为曹魏大臣，故选为本书殿卷。由于写《三国志》的陈寿是西晋人，不敢在《三国志》中为司马懿立传，故缺。

一、汉魏禅代的积极拥护者

司马懿，字仲达，河内温县（今河南温县西南）人，出身于一个东汉以来累世二千石（郡太守）的地方豪族。先祖原属以“传剑论显”的“将种”，到他父亲司马防时才开始讲究儒学礼法。此后，司马懿父子便以“传礼来久”的儒门望族自居，来增添自己的身价。司马懿早年当过本郡的郡吏，到了建安十三年（208）曹操晋位丞相后，才提拔他为相府文学掾，时年二十九。晋代的史官为替司马氏代魏辩解，就说司马懿早年曾忠节于汉，坚决不肯出仕于曹操，而是在曹操派遣刺客威胁下才被迫应聘的。其实在曹操挟汉献帝定都许昌的前后，司马懿的父亲司马防、兄司马朗、堂兄司马芝先后都投靠曹操，并受到重用。河内司马氏与曹操的关系并不坏，所以司马懿辟文学掾后便得以迅速迁升，“迁黄门侍郎，转议郎，丞相东曹属，寻转主簿”（《晋书·宣帝记》)。其中东曹属主管人事，主簿综理丞相府的庶务，都属亲重的职务，绝不像是曹操政治上的反对派。何况征辟前司马懿乃一默默无闻的郡吏，不出仕对曹操构成不了什么威胁，曹操完全没有必要派刺客去胁迫他出来做官。

《宣帝纪》说司马懿年轻就获得“聪亮明允，刚断英特”的美誉，被当代名士杨俊、崔琰视为“非常之器”，但从有关的记载却看不到他早年有什么事迹。当时，曹操身边聚集了不少才智之士，他连贾诩、刘晔都比不上，像荀彧、郭嘉等一流人物就更不必说了。然而，司马懿不失为一个思虑深沉的政治家，他善于审时度势，在曹操父子与东汉帝室的权力斗争中，始终坚定地站在曹氏一边。他之所以会发迹，乃在于促进汉魏的禅代。建安二十五年（220），吴蜀联盟破裂，孙权上书向曹操称臣，劝曹操称帝。司马懿就不失时机地对曹操陈说天命，说曹操称帝完全符合“天人之意”。曹操害怕沾上“篡逆”的恶名，不敢称帝，却想当周文王，准备让儿子曹丕来建立新的王朝，因而早就着手替曹丕选择了几个政治上可靠的助手。司马懿是其中之一。在相府任职时，曹操就让他与曹丕“游处”，到曹丕立为世子后，又任命他为“太子中庶子”，与陈群、吴质、朱铄同列为曹丕的“四友”，都属曹丕智囊团中的主要人物。曹操死后，曹丕继位，禅代的紧锣密鼓就敲响了。司马懿被提升为丞相府长史，随后曹丕担心军队不稳，便任命司马懿为“督军御史中丞”，这是一种为应急临时设置的官职，就是让他以“御史中丞”的身份去监视那些带兵的将领。接着，司马懿又以“督军御史中丞”率领一批朝臣上表劝进，过了十七天，曹丕就登上皇帝的宝座。司马懿因翼戴有功，魏朝建立后，就成了曹丕的心腹大臣。黄初五年（224），曹丕出征吴国，委司马懿以抚军将军、录尚书事留守许昌，代他总揽后方的行政和军事。此后，凡是曹丕出巡或出征，都由司马懿坐镇。曹丕病危，又被列为托孤顾命的辅政大臣，开始跻入魏朝的上层领导核心，这时他已四十八岁了。司马懿前半生致力于促成汉魏禅代，并没有什么异常的建树。

二、一生战功

司马懿建功立业是在他的后半生。黄初七年（226）七月曹叡继位，司马懿以顾命大臣晋升为抚军大将军，统领禁军。就在这一年的八月，吴国出兵围攻襄阳，曹叡令司马懿率兵去解围。司马懿到达襄阳时，吴将诸葛恪已退走，曹叡改封他为骠骑大将军，都督荆、豫二州军事，让他坐镇宛城，主持荆州地区的对吴作战。但在他镇宛城的四年中，魏、吴只在淮南地区打了一仗，襄、樊间没有发生大规模军事冲突，司马懿的战功，乃是镇压了新城（今湖北竹山）太守孟达的反叛。

孟达原是蜀国房陵郡（今湖北房县）的守将，于黄初元年（220）献城降魏。曹丕为广招降人，特合房陵、上庸、新城三郡为新城郡，用孟达为太守，让他带领旧部屯驻上庸。曹丕死后，孟达在朝中失去靠山，心不自安，诸葛亮就乘机派人去进行策反。太和元年（227）冬，孟达准备起兵叛魏，配合蜀军，进攻洛阳。这时，镇守宛城的司马懿得到孟达的部将申议的告密，便先发制人，迅速出兵包围了上庸。经过十六天的攻城，孟达的部将开门献城。孟达被擒，叛乱很快就平息了。

孟达的叛变，对魏、蜀双方来说都是一件大事。孟达叛变是诸葛亮实现分兵伐魏的一个千载难逢的机会，因此就在孟达叛魏的同时，诸葛亮率领蜀军攻祁山。假使不是司马懿迅速出兵，而让孟达叛魏得逞，率军直捣洛阳，魏国的形势就非常险恶了。

在这次战役中，司马懿用兵迅速、果敢，获得了成功。诸葛亮事先就预料到司马懿会起兵镇压，并且派使者去告诫孟达要小心防备。可是，孟达认为宛城离洛阳八百里，离上庸一千二百里，司马懿起兵要先上奏朝廷批准，包括使者往返的路程，估计荆州兵起码要一月才能到达新城，这时他已进军洛阳了。但司马懿看到形势危急，就不经朝廷批准而直接出兵镇压，还倍道兼程，以日行军一百五十里的速度，在八天内就包围了上庸城，使孟达措手不及。这是司马懿为魏国立下的第一个战功，显示了他政治家的胆略。

在镇宛期间，公元 230 年，司马懿还配合曹真进行过一次伐蜀。但魏军一入蜀境，就立即遇上连绵的大雨，曹真、司马懿只得各自退回原防。这次伐蜀，可谓是劳而无功。

太和五年（231）三月，曹真病死，值诸葛亮进攻陇西，魏明帝曹叡起用司马懿为大将军，都督雍、凉二州诸军事，屯守长安，代曹真主持对蜀的战争。司马懿与诸葛亮正面交锋就是从这年开始的。这次，诸葛亮出兵围攻魏国祁山大营的守军，曹叡令司马懿率车骑将军张郃、雍州刺史郭淮等前往解围。从力量对比看来，魏兵力方面是占了优势，同时蜀军方面还有一个致命的弱点，就是补给线太长，粮食接续不上。诸葛亮之所以选择三月出兵陇西，就是打算以抢割当地正在成熟的麦子来补给军粮。曹叡深知蜀军的弱点。故在出兵的前夕，就告诫司马懿不要轻易与诸葛亮交锋，只监视蜀军，阻止其抢割麦子，就能迫使蜀军不战而退。上邽（今甘肃天水）是魏国有民屯的县，故司马懿特令部将费曜、戴凌等率精兵前往防守，而自率大军去解祁山之围。但诸葛亮远非孟达可比，他获悉魏军将至，即分兵坚守祁山的蜀营——南围，而自率主力部队去抢割上邽的新麦，沿途击溃了郭淮、费曜等人的阻拦，进围上邽，同时割麦，迫使正在围攻祁山蜀营的司马懿不得不撤兵赶来救援。司马懿就在上邽附近据险坚守；监视蜀军，而不肯决战，使蜀军不能从容割麦。诸葛亮求战不得，便回军去攻打祁山附近的卤城。卤城是陇右盛产小麦的地方。司马懿又尾随蜀军赶到卤城附近驻扎，而照样据险坚守，避免决战，却引起部将的不满，嘲笑他畏蜀如虎。在部将的强烈要求下，司马懿被迫在卤城附近与蜀军打了一仗，结果是损失“甲首三千级，玄铠五千领，角弩三千一百张”（《三国志·诸葛亮传》裴注《汉晋春秋》）。司马懿深知在战争艺术方面不是诸葛亮的敌手，便敛兵坚守，再也不敢应战。到了六月，蜀军粮尽，诸葛亮只好退回汉中。

在这次战役中，司马懿虽打了败仗，但从战略上来看，却是成功的。他尽量避免决战而死死钉住蜀军，阻挠其割麦，从而成功地迫使诸葛亮退兵。从蜀国方面来看，诸葛亮虽打败了魏兵，后又射杀尾追的魏国名将张郃，但未能歼灭魏国的主力部队或夺得寸尺之地，反而消耗了蜀国十分短缺的人力、物力，从长远的战略意义来看，这次伐魏是失败的。

第二次战争发生在青龙四年（236）。诸葛亮总结了历次北伐失败的教训，出兵之前，先运大量的粮食贮存于斜谷（今陕西眉县西南）邸阁，并于是年四月出兵占领了渭水南岸的五丈原（今陕西眉县西南）。按诸葛亮的作战计划，是在占领五丈原地之后，再渡过渭水去占领积石原（今陕西眉县西北），通过占领渭水沿岸两个战略高地，来控制水陆交通线，从而切断魏国与陇西诸郡的联系。这样，一是蜀军可以从陇西诸郡夺取十分短缺的粮食和其他物资；二是可以将储存在斜谷阁邸和陇西诸郡的粮食沿渭水运到前线，而不受魏军的骚扰；三是便于联结羌人起来反魏。诸葛亮企图在这一地带建立根据地，然后稳扎稳打地向东推进，迫近长安。

司马懿原先对诸葛亮的战略意图认识不足，错误地认为诸葛亮兵出斜谷后，就应该去占领武功（今陕西武功西），然后向东迫近长安，而进驻五丈原就不能构成对魏国的威胁。幸有宿将郭淮识破了诸葛亮的意图，建议抢先占领积石原，不让蜀军通过占领两个战略高地来控制渭水沿岸的交通线。司马懿采纳郭淮正确的建议，并令他带兵去抢占积石原。当诸葛亮派重兵渡河抢占积石原时，由于郭淮事先做了严密的防备，蜀军只好退回渭南。

司马懿在分兵令郭淮抢占积石原的同时，自率大军扎营于马冢山，隔武功水（又名斜水，今陕西岐山县南的石头河）与五丈原的蜀军对垒。诸葛亮被郭淮阻绝于渭南，便积极向魏军挑战，企图击溃魏国的主力部队再推进。但司马懿并没有上当，他绝不应战，咬牙忍受诸葛亮赠予“巾帼妇女之饰”的嘲弄，并且千方百计压制部将强烈的不满，终于成功地将蜀军阻隔于武功水西，形成两军对峙的局势。

诸葛亮渡渭和东进的途径既分别被郭淮和司马懿堵住，只好分兵屯田，找机会再发动进攻。但就在这年的八月，诸葛亮病死于军营中，蜀军失去统帅，又退回汉中。司马懿御蜀的战事就这样结束了。

在对蜀作战中，司马懿不像以前镇压孟达和以后镇压公孙渊的叛乱那样勇猛果断。他尽量避免决战，尽管部将讽刺他畏蜀如虎，诸葛亮嘲笑他像巾帼妇女那样懦怯，以致百姓中出现“死诸葛吓走生仲达”的谚语，他都能咬牙忍受。这样做，上是迎合曹叡意图，下又可以避免因损兵折将而丧失自己的威望，终于挡住了蜀国的进攻。善于审时度势、扬长避短和采纳部属的正确建议，这就是司马懿能建功的原因。然而，《晋书》却曲从晋人的记载而虚张他的战功，所谓“斩获万计”“降者六百余人”等，都属虚浮不实之词。

诸葛亮死后，西线无战事，司马懿在削平辽东公孙渊的割据中立下了战功。自汉末动乱，辽东太守公孙度打着保境安民的旗号割据一方，传至公孙渊已历三世。长期以来，公孙度、公孙康父子与曹魏保持若即若离的隶属关系，不敢公开分裂。但嗣位的公孙渊却是一个昏庸残暴而又野心勃勃的纨绔子弟，为了称王割据，他暗中派使者去勾结孙吴，从而引起与魏国关系的恶化，以致发生军事冲突。到了景初元年（237），公孙渊自称为燕王，出兵封锁边境。于是曹叡命司马懿统兵去进行讨伐。

司马懿于景初二年（238）春率兵从洛阳出发，六月进入辽东境内，与公孙渊的部将卑衍、杨祚对峙于辽隧（今辽宁海城西）。卑衍掘围堑二十余里，坚壁拒守。司马懿采用声东击西的战术，他佯攻辽军的南围，而暗中率兵渡过辽水，向东北急行军直趋辽东的首府襄平（今辽宁辽阳），把辽隧守军抛在后面。卑衍军闻讯赶来救襄平，魏军从而得以反客为主，三战三捷，击溃卑衍的部队，进围襄平。但魏军刚围襄平，就遇上三十天的连绵大雨，辽水暴涨，军心动摇，部将中有人要求撤围迁营，朝廷中也有人主张退兵，但曹叡和司马懿都不动摇。雨止后，魏军又猛攻襄平。到了八月，城中粮尽，公孙渊窘急乞降，遭到司马懿的坚决拒绝，于是只好突围出走，被魏将追斩于襄平城郊，辽东悉平。破城后，司马懿为张大战功，又进行了一次灭绝人性的屠城（平孟达时，他曾屠过上庸），下令“男子年十五以上七千余人皆斩之，以为京观。伪公卿以下皆伏诛，戮其将军毕盛等二千余人”（《晋书·宣帝纪》）。这充分暴露了他豪门士族贪婪残暴的本性，但对于削平辽东的割据，还是应该肯定的。

三、奠定西晋基业

景初三年（239）正月，曹叡病死，其八岁的养子曹芳继位。曹叡临危命燕王曹宇辅政，旋在他的宠臣中书令监刘放、孙资的密谋策划下，立夫人郭氏为皇后，改用曹爽、司马懿辅政。但不久两人就发生矛盾，终于导致司马懿发动政变，杀了曹爽等人。司马懿开始专擅朝政，从而奠定了魏晋禅代的基础。

曹爽是曹真的儿子，魏室的宗亲，属才识平庸的显贵。无论是政治经验还是威望都比不上司马懿，玩弄权术更不是司马懿的对手。所以辅政伊始，曹爽对司马懿还能“引身卑下”“恒父事之，不敢专行”。但这时，司马懿的权势却空前膨胀，郭太后是他在宫廷中的代理人，主管决策机构；中书省的刘放、孙资是他的死党；他与曹爽共掌尚省书，而掌管选拔官吏的吏部尚书卢毓又是他的党徒；长子司马师还以中护军主管武官的选举，门生故吏遍布于朝廷内外。曹爽执政后，宗室曹冏上疏大声疾呼要“强干弱枝”。为了削弱司马懿的权力，曹爽就陆续把何晏、夏侯玄、邓飏、丁谧、诸葛诞、李胜、毕轨、桓范、文钦等人集结在自己的周围，让他们据要津，在朝廷中形成一个政治集团，有人称之为曹爽集团。这个集团有下列几个特点：一是多属魏室的姻亲和功臣的后裔；二是多出身庶族；三是骨干多属新晋的显贵，其中一些人确颇有才具，但也有一个致命的弱点，就是在政治上和军事上多缺乏经验；四是在政治思想上崇尚黄老、刑名，轻视儒学、礼法，倡导引用人才。与此同时，以司马懿为核心也形成了一个政治集团，其中以刘放、孙资、卢毓、傅嘏、王肃、何曾、孙礼等人为骨干。这些人多出身于豪门士族或属魏朝的元老重臣。从整体看来，他们崇尚儒学，标榜礼法，乃是一个维护门阀制度的政治集团。

两个政治集团形成后，就在朝廷内外展开剧烈的斗争，首先是权力之争。辅政未久，曹爽的弟弟曹羲出面奏请尊司马懿为大司马，解除其录尚书事的职务。稍后又免去卢毓的吏部尚书，把何晏、丁谧、邓飏拉入尚书省，由他们主持尚书省的政务。而随着矛盾的深化，司马懿集团的主要人物如刘放、孙资、傅嘏、何曾、孙礼等人，或被罢官，或被贬职，或自称疾引退，以示不合作。表面上曹爽集团是胜利了。其次是伐蜀之争。为了提高曹爽的声望，夏侯玄、邓飏鼓动曹爽带兵伐蜀，但受到司马懿为首的元老宿将的强烈反对。曹爽置之不顾，于正始五年（244）统兵五万伐蜀。魏兵进入蜀境后，就被蜀将王平堵绝于兴势山（今陕西洋县北）下，不能继续深入，因而被迫撤兵，沿途又遭到蜀国大将费祎的伏击，损失了大量的兵员和军资。从当时的形势来看，伐蜀的时机并不成熟，主要是魏国内部的意见不一致，那些元老宿将或公开反对，或坐观成败，曹爽等人又缺乏军事经验，他们贸然出兵，实属孟浪之举。第三是“唯才是举”与门阀政治之争。何晏、夏侯玄是曹爽集团的主心骨，从魏晋史官某些零散的记载中，还可以看到他们企图继承曹操的政策，在用人方面奉行“唯才是举”。《晋书·傅咸传》载：“正始中，任何晏以选举，内外之众职各得其才，灿然之美于斯可观。”傅咸的父亲傅玄是司马氏的党羽，假使何晏典选是结党营私而不是选拔人才，傅咸在奏疏上是绝不可能这样说的。又《三国志·夏侯玄传》注引《世语》说：“玄世名知人，为中护军，拔用武官，参戟牙门，无非俊杰，多牧州典郡。立法垂教，于今皆为后式。”选拔人才与门阀政治是水火不相容的，所以豪门士族的代表人物司马懿称之为“败乱国典”，并且诬蔑他们“群官要职，皆置所亲，宿卫旧人，并见斥黜”。另外，夏侯玄还曾向司马懿建议削去州都郡正评定各级官吏品第的权力，把他们的权限缩小在谱写官吏行状的范围内，将选拔官吏的权力收归中央（吏部），不让门阀士族操纵，也遭到司马懿的断然拒绝。两个集团斗争的焦点就是集中在上述几个方面。到了正始八年（247），曹爽奏请郭太后移居永宁宫，目的在于防止她临政而削弱司马懿的宫廷势力，司马懿大为震怒，他表面上装病而宣告不参与朝政，暗中却伺机发动政变，叫司马师“阴养死士三千，散在人间”，事变发生能够“一朝而集”（《晋书·景帝纪》）。嘉平元年（249）正月，曹爽兄弟三人率禁军奉曹芳去洛阳南郊拜谒曹叡的陵墓（高平陵），司马懿乘机起事，令司马师率死士占领司马门（皇宫的外门），然后以郭太后的名义下诏书罢免曹爽兄弟的官职，亲自带兵屯驻洛水，切断曹爽的归路。在司马懿的胁迫和诱骗（保证不杀曹爽兄弟而允许“以侯就第”）下，曹爽贪生怕死，不听桓范等人的规劝而束手就缚。过后司马懿却自食其言，诬陷曹爽等人勾结太监张当企图谋反篡位，杀曹爽、曹羲、曹训、何晏、邓飏、丁谧、毕轨、李胜、桓范和张当等人的三族，还株连了很多人，从而消灭了曹爽集团的骨干力量，把魏国的军政大权都控制在自己的手里。政变奠定了魏晋禅代的基础，这是门阀士族在政治上的重大胜利。此后司马懿父子在门阀士族的拥戴下，逐步消灭魏室的残余力量，直至司马炎代魏建立晋朝，司马懿被追尊为“宣帝”。

政变后的第二年，司马懿就病死了。在这两三年间，司马懿倾全力铲除魏室的残余势力，以巩固自己的权位。嘉平三年（251）六月，他亲自带兵镇压了忠于魏室的都督扬州诸军事、淮南的镇将王凌的反抗，被牵连的人都夷三族，手段异常残酷。在这期间，他如同曹操的晚年一样，专注于“营立家门，未遑外事”（《三国志·钟会传》）。（吴鉒鉒 陈培坤）

图书在版编目（CIP）数据

这个三国史很上头 / 张大可主编. -- 成都 : 四川文艺出版社, 2022.8
ISBN 978-7-5411-6391-3

Ⅰ.①这… Ⅱ.①张… Ⅲ.①中国历史 – 三国时代 Ⅳ.①K236

中国版本图书馆CIP数据核字(2022)第111180号

ZHEGE SANGUOSHI HEN SHANGTOU

这个三国史很上头

张大可 主编

出 品 人 张庆宁
出版统筹 刘运东
特约监制 王兰颖
责任编辑 陈雪媛
特约编辑 公瑞凝
营销编辑 刘雪华
封面设计 末末美书
责任校对 段 敏

出版发行 四川文艺出版社（成都市锦江区三色路 238 号）
网 址 www.scwys.com
电 话 010-85526620

印 刷 北京永顺兴望印刷厂
成品尺寸 160mm × 235mm 开 本 16开
印 张 17.25 字 数 280千字
版 次 2022年8月第一版 印 次 2022年8月第一次印刷
书 号 ISBN 978-7-5411-6391-3
定 价 45.00元